교사와 학부모를 위한

학교 폭력
대처법

전직 교사 이보람 변호사의
교사와 학부모를 위한 학교 폭력 대처법
—사례를 통해 본 학교 폭력과 관련 법률 해설

ⓒ 이보람, 2014

초판 1쇄 | 2014년 12월 15일
2판   1쇄 | 2017년 11월   1일
2판   2쇄 | 2019년   7월 16일

지은이 | 이보람
펴낸이 | 김성실
교정교열 | 김태현
표지·본문 디자인 | 랄랄라 디자인
제작 | 한영문화사

펴낸곳 | 시대의창
출판등록 | 제10-1756호(1999. 5. 11)
주소 | 03985 서울시 마포구 연희로 19-1 4층
전화 | 02)335-6121
팩스 | 02)325-5607
이메일 | sidaebooks@hanmail.net

ISBN 978-89-5940-655-5 03370

이 책은 한국간행물윤리위원회의 출판지원사업의 지원을 받아 발행되었습니다.

이 도서의 국립중앙도서관 출판예정도서목록(CIP)은
서지정보유통지원시스템 홈페이지(http://seoji.nl.go.kr)와
국가자료공동목록시스템(http://www.nl.go.kr/kolisnet)에서 이용하실 수 있습니다.
(CIP제어번호: CIP2017024409)

전직 교사 **이보람** 변호사의

교사와 학부모를 위한

학교 폭력 대처법

사례를 통해 본 학교 폭력과 관련 법률 해설

이보람 지음

시대의창

비 온 뒤에 땅이 굳어진다

가정법원 1층. 교복을 입은 학생들이 근심 가득한 얼굴로 오고 간다. 학생들은 재촉하며 불안해하는 어머니, 짜증인지 걱정인지 모를 경직된 표정의 아버지와 함께 부지런히 어디론가 향한다. 그들이 향하는 곳은 복도 제일 안쪽의 법정. 모두 심리 기일 출석을 위해 법원에 온 것이다.

　법정 근처에 머리를 맞대고 모여 앉은 학생과 가족 들은 나름대로 전략을 짜면서 잔뜩 긴장된 얼굴로 차례를 기다린다. 곧이어 "○○○ 학생!" 하고 부르는 소리가 들리면 학생과 보호자는 세상에서 가장 비장한 얼굴로 법정 안으로 들어간다. 법정 밖의 작은 대기실에서는 가끔씩 판사의 큰소리가 들리는데, 온 신경을 곤두세워 곧 자신을 심판할 판사의 심경을 살펴보려 하지만 그 내용이 정확히 들리지 않아 애만 더 탈 뿐이다.

　내 곁에 있는 학생과 부모 들이 이곳 가정법원에 온 것은 이른바 '학교 폭

4

력' 때문이다. 학교 폭력이란 학교 안팎에서 학생을 대상으로 발생한 상해, 폭행, 사이버 따돌림 등을 의미하는 것으로, 〈학교폭력예방 및 대책에 관한 법률〉 제2조에서는 학교 폭력을 "학교 내외에서 학생을 대상으로 발생한 상해, 폭행, 감금, 협박, 약취·유인, 명예훼손·모욕, 공갈, 강요·강제적인 심부름 및 성폭력, 따돌림, 사이버 따돌림, 정보통신망을 이용한 음란·폭력 정보 등에 의하여 신체·정신 또는 재산상의 피해를 수반하는 행위"라고 정의하고 있다.

드디어 앞서 심리를 받은 학생이 눈물 콧물로 뒤범벅이 되어 법정 문을 나서고, 우느라 얼굴이 퉁퉁 부은 보호자가 뒤따라 나온다. 무슨 보호처분을 받았을까 궁금해하는 사람도 있지만 여러 번 심리를 받아본 학생들은 대기실 내 서류 분류함에 붙은 '표식'만 보고도 금세 알아차린다. 그리고 자기 순서가 되어 법정 안에 들어설 때는 모든 것을 인정하고 무조건 용서를 빌 각오를 하게 된다. 따뜻하게 조언해주는 판사를 만나든 호되게 호통치는 판사를 만나든 학생과 부모 모두 그 법정 안에서의 10분을 가장 무섭고 힘든 기억으로 여긴다.

이러한 일을 겪는 학생들은 모두 보호받을 가정도 없고 가출을 일삼는 비행청소년이라고 생각하겠지만, 내가 보조인으로 온 이 사건만 해도 화목한 가정에서 아무 문제 없이 커온 학생이 가해자로 지목된 학교 폭력 사건이다. 물론 법정에서 호명되는 사건명은 '학교 폭력' 사건이 아니라 그 이름도 무시무시한 '〈폭력행위 등 처벌에 관한 법률〉 위반' 사건이지만.

〈학교폭력예방 및 대책에 관한 법률〉은 2004년 1월 29일 제정되어 2004년 7월 30일 시행된 이래 수차례의 개정을 거쳐 현재는 2016년 6월 23일 자 시행 법률을 따르고 있다. 이 법률은 학교 폭력 문제에 효과적으로 대처하기 위한 전담 기구 설치, 정기적인 학교 폭력 예방 교육 실시, 학교 폭력 피해자 보호와 가해자에 대한 선도·교육 등 학교 폭력의 예방 및 대책을 위한 제도적 틀을 마련할 목적으로 제정되었으며 현재 학교 폭력 문제 해결에 관한 법적 근거가 되고 있다. 이 법률이 시행된 이후 이른바 '학교 폭력 가해학생'은 이 법에 의한 조치(징계)를 받음과 동시에 고소를 당하여 이제는 〈폭력행위 등 처벌에 관한 법률〉 위반으로 소년보호사건으로 송치, 법정에까지 서게 된 것이다.

이 사건을 맡으면서 변호사가 되기 전 경기도의 한 학교에서 교사로 재직하던 시절 고민했던 것들이 머릿속에서 떠나질 않았다. 2006년 3월 처음으로 담임을 맡게 되었는데, 그때 나는 만 스물다섯의 풋내기 교사였고 경험이 적은 만큼 더 용감하고 열정적이었다. 그래서 담임 학급의 모든 학생과 깊이 있게 상담하기로 했고 고민, 진로 등 다양한 문제에 대해 오랜 시간 대화를 나눴다. 그 대화 속에서 나는 청소년들에게 학교생활은 견뎌내야 하는 시련이며 일부에게는 넘어설 수 없는 고통이기도 하다는 사실을 알게 되었다. 학교 자체가 학생들에게 얼마나 큰 스트레스 환경을 제공하는가에 대해 깊이 반성하는 계기가 되기도 했다.

그러나 우리 모두가 잘 알고 있듯 현재 우리의 학교 현실은 그리 호락호락하지 않다. 학생들은 원하는 결과를 얻기 위해 온갖 노력을 다해야 하며, 학교와 교사는 이긴 자가 모든 것을 차지한다는 전제하에 갖은 당근과 채찍을 학생들에게 지속적으로 제공한다. 반면 경쟁에서 탈락하거나 적응하지 못하는 학생에 대한 대책이라고는 개인적 차원의 노력만 강조하는 것이 전부다. 이렇게 어릴 적부터 남보다 앞서야 한다는 굴레에서 벗어날 수 없는 아이들은 치열한 경쟁 구도에 맞춰 정체성을 형성해나간다. 즉, '승자독식'의 사회관을 빠르게 흡수하여 약한 자를 누르고 원하는 것을 차지하는 방법을 자연스럽게 익히게 되는 것이다. 이는 '그래도 아이들은 우리와 달리 순수해야 한다'는 어른들의 안일한 기대를 보기 좋게 배반하는 것이기도 하다.

학생들과 상담을 하다가 꽤 심각한 문제를 발견하기도 했다. "걔가 재수 없게 구니까 짜증 나서 욕한 거예요. 욕먹기 싫으면 지가 조심하면 되잖아요", "중요한 과목도 아니고 쌤도 잘 못 가르치니까 그냥 잔 건데, 자꾸 깨우니까 화나서 책 던진 거잖아요", "맞을 만하니까 맞았겠죠. 걔 이상해요"와 같은 학생들의 항변이다. 내 머릿속에는 '당연히 옳지 않은 것'이라고 입력된 주제들에 관해서도 학생들은 논리적으로 자신이 옳다고 확신하며 주장을 피력하는 모습을 보였다. 더욱 심각하게 느껴졌던 것은 공부 잘하고 아무 문제를 일으키지 않는 이른바 '착한 학생'들 중에도 똑같이 생각하는 아이들이 많다는 점이었다.

어쩌면 학생들이 저렇게 생각하는 것이 당연한 일일지도 모른다. 우리 교육은 중·고등학교를 다니는 청소년들에게 더 이상 "참되어라 바르거라" 하지 않는다. 가정에서도 학교에서도 가끔씩, 그것도 아주 피상적으로만 언급할 뿐이다. 경쟁에서 이겨 성공하는 것이 옳고, 그 반대는 잘못된 것이라 가르치는 것이 오히려 우리 사회에 적합한 교육이 되었다. 감수성이 가장 예민한 청소년들을 이렇게 극심한 스트레스 환경에 노출시켜놓고는 정의로운 가치관을 형성하라고 하는 것은 어불성설이다.

교사를 그만두고 변호사가 되어 학교 폭력 사건을 접하면서 예방책이나 가해자 징계만으로 학교 폭력 문제를 다루기에는 큰 한계가 있다고 절감했다. 학교 폭력에 대한 대응책으로 나온 법률과 각종 지침들은 학생들을 가해학생과 피해학생으로 나누고, 가해학생 측에 책임을 지우는 데 치우쳐 있는 듯하다. 게다가 부모들 대다수는 '우리 아이는 가해자가 될 리 없으니 피해자 보호가 우선이다'라고 생각하기 때문에 이러한 대응책에 우호적인 실정이다.

우려스러운 일은, 이 같은 대응책이 가해학생과 피해학생은 물론 같은 학급 학생들에게도 악영향을 미칠 수 있다는 점이다. 학교 폭력 사건에서는 주로 당사자보다 그들의 부모가 '전투 모드'에 돌입하곤 한다. 이 과정에서 피해학생은 '진짜 친구'를 잃기도 하고, 오히려 자신의 잘못이 드러나 함께 징계를 받기도 한다. 같은 학급 친구들은 가해자로 몰릴까 두려워서 또 다른 피해자를 만들어내기도 한다.

학교 폭력 문제는 교사에게도 큰 타격을 주는데, 교육자로서의 자존감이 저하되거나 학생들과의 정신적 유대에 문제가 생길 수 있다. 실제로 이 문제로 정신과 치료까지 받는 교사도 있었다. 그리고 각종 법적 문제에 휘둘리는 동료 교사의 모습을 지켜보는 다른 교사들 사이에서는 교육적 입장을 견지하기보다 보신의 방책을 우선적으로 세워놓는 분위기가 조성된다.

상황이 이럼에도 학교 폭력에 관하여는 여전히 예방책 혹은 면책 지침만이 쏟아져 나올 뿐 '현명한 해결 방법'이나 '교육적으로 적절한 해결 방법'에 대한 연구와 저술은 상당히 미흡하다. 변호사로서 그리고 전직 교사로서 이에 대해 느낀 안타까움을 이 책에 담고자 했다. 안타깝지만 학교 폭력을 완벽하게 예방할 수는 없다는 현실을 인정하고, 그 전제 아래에서 '현명한 해결 방법'에 관한 내용을 '가능한 한 현명하게' 담으려고 했다.

"비 온 뒤에 땅이 굳어진다"는 말은 청소년들과 삶을 공유하는 모든 이들이 가슴에 새겨야 할 말이다. 청소년들이 큰 문제를 일으켰어도 그 문제를 올바로 해결할 수 있다는 사실을 청소년들에게 알려줄 수 있기 때문이다. 그런 의미에서 이 책이 큰 비를 맞은 교사와 부모가 함께 땅을 단단히 굳혀가는 데 조금이나마 도움이 되었으면 한다.

이보람

차례

03 〈학교폭력예방 및 대책에 관한 법률〉해설

1. 피해학생의 보호를 위한 법령

2. 억울한 가해학생의 구제를 위한 법령

01

우리 아이에게
학교 폭력 문제가
생긴다면

학부모 편

01

학교 폭력
피해학생인 경우

● ● ●

당황하지 말고 **피해 파악**과 **수습**부터

Episode **001**

몇 주 전 중학교에 갓 들어간 첫째 아이가 밥을 먹다 말고 말했습니다. "엄마 있잖아, 우리 반 어떤 애가…"로 시작하는 이야기라 그냥 흘려듣고 말 았지요. 그런데 듣다 보니 정말 심각한 문제였습니다. 한 학생이 학기 초에 말을 잘못해서 반 친구들의 미움을 사고 있는데, 스마트폰 단체 채팅창이나 SNS에서 아이들이 그 아이 욕을 하며 논다는 내용이었습니다.

걱정이 돼서 "엄마가 선생님께 말해줄까?" 하고 물었더니 아이가 소스라 치게 놀라며 "아니야, 됐어. 그러지 마"라면서 팔짝 뛰는 것이었습니다. 이후에도 스마트폰에서 메시지 알림 소리만 들리면 표정이 어두워지는 아이가 이상해서 한번은 슬쩍 새로 온 메시지를 보았습니다. 그리고 그제야 알았습니다. 아이가 말한 사연 속 피해학생이 바로 저희 아이라는 것을요.

같은 반 학생들이 단체 채팅창에 우리 아이를 계속 초대하거나 SNS에서 태그를 건 뒤에 번갈아 욕을 써놓는다고 합니다. 이뿐만 아니라 학교에서도 계속 뒤에서 수군대서 한번은 크게 다퉜답니다. 그 때문에 우리 아이는 몇 달째 제대로 잠도 못 잤다고 해요. 어떻게 하면 좋을까요?

위 에피소드는 학교 폭력 상담 시 비일비재하게 듣는 사이버 따돌림의 사례다. 이 경우 피해학생 부모의 마음은 자녀가 학교 폭력으로 고통받는 동안 전혀 알아차리지 못했다는 데 대한 자책감과 가해학생에 대한 분노, 학교에 대한 원망, 추가 피해에 대한 두려움으로 가득 차게 된다. 이러한 감정이 격해지면 부모들은 피해를 당한 아이의 상처를 제대로 돌보지 못하고 부모 자신의 억울함이나 가해학생 측에 대한 보복에 중점을 두는 실수를 범하기도 하고, 반대로 회피 성향이 강한 부모들은 추가적인 피해가 두려워 문제를 봉합하는 데 치중하기도 한다.

하지만 그러다 보면 학교 폭력의 피해 당사자인 아동, 청소년 들이 문제 해결의 중심에 서지 못하고 어른들 싸움에 휘말리게 된다. 그러므로 학교 폭력 피해 문제를 해결하기 위해서는 단계별로 지켜야 할 적정한 방법이 있다는 것을 염두에 두어야 한다.

학교 폭력 피해 해결 방법의 첫 단계는 '피해 파악과 수습'이다. 부모의 적절한 초기 대응은 아이가 역경을 딛고 성장할 수 있도록 돕는 발판이 될 수 있다. 반대로, 지나치거나 소극적인 부모의 대응은 문제를 해결하는 잘못된 방식을 아이에게 각인시킬 뿐 아니라 이미 받은 상처를 더 깊어지게 할 수 있다.

하지만 이와 같은 사정을 다 알고 있는 부모라 하더라도 자녀의 피해 사실을 파악하는 데는 한계가 있을 수밖에 없다. 학교 폭력의 주된 대상인 10~18세 아동 및 청소년은 독립심이 강하고 또래 집단과의 관계를 무엇보다 중요시하는 특성이 있기 때문에 부모는 자녀가 학교 폭력에 시달리고 있다고 해도 그 피해를 초기에 파악하기가 쉽지 않다. 사실 가장 쉬운 방법은 아이의 신체를 살펴 상처가 있는지 보고, 스마트폰을 뒤져 단체 채팅창, SNS 등을 모두 살펴보는 것이다. 하지만 이런 방법은 아이들이 절대 허용하지 않을 뿐더러 오히려 아이와 부모 간에 벽이 크게 생겨 향후 대화 자체가 어려워질 수 있다.

블로그나 메일을 통하여 상담을 하다 보면, 청소년들이 학교 폭력 신고나 피해 구제 방법에 대해 직접 묻는 경우가 많다. 익명이라는 점이 안심이 되어서인지는 몰라도 매우 구체적인 사항까지 기재하곤 한다. 다음은 요즘의 학교 폭력 양태를 잘 보여주는 사례들이다.

청소년들은 또래 집단을 중요시하는데, 일부 학생들이 이런 측면을 악용하여 몇몇 학생을 의도적으로 친구들의 집단에서 배제하며 따돌리는 행위를 하는 것이 문제가 되기도 한다. 학생들은 이러한 행위를 '떨군다'고 표현하는데, 주로 한 학생을 여럿이서 비방하며 같이 놀지 않기로 하는 것이다. 심지어는 한 학생을 배제시키기 위해서 도둑으로 몰거나 허위 사실을 유포하기도 하기 때문에 피해학생의 심적 고통이 가중될 수밖에 없다. 이러한 상황에서 일부는 오랜 기간 친하게 지내온 친구를 억지로 따돌려야 하는 자책감에 시달리기도 한다.

SNS가 발달하면서 다른 학생을 모욕하거나 비방하는 일이 손쉬워졌다. 글을 올리기만 하면 모든 사람이 쉽게 볼 수 있고 실시간으로 전파되기 때문에 다른 학생들도 가담하여 돌팔매를 던지듯 댓글을 달아 한 학생을 고통에 빠뜨릴 수 있는 것이다. 요즘에는 학교 폭력에 대한 경각심이 높아지고 자신들이 처벌받을 수 있다는 사실을 학생들도 잘 알다 보니 더욱 교묘한 수법으로 따돌리는 사례가 늘고 있다. 학생들이 몇몇 학생의 별명을 정해놓고 이름은 명시하지 않은 채 지속적으로 SNS상에서 욕을 하며 놀기도 한다. 피해학생은 친구들이 자신에 대해 험담하는 것을 분명히 알면서도 그 교묘한 수법에 계속 피해를 당할 수밖에 없다.

이렇듯 청소년들은 소집단을 만들고 그 소집단을 기반으로 하여 한 사람을 소외시키거나 모욕하며, 신체적인 상해를 입히는 직접적인 공격보다 주로 심리적·간접적인 공격을 한다. 특히 또래 집단의 평가가 매우 중요한 청소년기의 학생들은 마음에 들지 않는 친구를 괴롭히는 방법으로 이른바 '사이버 따돌림'을 적극 활용해 지속적으로 심리적 공격을 가하는 특성이 있다.

이러한 상황에서 부모가 자녀의 피해를 즉시 혹은 사전에 파악하기란 쉽지 않다. 그러므로 사춘기를 앞뒀거나 사춘기를 맞은 자녀들과 학교생활, 친구에 대해 자유롭게 대화를 나눌 수 있는 환경을 평소에 만드는 것이 중요하다. 그리고 어떠한 상황에서도 지지해줄 것을 표현하는 것이 좋다. 이 시기의 아동 및 청소년은 부모의 반응을 탐색하여 그에 따라 다음에 소통할 내용을 계획하는 경우가 많다. 따라서 평소 자녀와의 대화나 자녀의 행동에서 다음과 같은 징후가 보인다면 보다 심층적으로 파악해볼 필요가 있다.

자녀에게서 포착할 수 있는 학교 폭력 피해의 징후

- 다른 친구 이야기라며 "누구를 싫어한다", "애들이 욕한다" 등의 특정 이야기를 반복한다.
- 학교나 친구 이야기를 회피하려는 태도를 보인다.
- "전학 가고 싶다", "반을 바꾸고 싶다" 등의 말을 반복한다.
- 자신의 개성, 특성을 스스로 비하하거나 의미 없는 것으로 평가하는 이야기를 반복한다.
- 사소한 일에 깜짝 놀라거나 특정 주제에 대해 심한 반감을 지속적으로 표시한다.
- 건강에 문제가 없는데도 학교에 가기 싫어한다.
- 용돈을 갑자기 많이 요구하거나 물건이 없어진다.
- 평소보다 말수가 적어지고 우울해 보이는 현상이 지속된다.

이러한 징후가 보일 때도 부모들은 그러려니 하고 무신경하게 넘기거나 아니면 지나치게 집착하며 질문하거나 아이의 평소 품행을 나무라는 등 오히려 아이를 괴롭히는 실수를 범하기도 한다. 부모가 이러한 모습을 보이면 아이는 '엄마, 아빠도 이 문제를 해결해주지 못해'라거나 '부모님께 걱정 끼

22

치면 안 돼'라고 생각하며 문제를 숨기려 할 수 있다. 따라서 학교 폭력의 징후를 감지했다면 다음과 같은 태도를 취하는 것이 좋다.

학교 폭력의 징후를 발견한 부모가 할 일

- 아이가 전하는 학교 폭력 피해 사실이 아이 자신의 일은 아닌지 파악한다. 이때 추궁하기보다는 "엄마는 그 이야기가 네가 겪은 일 같아서 걱정돼. 어떤 일을 겪었는지 말해주면 좋겠어"처럼 부드럽게 대화를 유도해야 한다.

- 아이가 말한 피해 사실 그 자체에 관해 깊이 공감해준다. 문제와 상처를 파악하기에 앞서 학교 폭력으로 정서 불안과 자존감 저하를 겪고 있는 아이를 충분히 위로해줘야 한다.

- 아이 스스로 피해 사항을 정리하도록 지지해준다. 부모가 너무 앞서 나가면 사고 체계가 아직 정밀하지 않은 아동과 청소년은 사실관계 파악에 혼란을 겪을 수 있으므로 아이가 차분히 정리하여 말할 수 있도록 대화해야 한다.

- 학교 폭력 문제가 아이의 특정 습관, 잘못된 품행에서 기인한 것이 아니라는 인식을 공유한다. 피해자의 특정 습관 탓으로 폭력 행위를 정당화하는 인식은 향후 사회 문제에 관한 인식 능력이나 문제 해결 능력을 저하시킬 수 있다.

학교 폭력 피해 상황을 파악하는 단계에서는 부모의 섣부른 판단을 자녀에게 주입하기보다는 아이 스스로 피해 상황을 돌이켜보고 문제를 정확히 파악하는 방식을 알려주는 것이 좋다. 물론 학교 폭력으로 인한 신체적·정신적 피해가 이미 극심하여 피해 상황 자체가 제대로 파악되지 않거나 스트레스가 심한 경우에는 절대 강요해선 안 된다. 하지만 큰 문제가 없다면 이후 정확한 치료와 문제 해결을 위해서라도 학교 폭력 피해 상황과 경위, 상처 부위 등을 파악하는 데 피해학생 본인이 참여하도록 독려하는 것이 좋다.

학교 폭력 피해 사실을 정확하게 파악하는 방법

- 신체적 피해: 부모가 직접 파악하는 것도 좋지만 10세 이상의 아동·청소년이라면 부모에게도 보이기 부끄러운 부분이 있을 수 있다. 상처 부위는 이후 의사에게 진료받을 때 정확히 파악될 것이므로 초기에는 아이 스스로 피해 부위를 표시해보도록 권하는 것이 좋다. 이때에는 종이에 인체 형태를 앞뒤로 그린 후 상처가 있거나 이미 회복되었어도 상처를 입은 적이 있던 부위를 모두 표시하도록 한다. 이는 어느 진료 기관에 가서 진료를 받아야 할지 결정하고 아이의 피해를 전반적으로 파악하기 위한 목적에 한정하는 것이 좋고, 아이가 원치 않는다면 전문 기관에 가서 진료를 받는 편이 낫다.
- 정신적 피해: 전문 기관에서 파악하도록 하는 것이 좋지만, 편안한 분위기에서 아이 스스로 심리적 공격에 대한 느낌과 어려움을 말한다면 반드시 경청해줘야 한다. 다만 진단과 치료는 신체적 피해와 마찬가지로 전문 기관에서 수행해야 한다.
- 기타 파손 등 피해: 소지품을 빼앗기거나 과제물을 훼손당하는 등 물건에 대한 파손 행위가 있었다면 이 부분도 기록해놓도록 한다.

이렇게 학교 폭력 피해 사실을 구체적으로 파악했다면 육체적·정신적 상처를 치료하는 일이 급선무다. 일부 부모는 학교 폭력 신고와 가해학생 측 부모에 대한 조치부터 강구하기도 하는데 그러면 초기의 치료와 더불어 증거 수집까지 그르칠 수 있다. 또한 아이 스스로는 별문제 아니라 말해도 실제 심리 상담을 받아보면 내면의 상처가 매우 큰 경우도 있다. 특히 일주일 이상 지속적으로 피해를 당하면 가해학생들이 괴롭히는 그 순간보다 혼자서 자신의 문제로 치환하여 성찰하는 과정에서 자존감이 더 많이 떨어지게 된다. 나아가 우울감과 불안감 등의 병리적 현상까지 나타날 수 있으므로 이때 가장 먼저 해야 할 일은 진단과 치료라는 점을 명심해야 한다.

또한 당장은 상처가 없더라도 아이가 당한 피해 상황을 종합하여 눈에 띄지 않는 부위의 진료를 받아보는 것도 이후에 있을지 모르는 추가 피해의 위험성을 줄이는 현명한 방법이다. 가령 다른 학생들이 밀어서 넘어진 적이 있다면 부딪힌 부위의 상처를 면밀히 확인하고 상처가 없더라도 통증이 있다면 반드시 정형외과 등 전문 기관에서 진단을 받아보는 편이 좋다.

부모의 역할은 학교 폭력의 징후를 관심과 대화로 감지하고, 아이와 협력하여 사실관계를 정확히 파악하며, 피해 상황과 정도에 따라 적절한 진단과 치료를 진행하는 것에서 그치는 것이 아니다. 더 나아가 합리적인 문제 해결 절차를 밟으며 아이에 대한 공감과 위로를 잊지 않는 것까지 부모가 학교 폭력 문제 파악 단계에서부터 해내야 할 일인 것이다.

이미 피해를 당한 후라도 그 피해를 파악하고 수습하는 초기 단계에서부터 적절한 조치를 취한다면 이후 발생할 수 있는 추가 피해를 방지할 수 있을 뿐 아니라 피해 보상에 있어서도 보다 여유롭고 적절하게 대처할 수 있다. 바로 이 점이 부모들이 학교 폭력에 대해 미리 알고 대비해야 하는 이유이기도 하다.

피해학생을 보호하려면

어느 날 중학교 다니는 아들 팔에 작은 멍이 들어 있는 것을 보았습니다. 오래전에 든 멍인지 희미하기는 했지만 분명 어떤 사고가 났다는 생각이 들었습니다. 아들 녀석은 귀찮아하면서 제게 말을 하지 않으려 했습니다. 하지만 그냥 넘어갈 일이 아닌 듯해 남편에게 좀 물어보라고 했지요. 남편은 처음에는 대수롭지 않게 여기며 마지못해 대화를 시작했는데, 결국 아들이 이런저런 이야기를 털어놓으며 전학 가고 싶다고 했다더군요. 몇몇 남자애들이 장난인 것처럼 툭툭 치고 자기들끼리 키득거리고, 한번은 수행평가 해온 과제물을 찢으려고 했다는군요. 그것을 막으려다가 넘어지면서 팔에 멍이 든 것이랍니다. 자기네들은 장난이라고 해서 참고 있긴 한데 몇 주 전부터 괴롭혀온 모양이었습니다. 다행히 큰 상처가 난 곳은 없었지만 아이가 괴롭힘을 당하고 있다는 생각에 소름이 다 끼쳤습니다.

아이와 밤늦게까지 이야기를 나누고 학교에 신고하기로 했습니다. 다음 날 바로 선생님께 말씀드리고 저희 아이를 괴롭힌 아이들과 한 반에 있기 힘드니 조치를 취해달라고 부탁드렸습니다. 그런데 절차가 있다며 며칠째 조치가 지연되고 있습니다. 아들은 계속 친구들과 마주치니 너무 힘들다고 하네요. 혹시 안 좋은 소문이라도 퍼지거나 나쁜 짓을 당할까 봐 두려운 마음이 든답니다. 이럴 때 우선적으로 아이를 보호할 방법이 없을까요? 저희 아이를 쉬게 하자니 억울하기도 하고, 학교나 선생님에게 나쁘게 보일까 걱정되기도 합니다.

부모 입장에서는 학교 폭력 피해를 파악했다 하더라도 그 뒤에 무엇부터 해야 할지 걱정이 앞선다. 결과 중심의 학교 사회에서 아이가 '따돌림의 대상'이 되었다는 사실이 앞으로의 학교생활에서 낙인처럼 작용하지는 않을까 걱정하는 것이 부모의 당연한 심리이다. 동시에 부모들은 가해학생을 어떻게든 나쁜 학생으로 만들어 자녀의 피해에 대한 유무형의 보상을 받으려는 경향을 보이곤 한다.

이러한 상황에서는 '재발 방지'의 측면을 간과하기 십상이다. 학교 폭력 피해를 당한 학생이나 부모의 대응은 학급을 넘어서까지 생각보다 쉽게 알려질 수 있다. 아무런 재발 방지 조치를 하지 않으면 가해학생이 피해학생을 더욱 우습게 봐 괴롭히는 정도가 심해질 수 있다. 잘못된 방식의 조치를 취하는 경우에는 가해학생과 그에 동조했던 학생들이 두려움이나 보복 심리에서 다시 폭력 행위를 할 수도 있다. 따라서 학교 폭력 피해를 파악하고 진단과 초기 치료를 마쳤다면 그다음으로 재발 방지를 위해 적절한 조치를 취해야 한다. 학교 폭력에 관한 경각심이 낮았던 과거에는 추가 피해를 방지하기 위한 조치가 명시적으로 규정되지 않았기 때문에 부모나 교사의 재량으로 판단해야 하는 어려움이 있었다. 이로 인해 적절한 보호를 받지 못한 학생들이 극단적인 선택을 하기도 했다. 그래서 피해학생 보호에 대한 경각심을 높이고 적절한 조치를 취할 수 있도록 법이 제정되었는데, 그것이 바로 〈학교폭력예방 및 대책에 관한 법률〉(약칭 '학교폭력예방법')이다.

학교폭력예방법이 제정되면서 언론과 교육 자료를 통해 학교 폭력 발생 시 교사나 '117'에 신고하면 된다는 점은 널리 홍보되었다. 그러나 신고 이후 피해를 당한 아이를 보호하기 위해 어떤 조치를 취해야 하는지는 제대로 모르는 경우가 많다. 또한 이를 안내해야 할 담당 기관들도 제대로 된 정보를 주지 못하는 등 한계가 많다.

결국 부모들은 개인적 경험이나 언론에서 접한 정보를 바탕으로 학교 측에 조치를 요구할 수밖에 없는데, 학교 측에서 보호조치를 거부하거나 지연시키는 경우 어떤 법을 근거로 이를 요구해야 하는지 몰라 답답해하고 억울해한다. '학교 폭력 대책 자치위원회'를 열고 심의와 결정이 있은 후에야 조치를 취할 수 있다는 교사의 설명에 그런 법이 어디 있느냐며 당장 법률사무소를 찾아가 학교를 상대로 소송을 하고 싶다는 부모들도 있다. 학교의 미온적 처리에 문제의 원인이 있다고 여기기 때문이다.

이는 모두 학교 폭력 관련 법령에 대한 오해나 설명 부족에서 비롯되는 일이다. 결론부터 말하자면, 학교폭력예방법은 피해학생 보호를 위해 다음의 긴급 보호조치를 명확히 규정하고 있다.

① 학교 폭력 대책 자치위원회(약칭 '학교 폭력 위원회') 심의 후 결정할 사항으로서 심리 상담 및 조언, 일시 보호, 치료 및 치료를 위한 요양, 학급 교체, 그 밖에 피해학생의 보호를 위하여 필요한 조치와 가해학생에 관한 조치로서 출석 정지 등을 규정하고 있다.

② 피해학생이 긴급보호의 요청을 하는 경우나 긴급성에 대한 학교장 판단에 따라 학교 폭력 위원회 심의 없이 즉시 시행이 가능하고 학교 폭력 위원회에 보고를 하면 되는 조치로는 피해학생에 대한 심리상담 및 조언, 일시보호, 그 밖에 피해학생의 보호를 위하여 필요한 조치가 있다. 또한 마찬가지로 학교의 장은 가해학생에 대한 선도가 긴급하다고 인정할 경우 가해학생에 대한 접촉 및 보복 행위 금지 조치, 가해학생의 우선 출석 정지 등의 조치를 할 수 있다. 출석 정지는 다음의 사항에 해당

하는 경우에만 가능하다.

- 두 명 이상의 학생이 고의적·지속적으로 폭력을 행사한 경우
- 학교 폭력을 행사하여 전치 2주 이상의 상해를 입힌 경우
- 학교 폭력에 대한 신고, 진술, 자료 제공 등에 대한 보복을 목적으로 폭력을 행사한 경우
- 학교의 장이 피해학생을 가해학생으로부터 긴급하게 보호할 필요가 있다고 판단하는 경우

따라서 이미 학교 폭력으로 큰 피해를 당한 아이를 적극적으로 보호하려면 학교 폭력 위원회의 심의 및 결정을 무조건 기다리기보다 적극적으로 위의 ②항에 서술한 긴급 보호를 요청할 필요가 있다. 특히 가해학생이 두 명이상이거나 상처를 입은 경우라면 진단서를 발급받아 교사에게 제출하여 조속히 가해학생에 대한 우선 출석 정지 등의 조치를 취하도록 할 수 있다.

문제는 학교에 요청해도 조속히 조치를 취하지 않을 때 어떻게 대처할 것인가인데, 이때 교사에게 폭언을 하거나 섣부른 의심으로 문제를 왜곡해선안 된다. 애타는 부모의 마음이 그 같은 분노를 불러온다는 사정은 마음 깊이이해하지만, 그러한 부모의 모습은 누구에게도 도움이 되지 않음을 명심해야한다.

학교에는 행정 절차와 체계가 있어서 통상적으로 보고 및 실무를 담당하는 교사와 결정 권한을 가진 교사가 각각 자신의 업무를 맡아 수행한다. 따라서 최대한 학교 내부의 체계를 존중하여 우선 담임 교사에게 문의하고, 절차에 따라 요청 사항을 명확히 전달해야 한다. 정확한 표현이 어렵다면 서면으로 작성하여 제출하는 편이 도움이 된다. 또는 학교 내에 학교 폭력 전담 교

사가 있을 수 있으므로 이에 대해 적절히 안내를 받는 것도 좋다.

서면으로 요청 사항을 제출하면 감정 섞인 언사가 최소화되고 보다 이성적인 요청이 가능해진다. 교사들은 학교 폭력 문제가 발생하더라도 본래의 업무와 수업 등 책임을 놓을 수 없기 때문에 당장 해답을 내놓으라는 부모의 요구를 기피할 수 있다. 이럴 때 교사에게 서면으로 요청 사항을 제출하면 기록이 남으므로 도움이 될 수 있다. 학교폭력예방법에 긴급 보호의 적용 조건으로 '피해학생이 긴급 보호의 요청을 하는 경우'라고 명시되어 있기 때문에 긴급 보호를 요청한 사실을 이후 법적 절차에서 증명하기 위해서도 서면 제출 방식을 추천한다.

하지만 아무리 서면 제출이 낫다 하더라도 교사와 어떠한 대화도 없이 '들이미는' 방식의 서면 제출은 문제 해결의 초기부터 교사와 비우호적인 관계를 형성하는 단초가 될 수 있다. 따라서 초기 신고 시부터 충분한 대화를 하고 그와 더불어 요청 사항을 서면으로 제출해야 효과를 극대화할 수 있다. 특히 아이가 처한 상황과 고통을 명료하게 설명하고 진료 기록 등 적절한 소명 자료를 갖춰 긴급 보호를 요청하는 것이 필요하다.

다음은 긴급 보호 요청 시 활용할 수 있도록 작성한 양식이다. 법적으로 정해진 양식이 있는 것은 아니므로 상황에 따라 적절하게 수정해 사용하면 된다.

긴급 보호 요청서

1학년 3반 25번 홍길동
의 모 김영희 (인)

저희 아이를 성심껏 가르쳐주신 ○○학교 1학년 3반 ○○○ 담임 선생님을 비롯하여 모든 선생님들께 진심으로 감사를 표합니다. 다만 지난 3월 20일에 담임 선생님께 신고한 학교 폭력 문제에 관하여 재발 방지를 위한 긴급 보호조치가 제때에 이루어지고 있지 않아 본 긴급 보호 요청서를 제출하게 되었습니다.

1. 긴급 보호 요청 사항
- 가해학생인 1학년 3반 ○○○, ○○○, ○○○ 학생에 대한 우선 출석 정지
- 가해학생에 대한 접촉 및 보복 행위 금지 조치
- 기타 가해학생들에게서 추가적인 학교 폭력 및 보복 행위가 없도록 할 교육적 조치

2. 긴급 보호 요청의 필요성 및 법에서 정한 사유 해당성
- 관련 법령
    1) 〈학교폭력예방 및 대책에 관한 법률〉 제16조 제1항: 학교의 장은 피해학생 측이 긴급 보호의 요청을 하는 경우 학교 폭력 대책 자치위원회의 요청 전에도 피해학생의 보호를 위하여 필요한 조치를 할 수 있다.
    2) 〈학교폭력예방 및 대책에 관한 법률〉 제17조 제4항: 학교의 장은 가해학생에 대한 선도가 긴급하다고 인정할 경우 우선 출석 정지, 접촉 및 보복 행위 금지 등의 조치를 할 수 있다.
    3) 〈학교폭력예방 및 대책에 관한 법률 시행령〉 제21조 제1항: 법 제17조 제4항에 따라 학교의 장이 출석 정지 조치를 할 수 있는 경우는 다음 각 호와 같다.
    (1) 2명 이상의 학생이 고의적·지속적으로 폭력을 행사한 경우

(2) 학교 폭력을 행사하여 전치 2주 이상의 상해를 입힌 경우

(3) 학교 폭력에 대한 신고, 진술, 자료 제공 등에 대한 보복을 목적으로 폭력을 행사한 경우

(4) 학교의 장이 피해학생을 가해학생으로부터 긴급하게 보호할 필요가 있다고 판단하는 경우

- 사유 해당성

이 사건의 경우 같은 반 세 명의 학생이 피해학생에게 전치 3주의 외상 및 향후 몇 개월이 걸릴지 모르는 심리 상담 및 치료라는 심각한 피해를 입힌 사례입니다. 따라서 위의 학교폭력예방법에 의할 때 충분히 그 사유가 되며, 아래 첨부하는 바와 같이 진단서 등의 근거 자료도 충분합니다.

3. 근거 자료(첨부)

- 진단서
- SNS 화면 캡처 사진, 스마트폰 단체 채팅창 캡처 사진
- 학교 폭력 신고서

2017. 4. 1.

○○학교장 귀중

가해학생이 처벌받기 원한다면

학생들의 학교 폭력 행위는 생각보다 적극적이고 폭력적인 측면이 강하다. 특히 한 상담 사례에서는 남학생 여럿이서 같은 반 학생에게 생일이라는 이유로 케이크를 얼굴에 세게 문질러 상처를 입히고, 학교 뒷산으로 끌고 가 때리는 한편, 옷을 벗겨 성기의 크기를 재며 모욕감을 주었다고 했다.

청소년기 남학생 대부분이 그렇듯 이런 피해 사실을 부모에게 직접 이야기하지 않기 때문에 부모는 이후 구체적인 사실을 전해 듣고 큰 분노에 휩싸일 수밖에 없다. 이러한 상황에서 대부분의 부모는 가해학생들이 가벼운 봉사 활동 정도로 면죄부를 받게 될지도 모른다며 불안해한다. 그래서 피해학생 부모는 변호사를 찾아가 주로 다음과 같이 질문한다.

"강력한 처벌을 받게 해서라도 다시는 못 건드리게 해야지요. 어떻게 하면 가해학생들이 퇴학이나 전학 조치를 받게 할 수 있을까요?"

위 에피소드에서도 알 수 있듯 보통 피해학생의 가족은 가해학생에 대한 강력한 처벌을 원한다. 특히 심각한 학교 폭력 피해를 당했음에도 가해학생이 이후 별다른 어려움 없이 학교를 다니는 모습을 보면 부모 입장에서 억장이 무너지는 고통과 분노를 느끼게 된다. 가해학생에 대한 처벌 정도에 관해 가해학생 측이 억울하다거나 부당하다는 입장을 보이는 경우에도 피해학생 측은 무조건 전학 보내야 한다거나 더 나아가 퇴학시켜야 한다며 강경한 입장을 보일 때가 많다.

그러나 학교폭력예방법이 정한 가해학생에 대한 조치 중 가장 강력한 것이 전학, 퇴학 처분이다. 그러므로 학교 폭력 행위의 경중과 지속성, 반성 정도를 고려하지 않고 모두 전학과 퇴학 조치를 하는 것은 학교폭력예방법의 본래 의도에 맞지 않다는 점을 이해할 필요가 있다.

가해학생에 관한 조치(학교폭력예방법 제17조 제1항)

1. 피해학생에 대한 서면 사과

2. 피해학생 및 신고·고발 학생에 대한 접촉, 협박 및 보복 행위의 금지

3. 학교에서의 봉사

4. 사회봉사

5. 학내외 전문가에 의한 특별 교육 이수 또는 심리 치료

6. 출석 정지

7. 학급 교체

8. 전학

9. 퇴학 처분

다만 가해학생에 대한 적절한 처벌을 원한다면 피해 사실을 입증할 증거를 잘 수집해야 한다. 아이들 간에 일어나는 일들이 대부분 그렇지만 특히 학교 폭력은 폐쇄적인 또래 집단 내에서 교묘하게 진행되는 경우가 많다. 또 초기에 제대로 증거를 수집하지 않으면 이후 겁을 먹은 다른 학생들의 협조를 얻어내기가 더욱 어려워진다. 하지만 지나친 증거 수집은 다른 학생들의 인권을 침해할 소지가 있고 교우 관계에도 영향을 미치기 때문에 적법하고 적

절한 방법으로 진행해야 한다.

학교 폭력 피해 사실에 대한 적절한 증거 수집 방법

- 사진을 확보하라: 아이가 상해를 당하거나 소지품 등을 파손당한 경우에는 이를 사진으로 찍어 보존하는 것이 좋다. 사진은 어떤 대상에 해당하는 것인지 명확하게 알 수 있는 사진이 좋기 때문에 전체 모습을 식별할 수 있게 찍어야 한다. 너무 작게 보이는 것이 문제라면 확대하여 찍기보다는 전체 사진을 찍고, 그 전체 사진상에서 사진 확대가 가능하도록 DSLR 등의 고화질 카메라를 이용하는 편이 좋다. (예를 들어, 팔에 난 멍 자국만 확대해 사진을 찍으면 그 팔이 누구 팔인지에 대한 추가 입증이 필요하기 때문에 상체 사진을 찍어 이후 확대가 가능하도록 하는 편이 낫다.)

- 캡처하라: 아이들의 일거수일투족을 파악할 수 있는 것이 스마트폰이나 SNS이다. 피해를 당한 아이와 대화를 나누어 협조를 구하고, 아이의 계정으로 확인 가능한 욕설, 명예훼손 언사 등을 캡처한다. 이때 유의할 점은 URL이나 단체 채팅방 이름이 모두 포함되도록 전체 화면을 캡처해야 한다는 것이다. 그래야 추가 입증 부담을 줄일 수 있다.

- 증인을 확보하라: 학교 폭력 문제를 가장 잘 알고 있는 제3자는 같은 학급 친구 또는 가해학생과 같이 어울리는 학생들이다. 그런데 증인이나 제3자 진술을 확보하고자 미성년자인 학생에게 강압적으로 요구한다면 이후에 법적인 책임을 져야 할 수 있다. 일단 부모 등 보호자의 양해를 구한 뒤 보호자의 입회하에 진술하거나 진술서를 작성하도록 부탁해야 한다. 하지만 이 과정을 양해해주는 보호자는 많지 않으므로 학교 측에 실태 조사를 요청하는 편이 더욱 적절한 방법이다.

한편 일부 피해학생 부모는 가해학생에게 적절한 변명의 기회를 주고 학교 폭력 위원회를 개최하여 심의하는 과정 모두가 불필요하거나 불리한 과정일 뿐이라고 오해하기도 한다. 그러나 가해학생에 대한 처분은 모두 본인에게는 불이익한 것이기 때문에 가해학생에게도 의견 진술의 기회를 주는 것이 법적으로 당연한 것임을 이해해야 한다.

가해학생 측의 의견 진술권과 피해학생 측의 의견 진술권은 학교폭력예방법에 명문화되어 있다. 학교폭력예방법에 따라 공평의 관점에서 양측의 의견 진술권이 적절히 보장되고 있다면 학교에 불필요한 요구를 할 필요는 없다. 다만 학교 폭력 위원회가 열리지 않거나 학교 폭력 문제에 대한 실태 조사가 제대로 이행되지 않을 경우 피해학생 측은 구두 또는 서면 제출의 방식으로 적절한 절차 진행을 요청할 수 있다.

학교 폭력 신고를 한 후 학교의 처분을 마냥 기다리는 것이 싫다면 가해학생에 관한 조치를 결정하는 절차에 적극적으로 나서 의견을 진술할 권리를 활용하는 것도 좋은 방법이다. 하지만 이런 방법이 있다는 것을 알게 되었어도 어떤 방법과 내용으로 요청해야 하는지 몰라 그에 대한 답답함이 억울함으로 변질되기도 한다. 이는 구체적인 제출 양식을 제공받거나 적합한 정보를 취득하기 어려운 상황 탓이다.

학교폭력예방법 제14조 제5항은 "피해학생 또는 피해학생의 보호자는 피해 사실 확인을 위하여 전담 기구에 실태 조사를 요구할 수 있다"고 규정하고 있다. 이는 피해학생 측에서 직접적으로 실태 조사를 요청할 수 있는 법적 근거가 된다. 또한 학교폭력예방법 제13조 제2항 제3호에 따르면 피해학생 또는 그 보호자가 요청하는 경우 학교 폭력 위원회의 위원장은 회의를 소집하여야 한다. 법문에 '소집할 수 있다'가 아니라 '소집하여야 한다'라고 규정하고 있으므로 이를 근거로 피해학생 측은 학교 폭력 위원회 회의의 개최를 더욱 강력하게 요청할 수 있다.

이에 더하여 학교폭력예방법 제16조 제2항에서 "자치위원회(학교 폭력 위원회)는 제1항에 따른 조치를 요청하기 전에 피해학생 및 그 보호자에게 의견 진술의 기회를 부여하는 등 적정한 절차를 거쳐야 한다"고 규정하고 있으므로 피해학생 측은 보호조치에 대한 의견을 진술할 권리가 있다. 한편, 가해학생에 대한 징계를 정하는 기준에는 학교 폭력의 심각성·지속성·고의성 및 피해학생 측과의 화해의 정도가 포함되므로 피해학생 및 보호자가 가해학생에 대한 징계에 관해서도 적절히 의견을 진술할 수 있다고 해석할 수 있다.

이러한 요청과 의견 진술은 반드시 서면으로 제출해야 하는 것은 아니므로 다음의 예문을 활용하여 구두로 요청해도 무방하다. 물론 서면으로 제출하는 것이 앞서 설명한 바대로 의사 표현의 내용과 방법에 있어 보다 적절한 경우가 많다.

학교 폭력 실태 조사 요청 및
학교 폭력 대책 자치위원회 심의·조치에 관한 의견

학교 폭력 피해학생의 보호자로서 2014년 3월 10일 ○○○ 선생님께 신고하였으나 피해 사실에 대한 실태 조사가 행해지지 않아 피해 사실의 객관적 파악이 되지 않고 있으며 학생들에 대한 조치를 심의할 학교 폭력 대책 자치위원회 회의가 소집되지 않고 있어 다음과 같이 요청하는 바입니다.

1. 피해 사실 확인을 위한 실태 조사 및 학교 폭력 대책 자치위원회 소집 요청

가. 근거 법령
  - 〈학교폭력예방 및 대책에 관한 법률〉 제13조(자치위원회의 구성·운영)
    ② 자치위원회는 분기별 1회 이상 회의를 개최하고, 자치위원회의 위원장은 다음 각 호의 어느 하나에 해당하는 경우에 회의를 소집하여야 한다.
    3. 피해학생 또는 그 보호자가 요청하는 경우
  - 〈학교폭력예방 및 대책에 관한 법률〉 제14조(전문 상담 교사 배치 및 전담 기구 구성)
    ⑤ 피해학생 또는 피해학생의 보호자는 피해 사실 확인을 위하여 전담 기구에 실태 조사를 요구할 수 있다

나. 위와 같은 근거 법령에 따라
  1) 피해 사실에 대한 실태, 특히 욕설과 비속어 사용 등의 언어적 폭력 및 정서적 폭력과 관련된 괴롭힘의 지속성 여부 등을 중점적으로 명확히 조사해주시기 바랍니다.
  2) 조속한 시일 내 학교 폭력 대책 자치위원회를 개최하여 가해학생에 대한 적절한 조치를 심의해주시기 바랍니다.

2. 피해학생 보호 및 가해학생 조치 심의에 대한 의견
  - 가해학생들은 파악된 것만 총 세 명으로, 학기 초부터 피해학생에 대한 따돌림, 심리적 괴롭힘, 욕설을 지속해왔습니다. 그러나 조금의 반성도 없이 스마트폰 단체 채팅창을 이용하여 다시 추가적인 모욕 및 허위 사실을 유포하기도 하였습니다. 그럼에도 가해학생의 부모님은 저희에게 어떠한 피해 보상도 해주지 않겠다고 하여 화해의 여지가 전혀

없습니다.

- 이로 인하여 피해학생인 ○○○는 심각한 정신적 고통을 겪으며 심리 상담을 지속적으로 받아야 하는 처지에 놓였습니다. 또한 가해학생들의 괴롭힘을 피하려다 책상에 부딪혀 전치 2주의 부상을 입기도 했습니다.

- 이러한 사정을 종합해볼 때 피해학생에 대한 조치로 심리 상담 등의 적절한 보호 조치를 결정해주시고, 가해학생들에게는 사안의 중대성을 고려하여 학급 교체, 보복 행위 금지를 포함한 징계를 해주시기 바랍니다.

3. 소명 자료
- 진료확인서/내역서
- 사진, 캡처 자료
- 피해 사실 확인서(신고 시 첨부했던 것)

학교 폭력 위원회 회의가 개최되면 참석하여 의견을 진술할 수 있는데, 이때 위의 내용을 참조하여 상황에 따라 적절히 진술하면 된다. 특히 위 2항의 '의견' 부분을 좀 더 구체적으로 서술한 의견서를 제출하면 보다 명료하게 의사 표시를 할 수 있다.

단, 위원들의 심의 과정은 비공개가 원칙이기 때문에 의견 진술을 할 때 외에는 다른 사정이 없는 한 회의 참석이 불가능하다. 따라서 '피해학생 측 진술 및 질의응답' 절차에서 이후 부연이 필요 없을 정도로 상세히 의견을 진술할 수 있도록 가능한 한 준비를 다하는 것이 좋다.

학교 폭력 위원회는 해당 학교의 교감, 학생 생활 지도 경력이 있는 교사, 학부모 대표, 판사·검사·변호사, 경찰공무원, 의사, 그 밖에 학교 폭력 예방 및 청소년 보호에 대한 지식과 경험이 풍부한 사람 중 해당 학교의 장이 임명하거나 위촉한 인사로 구성된다. 이러한 학교 폭력 위원회는 위원장 1인을 포함하여 5인 이상 10인 이하의 위원으로 구성되는데, 전체 위원의 과반수를 학부모 전체 회의에서 직접 선출한 학부모 대표에게 위촉해야 한다(학급별 대표로 구성된 학부모 대표 회의에서 선출한 학부모 대표에게 위촉할 수도 있다).

학교 폭력 위원회는 재적 위원 과반수의 출석으로 개의하고 출석 위원 과반수의 찬성으로 의결하여 피해학생 및 가해학생에 관한 조치를 결정한다. 이때 회의의 일시, 장소, 출석 위원, 토의 내용 및 의결 사항 등을 회의록에 기록하여 보존하는데, 피해학생 보호자로서 진술한 내용도 기재되어 의결 사항의 기초가 되므로 이에 유의할 필요가 있다. 만약 절차 진행에 있어서 부당하게 의견 진술권을 제한받거나 공정하지 못한 부분이 있다면 즉시 이의를 제기하고, 위원에게 공정한 심의를 기대하기 어려운 사정이 있다고 인정할 만한 상당한 사유가 있을 때에는 학교 폭력 위원회에 그 사실을 서면으로 소명하고 기피 신청을 할 수 있다.

이렇게 학교 폭력 위원회 심의가 종료되고 가해학생에 대한 징계가 정해진 후에도 이의가 있다면 피해학생 또는 그 보호자는 그 조치를 받은 날로부터 15일 이내, 그 조치가 있음을 안 날로부터 10일 이내에 학교 폭력 대책 지역위원회에 재심을 청구할 수 있다. 학교 폭력 대책 지역위원회는 재심 청구를 받으면 30일 이내에 이를 심사·결정하여 청구인에게 통보해야 한다.

만약 학교 폭력 대책 지역위원회의 결정에도 이의가 있다면 그 통보를 받은 날로부터 60일 이내에 행정심판을 제기할 수 있다. 또한 학교폭력예방법에 직접 규정되어 있지는 않지만 〈행정소송법〉에 의해 학교 폭력에 관한 처분 등이 있음을 안 날로부터 90일 이내 혹은 처분 등이 있은 날로부터 1년 이내에 해당 처분에 대한 취소소송을 제기하는 방법도 있다.

이러한 재심, 행정심판, 행정소송의 가장 큰 차이점은 학교 폭력 위원회의 결정에 대하여 다시 판단해주는 기관이 다르다는 데 있다. 재심과 행정심판은 교육청 등의 행정 기관 체계 내에서 다시 한 번 판단을 받아보는 것이고, 행정소송은 법원의 판결을 받는 것이라고 이해하면 된다. 어떠한 절차라도 무조건적으로 유리한 것이 아니라 학교 폭력 신고 시부터 조치가 결정되기까지의 경위와 당사자의 태도, 수사 결과, 입증 방법 등을 모두 고려하여 결정되기 때문에 사전에 변호사와 상담해보는 것이 현명한 선택에 도움이 된다.

한편, 가해학생에 대한 처벌을 형사 절차 내에서 구하고자 한다면 경찰서나 검찰청에 고소장을 제출할 수도 있다. 고소장을 작성할 시에는 증거가 될 만한 자료를 고소장에 첨부하여 접수하는 것이 좋다. 일단 고소장이 접수되면 피해자에 대한 참고인 조사 차원에서 피해학생 및 그 보호자는 진술 조서를 작성하게 되는데, 이 조서는 가해학생 처벌의 근거가 되기도 한다. 이렇게 고소를 하면 가해학생은 경찰 조사를 받고 가정법원에 송치되는 등의 절차를 거쳐 법정에 서게 될 수 있기 때문에 고소장 제출은 가장 강력한 절차라고 할 수 있다. 그렇기 때문에 우리 형법에서는 무고죄 규정을 두고 있는 것인데, 무고죄 규정에 따라 허위 신고자는 처벌받을 수 있으므로 유의해야 한다.

▶ 고소장 양식은 경찰청 홈페이지 '신고민원 포털>민원>민원서식>수

사'에서 내려받을 수 있다. 고소장 작성법 및 형사 절차는 이 책 111쪽에 안내되어 있다.

치료비, 상담 비용, 위자료 청구 방법

Episode 004

평소 밝은 성격이었던 딸이 친구들과 노래방에 갔다가 한 시간 동안 나오지도 못하고 욕설과 함께 폭행을 당했습니다. 어찌나 교묘하게 때렸는지 아이들 다섯이 때렸다는데 전치 2주의 외상뿐이었습니다. 한편으로는 다행이기도 했습니다.

하지만 학교에 물어보니 치료비는 우선 학교안전공제회에서 받을 수 있지만 아이나 그 부모인 저희들의 정신적 고통에 대한 위자료는 인정받기 어렵다고 합니다. 그런데 문제는 외상이 아닙니다. 다른 사람들에게는 비밀로 했지만 계속 상담 치료를 받고 있습니다. 앞으로도 10회 이상 받아야 한다는데, 상담 비용이 적은 돈이 아닙니다. 더욱이 제가 일을 하는데 계속 아이를 데리고 병원에 다니기가 힘들어 일단 일도 쉬기로 했습니다. 이런 저희 가족의 피해는 어떻게 배상받아야 하는 건가요?

학교 폭력 피해를 신고하여 가해학생이 처벌까지 받게 되었더라도 문제가 모두 끝난 것이 아니다. 즉, 피해학생 측에는 눈에 보이는 상처는 물론 정신적인 타격에 대한 치료를 지속해야 하는 과제가 남는다. 이때 적절히 손해배상을 받지 못하는 경우 학교 폭력 피해에 대한 억울함이 가중되고 정신적인 상처 또한 깊어질 수 있다. 뿐만 아니라 경제적 형편이 어렵지 않더라도 계속해서 지출해야 하는 치료비나 상담 비용은 큰 부담이 될 수 있고, 보호자가 생업에 충실하지 못해 발생하는 손해도 무시할 만한 것이 아니다.

이러한 피해학생 측의 고통을 고려하여 학교폭력예방법에서는 가해학생이 부담해야 할 손해배상금 중 일부를 학교안전공제회 등이 우선 부담할 수 있도록 규정하고 있다. 학교안전공제회 등이 치료비 등을 우선 부담하고, 이후 가해학생 보호자에게 구상하여 받는 식이다.

학교폭력예방법 제16조 제6항은 "피해학생이 전문 단체나 전문가로부터 상담 등을 받는 데에 사용되는 비용은 가해학생의 보호자가 부담하여야 한다. 다만, 피해학생의 신속한 치료를 위하여 학교의 장 또는 피해학생의 보호자가 원하는 경우에는 〈학교안전사고 예방 및 보상에 관한 법률〉 제15조에 따라 설립된 학교안전공제회 또는 시·도 교육청이 비용을 부담하고 이에 대한 구상권을 행사할 수 있다"고 규정하고 있다.

이에 대한 세부 사항은 시행령에 규정되어 있는데, 학교폭력예방법 시행령 제18조 제1항의 "위 법 제16조 제6항 단서에 따른 학교안전공제회 또는 시·도 교육청이 부담하는 피해학생의 지원 범위"는 다음과 같다.

- 교육감이 정한 전문 심리 상담 기관에서 심리 상담 및 조언을 받는 데 드는 비용
- 교육감이 정한 기관에서 일시 보호를 받는 데 드는 비용
- 〈의료법〉에 따라 개설된 의료 기관, 〈지역보건법〉에 따라 설치된 보

건소·보건의료원 및 보건지소, 〈농어촌 등 보건의료를 위한 특별조치법〉에 따라 설치된 보건진료소, 〈약사법〉에 따라 등록된 약국 및 같은 법 제91조에 따라 설립된 한국희귀의약품센터에서 치료 및 치료를 위한 요양을 받거나 의약품을 공급받는 데 드는 비용

심리 상담이나 일시 보호의 경우 '교육감이 정한 기관'을 이용해야만 하는 한계가 있으므로 각 기관에 대한 정보와 우선 부담 가능 여부를 해당 교육청이나 학교에 문의해봐야 한다.[01]

또한 학교폭력예방법 제16조 제7항은 "피해학생의 보호자는 필요한 경우 〈학교안전사고 예방 및 보상에 관한 법률〉 제34조의 공제 급여를 학교안전공제회에 직접 청구할 수 있다"고 규정하고 있으며, 같은 법 제36조는 공제 급여 중 요양 급여에 관하여 "〈학교폭력예방 및 대책에 관한 법률〉 제2조 제1호에 따른 행위로 인한 경우에는 같은 법 제16조 제1항 제1호부터 제3호까지의 조치를 이행하는 데 필요한 비용을 지급하여야 한다"고 규정하고 있다. 즉, 학교 폭력으로 인한 심리 상담 및 조언, 일시 보호, 치료 및 치료를 위한 요양의 경우 학교안전공제회에 요양 급여를 청구할 수 있다는 것이다.

학교안전공제회에 비용을 청구할 때는 〈학교안전사고 예방 및 보상에 관한 법률〉 제41조에 규정된 방식을 따라야 한다. 교육부는 공식 블로그 등을 통해 청구서 양식과 청구 절차 등을 안내하고 있으며, 학교안전공제중앙회 콜센터(1688-4900)를 통해 치료비 등의 지원과 관련된 문의를 받고 있다.

---

01 상담이나 조언은 정신과적 문제이므로 교육과학기술부에서는 소아정신과 전문의가 있는 의료 기관을 우선적으로 지정하도록 시·도 교육청에 지시하였다(2012. 3. 14).

학교폭력 피해 치료비 등 청구서

(앞쪽)

〈학교안전사고 예방 및 보상에 관한 법률〉 제53조제2항에 따라 다음과 같이 치료비 등을 청구합니다.

년　　월　　일

○○ 공제회 이사장 귀하

청구인	성명		(인)	생년월일	
	주소				
	전화번호				
	피공제자와의 관계				
	학교폭력 피해 치료비용 청구에 관한 모든 권한을 위임함				
	위임인	성명			
	대리인	성명		생년월일	
		주소			
		전화번호			

공제 가입자	학교명	
	학교장	
	주소	

피공제자	성명		생년월일	
	주소			
	소속			

사고 개요 (상세한 것은 별지에 적음)	발생 일시			
	발생 장소			
	사고 관련자 소속		성명	
	사고 경위 및 내용			

청구액	심리 상담 및 조언	
	일시 보호	
	치료 및 치료를 위한 요양	
	합계	

구비 서류	뒷면 참조

210mm×297mm보존용지(2종) 70g/m²

뒷면 생략, 출처: 서울특별시 학교안전공제회 http://www.ssia.or.kr/civilComplaint/board/_/10103/view.do

한편, 학교 폭력 위원회 절차를 활용하여 가해학생 보호자와 분쟁 조정을 시도할 수 있다. 학교폭력예방법 제18조 제3항은 피해학생과 가해학생 간 또는 그 보호자 간의 손해배상과 관련한 합의 조정을 포함하여 분쟁 조정을 하도록 규정하고 있다. 학교폭력예방법 시행령 제25조에 따르면 피해학생 또는 그 보호자는 학교 폭력 위원회에 분쟁 조정을 신청할 수 있다. 이때 구두로만 요청하지 말고 분쟁 조정 신청인의 성명 및 주소, 보호자의 성명 및 주소, 분쟁 조정 신청의 사유를 기재한 문서를 작성해 신청해야 한다.

나아가 민사소송을 제기하는 방법으로 가해학생 보호자에 대하여 손해배상을 청구할 수 있는데, 학교안전공제회 청구 대상이 되기 어려운 피해학생과 그 보호자의 정신적 고통에 따른 위자료, 손해배상 지연에 따른 지연손해금 등도 청구할 수 있기 때문에 다른 대응법보다 광범위한 배상 청구가 가능하고, 법원의 판결을 받아 강제집행 할 수 있다는 점에서 유리한 면이 있다. 다만, 손해배상 청구 소송의 경우 손해와의 인과관계 및 범위에 관한 입증 책임이 피해학생 측에 있기 때문에 소송 경험이 없는 경우 절차를 혼자 진행하기가 쉽지 않으므로 변호사와 상담하여 결정하는 편이 현명하다.

▶ 손해배상 청구 소송 시 소장 양식과 작성 방법은 이 책 115쪽에 서술하였다.

피해학생을 **어떻게 키워**야 할까

Episode **005**

예전에 학생들을 가르칠 때 겪은 일이다. 당시 우리 반 학생 중에는 학교에 몰래 '고데기'를 가져와서 자기는 물론 친구들 머리까지 치장해주는 학생이 있었다. 어느 날 교실에서 머리 타는 냄새가 나더라는 교과 선생님의 첩보(?)를 듣고 학생들에게 물어보니 다들 일치단결해서 비밀을 유지하는 것이었다. 결국 누가 가져왔는지 알아내지 못한 채 고데기를 학교에서 사용하면 발생할 수 있는 전기 및 화상 안전사고를 열심히 설명해주고 그 일은 일단락되었다.

그로부터 얼마 후 우리 반 학생 하나가 수업을 듣지 않고 사라졌다는 소식을 반장을 통해 알게 됐는데, 그 시간에 연락이 닿는 보호자도 없었고 학생 본인의 휴대폰도 꺼져 있어 발만 동동 구르고 있었다. 그러다 얼마 후 그 학생으로부터 "저 학교 앞 ○○○에 있어요, 쌤"이라는 내용의 문자 메시지가 왔다. 괘씸하기도 했지만 반가워서 그 길로 학생이 있다는 장소로 향했다.

아이의 말을 들어보니 그 '고데기 사건'이 문제가 된 것이었다. 중학교 때부터 사이가 좋지 않은 아이와 또 같은 반이 되었는데 지금은 이 학생이 따돌림을 당하는 중이었다. 아이는 고데기 사건의 밀고자가 자신이라고 의심하며 따돌리는 것 때문에 더 이상 학교에 다니기 싫다고 했다. 당시 컴퓨터 채팅 서비스가 청소년들 사이에서 유행했는데, 그 서비스를 이용하여 다른 학교 아이들에게까지 허위 사실을 유포해 너무 힘들다고 했다.

이후 대화를 나누다 보니 지금 따돌림을 당하고 있는 이 학생이 중학교 때에는 가해자 측이었으며, 지금 그에 대한 복수를 당하고 있다는 사실을 알게 되었다. 하지만 그 학생 자신은 더 이상 싸우고 싶지도 않고 피하고 싶은데 그러면 자신이 약하게 보여 아이들이 더 괴롭힌다고 했다. 아이는 이러한 문제 때문에 학업에 집중할 수 없을 뿐만 아니라 자기 자신에게 실망하고 우울한 마음이 들어 눈물만 난다고 했다.

학교에서 아이들은 사소한 일로도 다투는 일이 많고 일대일 싸움이 아니라 같은 반 내 소그룹 간의 싸움으로 번지기도 한다. 고등학생의 경우 그들의 문제 해결력을 과소평가해서는 안 되기에 과거에는 담임 교사가 개입하여 해결해주는 것보다 적절히 지켜보는 것이 미덕처럼 여겨지기도 했다. 하지만 우리 사회가 점점 더 각박해지고 아이들이 폭력적인 해결 방법에 익숙해져 감에 따라 학교 폭력이 보다 지속적으로 행해지고 있고, 이는 피해학생에게 돌이킬 수 없는 상처가 되기도 한다. 또한 위의 사례에서 보듯 학교 폭력 피해학생이 이후 가해학생이 되어 교묘하게 복수하는 경우도 있다. 따라서 피해학생이 학교 폭력의 그림자에서 벗어나 건전하고 긍정적인 사고를 형성하도록 도와야 할 교사의 책임이 더욱 막중해졌다.

학교 폭력이 더욱 지속적인 양상을 띠게 된 만큼 초기의 피해 파악 및 진료 못지않게 계속적인 관찰과 충분한 심리 상담 및 진료가 중요하다. 학교 폭력 피해 경험은 청소년의 건강 상태, 자존감, 집중력 등에 부정적인 영향을 미치는데, 피해 경험이 지속적일 경우 그 영향이 더욱 심각하다. 피해학생에 대한 적절한 보호와 조치가 뒷받침되지 못하면 청소년의 자존감은 훼손되고,

낮아진 자존감으로 인해 폭력에 더 취약하게 되며, 손상된 자기개념이 악순환의 고리를 만들어 피해가 장기화되기 쉽다는 연구 결과도 있다.[02]

한편, 피해학생이 자신의 피해 사실로부터 추가적인 이득을 취하려는 부모의 모습과 직면할 때에는 부모에 대한 서운한 감정과 실망감으로 가족 관계가 악화되기도 한다. 모든 잘못을 담임 교사의 탓으로 돌려 하루에도 여러 차례 전화하고 문자를 보내며 악담을 하는 부모들이 있다는 이야기를 종종 전해 듣는다. 이러한 모습은 이제 막 합리적인 지성이 발달하고 윤리적인 결벽이 발생하기도 하는 청소년들에게 매우 충격적으로 보이기 마련이다.

학교 폭력 피해를 당한 학생들에게서 가장 우려스러운 점은 자신이 학교 폭력의 대상이 된 것이 본인의 단점 때문이라고 결론짓게 되는 것이다. 예컨대 보호자가 "네가 내성적이고 말 한마디 못 해서 그래. 우리 자신감을 갖자"라는 식으로 말한다면 아무리 좋은 취지였다 할지라도 아이는 '내성적인 사람은 폭력 행위의 대상이 된다'는 잘못된 결론을 내릴 수 있다. 따라서 '약자의 특성을 가졌기 때문에 학교 폭력을 당한 것'이라는 취지의 언사는 어떤 방식으로도 표현해서는 안 된다.

피해학생들이 피해 이후 처음 겪게 되는 정서적 문제는 두려움, 자존감 하락 등이지만 이후 가해학생들에 대한 억울한 마음을 갖게 되고, 제대로 보호 조치를 받지 못할 경우 과격한 분노마저 갖게 될 수 있다. 이런 경우 부모가 피해학생과 세심하게 대화하고 상담 교사에게 상담받도록 하는 것이 일차적 방법이지만, 섣불리 자가 치료를 하기보다는 의료 기관이나 전문 상담 기관을 찾아 적절히 치료받게 하는 편이 좋다.

---

02 김현숙, 〈지속된 학교 폭력 피해 경험이 청소년의 신체발달, 사회정서발달, 인지발달에 미치는 영향〉, 《청소년 복지연구》 15(2), 2013, 136~137쪽.

학교 폭력 후유증을 개선해가는 과정에서 한 가지 더 유의할 점이 있다. 바로 과잉 반응을 하지 않는 것이다. 보호자의 과잉 반응은 후유증 개선은 물론이고 아이의 적정한 발달에 부정적인 영향을 미친다. 학교 폭력에 대한 보호자의 불안과 분노가 심하다면 부모 또한 학교 폭력 피해의 일환으로 후유증을 겪고 있는 것이므로 아이와 함께 진료 및 상담 기관을 찾을 것을 권한다. 보호자가 정서적으로 안정되고 인격이 성숙해야 상처받은 아이를 돌볼 수 있다.

앞서 소개한 에피소드의 피해학생은 이후 갑자기 찾아와 "저 정말 힘들어요. 죽고 싶어요"라는 말까지 했다. 결국 이 학생은 상담 과정에서 전문 진료 기관에서 치료받기로 결정했다. 그러나 그 보호자가 교사들의 관심을 아이에 대한 의심으로 오해하는 바람에 안타깝게도 오랜 기간을 허비했다. 지금은 학교 폭력에 대한 사회적 관심이 커지고 정신과 치료에 대한 인식도 개선되어서 학교 폭력 피해학생에게 정신과 치료를 권하는 일이 조금은 쉬워졌지만, 당시에는 이런 권유에 부모들이 적지 않게 당황했다. 결국 이 학생은 적절한 상담과 치료를 받고 별다른 문제 없이 학교를 졸업했지만, 학년이 올라간 이후 가끔 이야기를 나눠보면 여전히 우울감이나 자존감 훼손의 문제가 남아 있었다.

이렇게 학교 폭력 이후 아동·청소년이 그 피해를 극복하고 적절한 발달 과정을 밟도록 하는 것은 짧은 글로 다 설명할 수 있는 것도 아니며, 단 하나의 정답이 정해져 있는 것도 아니다. 진부한 해답이지만, 세심한 배려와 자연스러운 대화를 통하여 지속적으로 아이를 관찰하고 적절히 조언을 하는 것이 좋으며, 필요한 경우 전문 기관의 도움을 받는 것이 가장 좋다. 이때 보호자의 말과 행동이 강압적이거나 편향적이라면 오히려 상태를 악화시킬 수 있으므로 부모의 성숙한 태도가 전제되어야 한다. 그렇기 때문에 부모도 서로 간의 대화와 조언을 통해 협력하며 아이의 교육 과정에 참여할 것을 권한다.

학교 폭력
가해학생인 경우

가해학생이 되면 **어떤 일**이 벌어질까

학교 폭력 문제를 다룰 때 대부분 피해학생의 측면에서만 문제를 바라본다. 자극적인 언론 기사도 문제지만 '가해학생은 특수하게 나쁜 병리적 학생'이라고 여기는 것이 편하기 때문이기도 하다. 학교 폭력 피해에 대한 두려움도 여기에 한몫한다. 그래서 '학교 폭력 당하지 않는 법'이라거나 '학교 폭력 신고 방법' 등의 대책은 자주 접할 수 있는 반면 학교 폭력 가해학생이 되었을 때의 적절한 대처 방법은 찾아보기 어렵다.

하지만 학교 폭력을 당하면 당했지 절대 폭력을 행사할 것이라고는 생각도 해보지 않았던 아이가 학교 폭력 가해학생으로 신고되는 경우가 꽤 많다. 그렇기 때문에 학교 폭력 문제를 가해학생 측에서도 살펴봐야 할 필요가 있다.

급하게 전화로 상담을 요청한 중학생이 있었는데, 같은 반 학생이 자기만 고소하겠다고 협박한다는 내용이었다. 초등학교 때부터 따돌림을 당하던 아이에게 장난으로 화장실에서 물을 뿌리고 옷을 잡아당겼을 뿐이었는데, 상대방 학생은 자기 행동만 문제 삼아 성추행으로 신고할 것이라고 했다.

어떤 일이 문제가 되었는지 좀 더 자세히 물어보니 평소에도 친구들이 놀리고 무시하던 학생을 화장실에서 만나자 장난기가 발동하여 한창 소변을 보고 있던 그 학생에게 물을 뿌린 데서 사건이 시작된 것이었다. 놀라기도 하고 창피하기도 했던 상대 학생이 크게 욕을 하자 보고 있던 친구들에게 놀림을 받을 것 같아 다시 상대 학생의 옷을 세게 잡아당긴 것이다. 그 바람에 상대 학생이 하체가 노출된 채로 넘어지는 사고가 일어났다.

아이들 입장에서는 사고가 순식간에 일어났기 때문에 자기에게도 억울한 면이 있다고 생각할 수 있다. 그러나 피해학생 입장에서 이 사건을 살펴보면, 피해학생은 짧게는 몇 달, 길게는 1년 이상 따돌림과 괴롭힘을 당해왔고 결국 화장실에서 넘어져 은밀한 부위가 노출되는 폭행을 당하게 된 것이다. 그리고 이 일로 따돌림이 훨씬 심해질 수도 있다. 요새는 아이들이 스마트폰을 이용해 사진이나 영상을 자유롭게 촬영할 수 있고, SNS의 발달로 소문이 크게 퍼질 수 있어 피해학생의 고통은 간과할 수 있는 수준의 것이 아니다.

가해자로 신고된 학생들은 보통 두 가지 감정을 표현하곤 한다. 첫째는 크게 처벌받을지 모른다는 두려움이고, 둘째는 '왜 나만 신고되었나' 하는 억울함이다. 대부분의 학생들이 다른 학생들이 저지른 괴롭힘 자체는 잘못되었다고 생각하지만, 자기가 한 세부적인 행동은 장난이거나 단지 실수라고만 표현하며 상대방의 고통에 대해서는 별일 아닌 것으로 치부해버리는 경향이 있다.

여러 차례 상담을 해보니 학생들이 약자에 대한 경멸과 무시를 정당화한다는 점을 알 수 있었다. 즉, 약하고 특이한 점이 있는 사람, 보호해줄 세력이 없는 사람은 다소 괴롭힘을 받아도 어쩔 수 없는 것이라고 생각하며, 그들을 다른 사람들과 함께 괴롭힌 것이라면 자기에게 별다른 문제가 생기지는 않을 것이라고 기대한다.

또한 부모가 성과 중심적이고 경쟁에서 이기는 것을 과도하게 중시하는 경우, 사회적 약자에 대한 부적절한 가치관을 가진 경우에는 아이들이 그대로 따라 배울 가능성이 높다. 자기 자식을 가해학생으로 키우려는 부모는 어디에도 없겠지만, 은연중에 표현되는 부모의 가치관은 아이에게 그대로 전수될 수 있다. 그리고 한 반에서 하루 종일 생활해야 하는 학교 환경에서 그 가치관이 어떠한 형태로 발현될지는 누구도 예상할 수 없다.

학교 폭력으로 신고된 가해학생이라고 해서 모조리 어른들이 보기에 불량한 아이들인 것은 아니다. 전혀 누군가를 괴롭힐 것처럼 보이지 않는 이른바 '착한' 아이들도 학교 폭력 가해학생으로 신고되기도 하며 실제 학교 폭력에 해당하는 행위를 한 경우도 많다. 따라서 특정 학생을 '학교 폭력 가해학생'으로 미리 점찍어 특별한 교육을 하는 것은 불가능하므로 모든 학생을 대상으로 가해학생이 되지 않도록 교육하는 것이 필요하다.

그런데 학교폭력예방법이 제정된 이후 갈수록 가해학생에 대한 처벌 수위가 높아져 가해학생이 학교 폭력 문제로 경찰 조사를 받거나 법정에 서게 되는 일이 늘어나고 있다는 사실은 잘 알려지지 않고 있다. 학생들이 자신이 한 행동을 '그저 가벼운 장난'으로 여겨선 안 되며, 바로 그 행동 때문에 자신의 삶이 바뀔 정도로 큰 처벌을 받을 수 있다는 사실을 잘 알지 못하는 것이 가장 안타까운 일이다.

학교폭력예방법에 규정된 '학교 폭력 행위'는 일반적인 상식보다 훨씬 범위가 넓다는 점을 기억할 필요가 있다. 즉, '별문제 아닌 것'이라고 치부해버리는 아이들의 행위도 충분히 학교 폭력에 해당할 수 있다는 것이다. 학교폭력예방법은 '학교 내'뿐 아니라 '학교 내외'에서 학생을 대상으로 발생한 폭력을 학교 폭력으로 규정하고 있다. 또한 상해, 폭행, 감금, 협박, 약취·유인, 명예훼손·모욕, 공갈, 강요·강제적인 심부름 및 성폭력, 따돌림, 사이버 따돌림, 정보통신망을 이용한 음란·폭력 정보 등에 의하여 신체·정신 또는 재산상의 피해를 수반하는 행위를 모두 학교 폭력으로 규정하고 있다. 특히 '따돌림'과 '사이버 따돌림'에 대하여 구체적으로 규정하고 있는데, '따돌림'이란 학교 내외에서 두 명 이상의 학생들이 특정인이나 특정 집단의 학생들을 대상으로 지속적이거나 반복적으로 신체적 또는 심리적 공격을 가하여 상대방이 고통을 느끼도록 하는 일체의 행위를 말하며, '사이버 따돌림'이란 인터넷, 휴대전화 등 정보통신기기를 이용하여 학생들이 특정 학생들을 대상으로 지속적, 반복적으로 심리적 공격을 가하거나 특정 학생과 관련된 개인 정보 또는 허위 사실을 유포하여 상대방이 고통을 느끼도록 하는 일체의 행위를 말한다.

다른 학생들의 행위에 단순히 가담하기만 한 것이라 해도 학교 폭력에 해당할 수 있으며, 일방적인 폭력 행위뿐 아니라 상호 간의 폭력 행위도 학교 폭력 행위에 해당할 수 있다. 학교 폭력으로 신고한 학생에 대하여 가해학생 측도 같이 신고하여 결국 두 학생 다 징계받는 경우도 있다. 현행 법령에서는 "애들끼리 싸운 것 가지고 뭘 징계까지 해?"와 같은 문제 제기가 원천적으로 허용되지 않는 셈이다.

이러한 상황에서 자식이 학교 폭력 가해학생으로 신고된 부모들은 마땅히 조언을 구할 곳이 없다는 점을 가장 힘들어한다. 처음에는 교사의 조언을 듣기도 하지만 교사는 중립을 유지해야 하기 때문에 부모에게 적절한 조언을 해줄 수 없다. 이때 부모들은 교사에게 서운함을 느끼고 상대방 편을 든다며 오해하기도 한다. 아이들끼리 일어난 일이기 때문에 사실관계 파악도 쉽지 않다. 이러한 어려움 속에서 부모들은 가해학생으로 신고된 자녀의 문제를 해결하기 위하여 전문적인 도움을 받기보다는 지인의 조언이나 인터넷으로 검색한 정보에 의존하는 경향이 있다. 물론 이는 가해학생 측에 도움을 줄 만한 전문가가 변호사 외에 딱히 없다는 한계 때문이기도 하다.

우선 가해학생의 부모는 가해학생이 다음과 같은 절차를 통하여 불이익을 당하며, 〈소년법〉상 보호처분을 받고, 민사상 손해배상을 해야 함을 알아야 한다.

가해학생이 받을 수 있는 처벌과 불이익

- 우선 출석 정지: 학교 폭력 위원회 심의도 받기 전에 학교장의 재량으로 즉시 출석을 정지당할 수 있다. (자세한 요건은 26쪽 참조)
- 학교 폭력 위원회 개최 등: 학교 폭력 실태 조사 과정이나 학교 폭력 위원회 개최는 가해학생 측에서 원하지 않아도 신고에 따라 진행된다.
- 징계: 학교 폭력 위원회에서 가해학생에 대한 조치를 심의하여 학교장이 서면 사과, 봉사, 전학, 퇴학 등의 조치를 취할 수 있다. 전학의 경

우 교육장이나 교육감이 배정한 학교로 가야 하는데, 충분한 거리를 두고 배정해야 하므로 이사를 해야 할 수도 있다.

- 학교생활기록부 기재: 〈학교생활기록 작성 및 관리 지침〉(교육부 훈령 제29호)에 따라 학교폭력예방법에 의한 징계 사항(조치 사항)은 학교생활기록부에 기재되고 사회봉사, 특별 교육 이수 또는 심리 치료, 출석 정지 등의 조치 사항은 졸업 후 2년 후에야 삭제된다. (단, 해당 학생의 반성 정도와 긍정적 행동 변화 정도를 고려하여 졸업하기 직전에 다시 학교 폭력 위원회의 심의를 거쳐 학생의 졸업과 동시에 삭제할 수 있다.)

- 고소: 피해학생 또는 그 보호자의 고소로 경찰 조사, 검찰 조사 등을 받을 수 있다.

- 재판 및 소년보호처분: 위와 같은 경찰 조사, 검찰 조사의 결과 가정법원 소년부 등으로 송치되어 법정에 서게 될 수 있고, 소년보호처분을 받게 될 수 있다.

- 손해배상: 민사상 손해배상으로서 피해학생의 치료비(향후 치료비 포함), 상담 비용 및 위자료는 물론이고 피해학생의 보호자에 관한 위자료 등에 대해서도 손해배상이 청구될 수 있다. 법적으로 민사소송을 제기하는 것뿐 아니라 피해학생 측에서 고소를 하면서 함께 손해배상을 청구할 수 있다.

학교 폭력 문제에 연루되었을 때 직면하게 되는 절차는 위와 같이 간단하지 않다. 특히 오랜 기간 학교 폭력에 시달려온 학생과 그 보호자라면 일단 신고를 결심한 이상 모든 법적 조치를 강구하기 마련이고, 학교 폭력 행위의 경중과 관련 없이 대부분 가장 강력한 처벌인 전학이나 퇴학을 원하므로 신고당한 입장에서는 그 대응이 쉽지 않다. 나아가 피해학생의 보호자는 강력한 처벌을 원하면서 고소하는 경우도 많은데, 이럴 때에는 미처 생각지도 못했던 범죄 행위로 조사를 받게 된다. 가령 여러 명의 학생이 한 아이를 괴롭히다가 넘어뜨려 멍이 들게 한 경우 실제 밀쳐 넘어뜨린 학생이 아니더라도 〈폭력행위 등 처벌에 관한 법률〉 위반(공동 상해) 사건으로 송치되어 법정에 서게 될 수 있다. 조직폭력 범죄 관련 뉴스에서나 보던 '폭처법'이 자기 자식에게 적용되는 것을 보며 부모들은 그제야 소스라치게 놀라곤 한다.

경찰 조사 시에 이런 사실을 처음 접한 부모들은 당연히 적절하게 대응하지 못한다. 그래서 잘못을 비느라 정작 사실관계와 불이익의 정도는 잘 따져 보지도 않게 된다. 그런데 아이에 대한 경찰 조사는 이후 '피의자 신문조서' 라는 이름으로 법원에 제출되고, 법정에서 소년보호처분 결정이 이루어지는 가장 중요한 증거가 된다.

지금까지 살펴본 것처럼 학교 폭력 가해학생으로 신고되는 것은 특별히 불량한 아이들에게만 벌어지는 일이 아니다. 학교 환경 속에서는 아이들이 잘못된 생각과 습관을 서로 배우고 공유하는 것이 일상적이며 이미 내재된 폭력성이 수시로 발현되기도 한다. 따라서 아이들에게 피해학생이 되지 않도록 가르치는 것뿐 아니라 가해학생이 되지 않도록 교육하는 것 역시 중요하다. 나아가 가해학생으로 신고당한 경우에 어떤 일이 벌어지는지 정확히 이해하고 적절하게 대응하는 방법을 미리 알아두는 것도 학교 폭력 환경에 노출되어 있는 아동·청소년기 자녀를 둔 부모에게 꼭 필요한 일이다.

억울하게 가해자로 몰린 경우

학교 폭력에 관하여 법률 상담을 요청하는 사례들은 각각 다르지만 부모 마음은 다 비슷하다. 바로 '어떤 측면에서는 억울하다'는 것이다. 간혹 "우리 아이는 정말 어떤 잘못도 한 적이 없는데 억울하다"는 부모도 있지만 대부분은 "우리 아이가 잘못한 부분도 있지만 그 부분은 매우 적은데 마치 정말 큰 잘못을 혼자 한 것처럼 취급받고 있다"는 것이다. 그런데 학교 폭력 문제는 대부분 집단성에 기인하기 때문에 가해학생 집단 내부의 역할 분담이나 공모 정도 등에 대해서 당사자인 아이들마저도 각자 다르게 이해할 수 있고, 이에 따라 진술이 엇갈리기도 한다. 특히 처벌과 징계에 겁을 먹은 아이들이 사실을 왜곡하여 진술하거나 아예 거짓말을 하기도 하기 때문에 정확한 조사가 어렵다.

한편 학교 폭력 피해를 당한 학생들은 집단적이고 지속적인 피해를 당할수록 주도하는 학생들만큼 곁에서 동조하는 학생들에 대해서도 원망과 피해 의식이 강해지는 경향이 있다. 피해를 당하는 입장에서는 집단 속의 역할 분담에 따라 가해 정도를 분별하기란 쉽지 않은 일이다. 예를 들어, 피해학생은 자기편이 되어줄 것이라 기대했던 학생이 학교 폭력을 주도한 학생들과 친하게 지내며 동조하기만 해도 주도한 학생들과 똑같은 잘못을 한 것처럼 신고하기도 한다. 더욱이 학교 폭력에 해당하는 장면을 직접 목격하지도 않은 피해학생 보호자가 개입하여 행위 여부 및 그 심각성과 무관하게 과한 징계 조치만을 요구하기도 한다.

그러므로 가해자로 신고당한 학생의 부모는 이렇게 복잡한 상황을 고려하여 아이의 가담 정도와 학교 폭력 행위의 해당성 등을 반드시 정확히 파악해야 한다.

학교 폭력 가담 정도 및 심각성 파악하는 법

- 어떠한 행위 때문에 신고되었는지 정확히 파악할 것.
- 객관적 진술, 증거에 의해 뒷받침되는 행위인지 살펴볼 것. 특히 사이버 따돌림은 SNS 및 단체 채팅창을 전반적으로 파악해볼 것.
- 아이와의 대화를 통해 피해학생이 자신을 지목하여 신고한 경위(해당 행위 외 외부적인 사정 포함)에 대해서도 구체적으로 검토할 것.
- 당시 목격한 학생들이 있다면 보호자의 승낙을 얻어 어떤 행동이 문제 되었는지 객관적인 진술을 들어볼 것.
- 위와 같은 절차를 통해 아이와 전혀 관계없는 사건인지, 단순 가담을 한 것인지, 공모하여 적극적인 폭력 행위를 하였는지 파악해야 한다.

위 사항을 토대로 실제 사실관계에 따라 학교 폭력 행위를 주도한 경우(다른 학생에게 시킨 경우 및 공동으로 주도한 경우 포함)인지, 주도하지는 않았지만 적극 가담한 경우인지, 단지 곁에서 같이 웃거나 동조한 경우인지 판단해볼 수 있다.

세 가지 유형 중 어디에 해당하는지 판단한 다음에는 학교 폭력 신고 사실과 비교하여 억울한 측면은 없는지 살펴봐야 한다. 특히 위 세 가지 유형에 전혀 해당하는 바가 없음에도 신고당한 경우나 주도하지 않았는데도 학교 폭력 행위를 주도한 것처럼 신고된 경우에는 적절히 대처할 방법을 강구하는 것이 필요하다.

실제로 이전에 선임했던 학교 폭력 사건 중에 해당 학생은 학교 폭력에 해당하는 행위를 전혀 하지 않았다고 억울해하는 사건이 있었는데, 처음에는 대부분 아이들이 그러듯 면피성 변명이라고 여겼지만 앞서 언급한 사실관계 파악 과정을 통하여 신고당한 학생의 말이 거짓이 아님을 알게 되었다.

Episode 007

중학교에 갓 입학한 후 철수는 반에서 겉도는 명진의 옆자리에 앉게 되었다. 학기 초부터 이상한 기류가 감지되더니만 같은 반의 민준과 그 친구들이 명진의 가방을 뺏어 던지며 놀거나 수행평가 숙제를 찢는 등 명진을 지속적으로 괴롭힌다는 사실을 알게 되었다.

그러던 중 대강당에서 합동 수업이 있었는데, 수업 후 약간의 자유 시간이 주어졌을 때 당시 담당 선생님이 앞쪽에 계신 틈을 타 민준과 그 친구들이 명진에게 시비를 걸기 시작했다. 명진이 계속 참자 재미가 없어진 민준이 다른 곳으로 떠나는 것을 본 철수는 명진과 함께 어울리면 좋겠다고 생각해서 곁에 다가갔다. 당시에 철수는 항상 당하는 명진에게 아이들이 때리면 막는 방법을 알려주고 싶었다. 그래서 손짓으로 가르쳐주었는데, 명진이 별로 좋아하는 것 같지 않아 그만두었다.

이후 점심시간에 밥을 먹고 다시 혼자 있는 명진에게 다가간 철수는 이전에 알려준 막는 기술을 연습했냐며 장난을 걸었는데 몸을 잘못 돌리는 바람에 손끝이 명진의 얼굴에 닿았고 철수는 바로 사과했다. 명진도 기분이 썩 좋아 보이지는 않았지만 사과를 받아주었다.

그런데 일주일 후 명진은 민준과 어울려 자신을 괴롭혔던 친구들은 물론 철수까지도 학교 폭력 가해학생으로 신고했다. 명진의 신고 내용은 철수도 민준과 마찬가지로 자신을 손으로 때리고 무시하며 괴롭혔다는 것이었는데, 철수는 이 부분이 전혀 이해가 되지 않는다며 억울함을 호소했다.

철수는 일관되게 위와 같은 사정을 이야기했지만 학급 안에서 일어난 사건에 대하여 교사도 부모도 정확히 판단하기는 쉬운 일이 아니었다. 우선 철수와 관련된 사건만 추려서 그 사건을 정확히 목격한 학생이 있는지 물었다. 다행히도 반장이 철수와 명진이 함께 있는 모습을 모두 목격했다고 했다. 또한 부분적으로 목격한 학생들도 있다고 했다. 철수 부모님께 학생들의 보호자에게 허락을 구한 후 진술서 등을 받는 방법을 권해드렸고, 반장 및 다른 목격 학생의 진술서를 통하여 철수의 말이 맞다는 것이 증명되었다.

또한 명진의 말이 모두 맞지 않을 수 있다는 객관적인 정황이 있었는데, 사건이 일어난 장소와 시간이 교사가 직접 감독하는 수업 시간이거나 교무실 바로 옆의 다목적실이었다는 점이다. 특히 문제가 된 대강당과 관련해서는 담당 교사가 당시 아무런 문제가 없었다고 진술하기도 했다.

이처럼 목격 학생들의 진술과 담당 교사의 진술, 객관적 정황을 살펴볼 때 실제 철수는 명진을 괴롭힐 의도가 전혀 없었다는 점을 충분히 알 수 있었다. 그러나 명진의 입장에서 보면 계속해서 괴롭히는 아이들 속에서 정신적 고통이 큰 상태였고, 철수의 의도와 상관없이 자신에게 다가오는 행위 자체를 불쾌하게 느끼기에 충분한 상황인 것도 사실이었다.

하지만 안타깝게도 철수 측은 이미 학교 폭력 위원회에서 징계를 받고 경찰 조사를 받은 뒤 법정에까지 서게 된 다음에야 변호사 사무실을 찾았다. 이미 경찰 조사에서 조서 작성 시 불리한 자백을 해버린 후라 적절하게 대응하기에 매우 늦은 상황이었다. 이 경찰 조사 과정에 관해서는 다음에 상세히 이야기할 것이다.

위 사례에서 알 수 있듯이 억울한 면이 있는 경우에는 가해학생으로 신고된 당시부터 적절한 절차를 밟는 것이 필요하다. 이를 정리하면 다음과 같다.

억울하게 가해학생으로 몰린 경우의 대처법

- 학교 폭력 실태 조사 요청: 학교폭력예방법 제17조 제5항에 의하면 가해학생에 대한 조치를 요청하기 전에 가해학생 및 보호자에게 의견 진술의 기회를 부여하는 등 적정한 절차를 거쳐야 한다. 따라서 사실관계를 적절히 파악하기 위하여 신고 대상이 된 학교 폭력 행위를 목격한 학생들 및 해당 학급 학생 등을 상대로 적절한 조사를 하도록 요청하는 형태로 의견을 진술할 수 있다. 충청남도 부여 교육지원청이 개최한 〈학교 폭력의 유형 및 처리절차 법률 연수〉(2012)에서는 '전교생을 대상으로 한 설문 조사'를 적극 추천하고 있는데, 이를 참고하여 해당 학교 폭력 문제의 범위와 당사자에 따라 객관적인 방법으로 진행되도록 의견을 진술하는 것이 필요하다.
- 목격 학생 진술 확보: 위와 같이 (익명) 설문 조사 등의 방법으로 적절한 실태 조사를 요청해도 받아들여지지 않는다면 필요에 따라 목격 학생의 진술을 확보하는 것이 좋다. 이때는 반드시 보호자에게 사전에 허락을 구해야 하며, 보호자가 허락했다 하더라도 목격 학생에게 진술서 작성 등을 강요하면 안 된다는 점을 유의해야 한다.
- 객관적인 증거 확보: 사진이나 동영상, 단체 채팅창이나 SNS 화면 캡처 등 유리한 증거는 모두 확보한다. 이 경우에도 개인 정보 보호 등에

유의할 필요가 있다.

- 당시 객관적 정황의 정리: 담당 교사 지도하의 장소 및 시간이었는지, 집단적인 괴롭힘이 발생할 여지가 있는 시공간인지 등 객관적 정황을 정리하는 것이 필요하다.

단, 이러한 조치를 취할 때에도 부모는 가해학생으로 신고된 자녀에 대해 교육적 관점을 견지해야 한다. 억울한 측면이 어떤 부분이든 간에 아이 입장에서는 자신이 가해학생으로 신고되었다는 사실 자체가 큰 충격이다. 가해학생으로 신고된 학생들은 모두 어떤 절차도 두려워하지 않는 나쁜 아이들이라는 사회적 인식은 신고된 학생들의 교육 기회를 박탈할 뿐 아니라 실제 문제 해결에 어떤 도움도 되지 않는다. 가해학생으로 신고당했다고 하여 무조건 '가해자'로 몰아가면 이후 돌이킬 수 없는 부작용을 낳게 된다. 신고를 당한 경위와 해결 방법, 이후 개선 과제 등에 대해 깊이 있는 대화를 나누고 올바르게 교육하는 일을 결코 등한시해서는 안 된다.

가해학생으로 신고된 경우 자녀에게 가르쳐야 할 것

- 실제로 학교 폭력 행위를 주도한 경우: 우선 자신의 행위 때문에 피해학생이 얼마나 큰 고통을 받게 되었는지 깨닫게 해줘야 한다. 문제를 경시하거나 회피하는 부모의 태도는 자녀의 반사회적 인식을 더욱 강화할 수 있으므로 매 순간 유의할 필요가 있다. 부모의 역량으로 교육하기 어렵다면 전문 기관을 찾아 상담을 받고 교육을 진행할 것을 권한다. 또한 아이가 문제를 직면하지 못하고 축소하거나 회피하려는 경향을 보인다면, 형법 등의 규정을 찾아 우리 법이 폭행, 모욕 등의

행위를 금지하고 있는 취지와 법정형 조항을 구체적으로 알려주며 가르치는 것이 도움이 될 수 있다.

- 단순 가담만 했는데 주범으로 몰린 경우: 단순 가담만 한 경우라도 피해학생에게 큰 고통을 주었다는 점을 반성하도록 하는 것이 중요하다. 실제로 우리 사법 체계에서는 단순 가담에 대하여 무조건적인 면책을 해주지 않으며 때에 따라서는 공모와 역할 분담을 한 것으로 보아 주도자와 같은 벌을 주기도 한다. 따라서 마찬가지로 진지하게 반성하고 개선의 노력을 하도록 가르치는 것이 필요하며, 이 경우에도 부모 선에서 교육이 어렵다면 전문 기관의 도움을 받는 것이 좋다.

- 가담하지 않고 주변에서 동조만 했음에도 신고당한 경우: 피해학생 입장에서는 주변에서 함께 비웃은 친구에게서도 큰 상처를 입을 수 있음을 충분히 알려주고 그 고통을 공감하고 반성할 기회를 주는 것이 필요하다. 우리 형사법 체계에서는 방조범, 교사범 등 직접 범죄 행위를 저지르지 않은 자도 처벌받을 수 있다는 점을 알려주는 것도 도움이 된다. 다만, 동조만 했음에도 주동하거나 가담한 것처럼 신고되었다면 보호자가 아이와 함께 적절히 방어하기 위한 계획을 세워야 한다. 연루된 것만으로 무조건 전부 책임지라는 식으로 몰아세우는 것은 도움이 되지 않으니 아이의 실제 행위에 따라 적절한 책임을 지도록 해야 한다. 이것이 준법 의식에 걸맞은 교육 방식이다.

- 학교 폭력을 행사하려는 의도가 전혀 없었던 경우: 억울한 일을 겪게 된 아이에게 그 경위를 설명해주는 과정이 필요하다. 즉, 피해학생 입장에서는 아이의 의도와 다르게 불쾌했을 수 있으며 그러한 오해가 사회생활에서는 비일비재하게 발생한다는 것을 알려주는 것이다. 다

만, 상대방의 단순한 오해만으로 자신이 전적인 책임을 지는 것은 책임주의의 원칙상 적절치 않으므로 아이와 대화를 통하여 유리한 사실을 모아 징계와 각종 불이익을 받을 위험에 적극적으로 대처하는 것이 필요하다. 이렇게 자신의 권리를 적절히 행사하고 실현하는 과정을 통해 적극적인 자세를 배울 수 있도록 지도해야 한다.

피해학생과의 합의, 어느 정도까지 해야 할까

학교 폭력 문제가 발생하여 가해학생으로 신고당하면 피해학생에 대한 적절한 사과와 보상, 즉 합의 과정을 피해갈 수 없다. 합의 자체가 법적으로 강제되어 있거나 합의만으로 모든 문제가 소멸되는 것은 아니지만 사회 통념상 합의는 필수적인 절차로 인식되곤 한다. 합의는 친고죄나 반의사불벌죄 등 피해자의 의사에 따라 처벌 가능 여부가 결정되는 범죄에서 매우 중요한 절차일 뿐 아니라 소년 사건으로 법정에 서게 되거나 조사를 받을 때 가장 문제가 되는 부분이기 때문이다. 또한 치료비나 위자료 등을 청구하는 민사소송에서도 합의는 소송 제기 전에 문제를 해결할 수 있는 최선책이다.

학교 폭력 가해학생으로 신고되더라도 사안이 경미하고 학교 폭력 위원회 개최 전에 합의가 된 경우에는 학교 폭력 위원회가 개최되지 않을 수 있고[03] 개최된다 해도 심의 과정에서 화해 여부가 결정적인 요소가 되기 때문에 가벼운 처분을 받을 가능성이 크다. 나아가 합의가 원활히 진행되면 각종 법적 절

---

03 다만 이러한 취지의 '담임종결' 절차에 관하여는 법령상 근거 없는 것이라는 이유로 개선 혹은 폐지에 대해 논의 중이다. '교육부 '학교폭력 담임종결제' 없앤다', 《내일신문》 2014년 8월 4일 자.

차와 소모적인 감정싸움에서 해방되는 것은 물론이고, 용서하고 화해하는 과정을 겪으면서 아이들이 자연스럽게 문제 해결 방식을 배울 수 있다.

다만 이러한 합의 과정이 항상 이상적인 형태로 진행되는 것은 아니라는 점에 주의할 필요가 있다. 대부분 피해학생은 최대한으로 보상받고 싶어 하는 데 반해 가해학생 측은 적절한 보상만을 하고 싶어 하기 때문이다. 문제는, 피해학생 측은 그 피해를 아주 극심한 것으로 인식하지만 가해학생 측의 생각은 그렇지 않기 때문에 둘의 간극이 매우 크다는 것이다.

Episode **008**

'합의를 봐달라'며 법률사무소에 찾아오는 부모들이 종종 있다. 사연을 들어보면 대부분 피해학생 측에서 부당하게 과도한 보상 금액을 요구한다는 것이다. 부모들은 '얼마를 줘야 적정한지'에 관해 상담을 하면서도 속으로는 '우리 애가 무슨 잘못을 그리 크게 했다고 합의금을 줘야 하나'라고 생각하곤 한다.

한번은 상담을 하면서 법적으로 치료비와 위자료를 어느 정도 지급해야 하는지 한참 설명해준 적이 있었는데, 결국 그 부모는 "일단 고소를 당하고 나면 그때 합의를 하든지 하겠습니다. 지금은 좀 납득하기 어렵네요"라고 결론지었다. 그들은 결국 피해학생 측에서 고소장을 제출하여 경찰 조사를 받는 과정에서 예상보다 많은 손해배상금을 지불하게 되었다.

위 사례는 아이가 같은 반 여학생의 사진을 SNS에 올리고, 다른 친구들이 그 사진 속 여학생의 외모를 비하한 데서 발생한 사건이었다. 피해학생은 그 충격으로 학교에 나오지 않았고, 그 부모는 아이들의 도를 넘은 장난 때문에 딸아이가 극심한 정신적 피해를 당했다며 학교 폭력으로 신고하였다. 다만 그 사건은 지속적인 것은 아니어서 피해학생의 정신과 진단에서 큰 문제가 발견되지는 않았다. 이후 몇 차례 심리 상담을 받는 것 외에는 별다른 치료가 필요한 것은 아니었지만 그럼에도 피해학생 측은 피해학생이 성인이 될 때까지의 8년치 심리 상담 비용을 비롯하여 피해학생에 대한 위자료와 그 부모에 대한 위자료까지 포함하여 수천만 원의 손해배상을 요구하고 나섰다. 이러한 요구가 타당한지 아닌지를 떠나서 SNS 캡처 사진 등 분명한 증거가 있었기 때문에 이후 민사소송으로 손해배상을 청구할 경우 적어도 아이와 부모의 위자료 및 적절한 수준에서의 상담 비용 등은 인정될 가능성이 컸다. 그래서 피해학생이 받았거나 앞으로 받을 상담 비용 10회분과 위자료를 일부 계산하여 어느 정도 손해배상금을 지급하라고 조언했으나 가해학생 부모는 피해학생 측이 '수천만 원을 요구한다'는 사실에 분개하여 한 푼도 지급하기 싫다는 입장이었던 것이다.

이렇듯 학교 폭력 사건에서도 '돈 문제'가 불거지면 감정까지 상하며 쌍방 간에 협의가 되지 않고 평행선을 달리는 경우가 많다. 하지만 현재 시행되고 있는 학교 폭력 관련 법령이나 형사법에서 일반의 상식과 달리 위법 행위를 폭넓게 규정하고 있다는 점을 고려하면, 일단 학교 폭력으로 신고된 이상 가해학생 측에 불이익한 조치나 처벌이 가해질 가능성이 높다는 점에 유의해야 한다. 즉, 다소 과한 피해 보상 요구라도 성심껏 협의하여 적절한 수준에서 손해배상을 하는 것이 불필요한 절차를 진행하며 문제를 키우는 것보다 훨씬 유리한 방법이라는 것이다.

그런데 문제는 '어느 정도가 적정한 손해배상금인가' 하는 부분이다. 가해학생 측과 피해학생 측이 생각하는 손해배상금은 보통 적게는 수십만 원에서 많게는 천만 원선까지 차이가 나기도 하는데, 이에 대해서는 법원의 판단 외에는 마땅한 선례가 없고 개별 사례에 모두 적용할 수 있는 객관적 기준이 없기 때문에 단정하기 어렵다.

이럴 때는 우선 학교폭력예방법에 규정된 분쟁 조정 요청 제도를 활용할 수 있다. 학교폭력예방법 제18조 제1항, 제3항 제2호에 따라 학교 폭력 위원회는 학교 폭력과 관련해 분쟁이 있는 경우 그 분쟁을 조정할 수 있다. 분쟁 조정에는 피해학생과 가해학생 간 또는 그 보호자 간의 손해배상에 관련된 합의 조정이 포함된다.

분쟁 조정 절차는 학교폭력예방법 시행령 제25, 27, 28조에 규정되어 있는데, 우선 분쟁 조정을 신청하려면 분쟁 조정 신청인의 성명 및 주소, 보호자의 성명 및 주소, 분쟁 조정 신청의 사유 등을 적은 문서를 제출해야 한다. 분쟁 조정 신청을 받은 학교 폭력 위원회는 5일 이내에 분쟁 조정을 시작해야 하며, 분쟁 당사자에게 분쟁 조정의 일시 및 장소를 통보해야 한다. 단, 분쟁 당사자 중 어느 한쪽이 분쟁 조정을 거부하거나 고소·고발 및 민사상 소송 절차가 진행될 경우에는 학교 폭력 위원회가 분쟁 조정의 개시를 거부하거나 분쟁 조정을 중지할 수 있다.

그런데 이러한 학교 폭력 위원회의 분쟁 조정 절차가 분쟁 조정 개시일로부터 1개월이 지나도록 성립하지 아니한 경우, 즉 당사자 간 합의가 이루어지지 않을 경우에는 다른 절차 없이 종료되도록 규정되어 있기 때문에 큰 효과를 보지 못하는 경우가 많다. 또한 학교 폭력 문제를 처음 겪는 학교의 경우 위와 같은 분쟁 조정 절차에 대해 잘 알지 못하고 분쟁 조정 신청 자체를 거부하는 경우도 있는데, 이때에는 위 법령을 들어 신청한 후 내용증명의 방식으로 학교에 신청서를 제출하는 것이 도움이 된다. 법령상 5일 이내 분쟁 절차를 개시해야 하는 강제 규정이 있기 때문에 학교 측에서 보호자의 요청을 묵살하는 것이 허용되지 않기 때문이다.

그러나 위에서 살펴본 법령상의 한계와 실제 법관이 아닌 학부모 등으로 구성된 학교 폭력 위원회에서 시행한다는 한계로 인해 분쟁 조정 절차의 활용도는 높지 않다. 결국 이런 한계 때문에 가해학생 측과 피해학생 측의 일방적인 주장만 오가다가 제대로 된 피해 보상이 안 되거나 과잉한 절차 진행 탓에 학생들의 상처만 커지는 경우가 많다.

그러므로 상대방과의 협의가 여의치 않고 위와 같은 분쟁 조정 절차로도 문제가 해결되지 않는다면 가해학생 측 보호자가 적극적으로 손해배상금을 산정하여 협의에 나서야 한다. 손해배상금을 산정하기 위해서는 관계 법령과 더불어 판례를 참조하는 것이 좋기 때문에 이 부분을 잘 아는 변호사와 상담하여 적절한 도움을 받는 것도 좋은 방법이다. 사정이 여의치 않다면 다음을 참고하여 합의 절차를 진행하길 권한다.

피해학생 측과의 합의 절차 및 적절한 손해배상 기준

- 한 번에 모든 합의를 끝내려고 하기보다는 합의 과정에서 적절한 사과와 이후 재발 방지 약속을 충분히 하는 것이 좋다. 하지만 아이가 한 행위에 비하여 과한 책임을 추궁하면서 하지 않은 행동까지 사과문에 기재하라고 하는 것은 적절히 거절할 필요가 있다.

- 합의를 위하여 처음 만났을 때에는 피해학생의 고통에 공감하고 같이 아이를 키우는 입장에서 부모 또한 미안해하고 있음을 충분히 전달하

도록 한다. 이때 적절한 보상으로 이미 지불한 치료비를 지급하겠다는 의사를 전달하고 어떤 부분이 필요한지에 관해 상대방의 의사를 타진한다. 의사가 합치되면 그 자리에서 합의서를 쓰고 손해배상금을 전달하는 것이 좋다. 시간이 지나면 주변 사람들이 개입하여 과도한 주문을 하는 경우가 많기 때문이다. 의사가 합치되지 않더라도 분노하거나 시비를 거는 행위는 삼가고 2~3일 간격을 두고 또다시 합의를 위해 만날 것을 제안한다. 이렇게 시간을 두고 이성적으로 대응하면 상대방도 충분히 알아보고 생각해볼 겨를이 생기게 된다. 시간을 주도적으로 쓰는 것이 모든 분쟁의 해결에 있어서 중요하다는 사실은 아무리 강조해도 지나치지 않다.

- 처음 협의에서 의사가 일부 합치되거나 이후 합의 진행에 대해 뜻이 맞을 때에는 적절히 손해배상 금액을 제시하는 것이 좋다. 학교 폭력 행위와 관련한 손해배상은 민법상 불법 행위로 인한 손해배상에 해당하는데, 이러한 손해배상에는 적극적 손해, 소극적 손해, 정신적 손해 세 가지에 대한 배상이 포함된다. 적극적 손해는 손해를 입음으로써 피해학생 측이 지출한 치료비 등의 비용을 뜻하며, 소극적 손해는 피해 때문에 생업을 하지 못해 발생하는 손해를 말한다. 그리고 일반적으로 위자료라고 부르는 손해배상은 정신적 손해에 대한 배상이라 할 수 있다. 이 중 치료비나 일을 하지 못해 생긴 손해 등은 실제로 발생한 손해 비용을 산정할 수 있지만, 위자료 산정은 법원의 판단을 받아 보아야 하기 때문에 예측하기 어렵다.

- 위자료 문제가 학교 폭력 문제에서 점차 중요해지고 있는데, 별다른 상해가 발생하지 않는 집단 따돌림, 사이버 따돌림이 증가하는 추세

이기 때문이다. 법원은 불법 행위로 입은 정신적 고통에 대한 위자료 액수를 사실심 법원이 여러 사정을 고려하고 그 직권에 속하는 재량에 의하여 확정할 수 있다고 본다(대법원 2002. 11. 26 선고 2002다43165 판결 등). 이때 법원은 피해자의 연령, 직업, 사회적 지위, 재산 및 생활 상태, 피해로 입은 고통의 정도, 피해자의 과실 정도 등 피해자 측의 사정과 가해자의 고의, 과실의 정도, 가해 행위의 동기, 원인, 가해자의 재산 상태, 사회적 지위, 연령, 사고 후의 가해자의 태도 등 가해자 측의 사정까지 함께 참작하는 것이 손해의 공평 부담이라는 손해배상의 원칙에 부합한다고 판단한다(대법원 2009. 12. 24 선고 2007다77149 판결). 이렇듯 위자료는 획일적으로 규정될 수 없으므로 일단 지급 의사가 있는 적정 금액을 제시하여 합의를 유도하는 것이 바람직하다.

- 따라서 민사소송 제기 시 인정될 수 있는 손해배상금을 기준으로 하여 명백히 발생한 치료비 및 상담 비용, 그 치료 등에 소요된 시간에 대응하는 보상 비용을 가해학생 수나 가담 정도에 비례하여 지급하고, 피해학생 보호자가 아이의 치료를 돕기 위해 투입한 시간까지 고려하여 적정한 위자료를 제시해 합의를 유도하는 것이 수월하게 문제를 해결할 수 있는 방법이다.

이러한 합의 과정을 통하여 손해배상 및 이후 절차에 관한 의사 합치가 이루어진 다음에는 손해배상금을 지급하기에 앞서 합의서를 작성하는 것이 좋다. 합의서는 따로 정해진 양식이 없으므로 상황에 맞게 작성하면 된다. 단, 합의서를 작성할 때는 가해학생의 처벌을 원하지 않는다는 점과 이후 민형사상 법적 조치를 하지 않겠다는 의사를 명확히 기재할 필요가 있다.

합의서

피해학생 측 보호자(갑): 홍○○(부), 김○○(모)
가해학생 측 보호자(을): 성○○(부), 이○○(모)

갑과 을은 2014년 5월 1일경 발생한 학교 폭력 문제(세부 사항 기재)에 관하여 2014년 5월 4일 및 2014년 5월 8일의 협의 과정을 통하여 다음과 같이 원만히 합의함.

가. 을은 학교 폭력 재발 방지를 위하여 모든 노력을 다할 것을 약속하고, 가해학생으로 신고된 자녀 성○○에 대하여 서울○○○센터에서 심리 상담 및 교육을 받도록 할 것을 약속한다.
나. 을은 갑에게 치료비(상담 비용) 및 위자료 등을 포함하여 손해배상금으로서 금 2,000,000원을 2014년 5월 9일 지급하였으며, 이 합의서로 영수증을 갈음한다.
다. 갑은 가해학생에 대한 학교 폭력 대책 자치위원회의 징계(조치), 형사처분·보호처분 등을 원하지 않음을 확인하며, 수사 기관에 대한 고소의 취하 등 가해학생 구제를 위한 조치에 적극 협조하기로 한다.
라. 갑은 이후 더 이상 고소(고발) 및 손해배상 청구 등을 포함한 어떠한 민형사상의 법적 조치를 취하지 않기로 한다.

2017년 5월 9일

위 갑 홍○○(인), 김○○(인)
위 을 성○○(인), 이○○(인)

학교 폭력 위원회 절차와 대처 방법

학교 폭력이 신고된 경우 원칙적으로 법령에 따라 학교 폭력 위원회를 개최해야 한다. 피해학생이 화해할 의사가 없고 강력한 처벌만을 원하는 경우에 교사가 '경미한 사안'이라 하여 피해학생의 요구를 외면할 수 없다. 따라서 일단 학교 폭력 가해학생으로 신고된 경우에는 앞서 살펴본 것처럼 화해와 원만한 합의로 문제를 해결하는 것이 좋지만, 시간상 제약 등의 문제로 합의가 이뤄지지 못한다면 학교 폭력 위원회 심의 절차에서 적극적으로 대응할 필요가 있다.

학교폭력예방법 제17조 제5항은 가해학생에 대한 조치를 요청하기 전에 가해학생 및 보호자에게 의견 진술의 기회를 부여하는 등 적정한 절차를 거쳐야 한다고 규정하고 있는데, 이는 불이익한 처분을 받을 당사자인 가해학생과 그 보호자에게 보장된 권리라고 해석할 수 있다. 이에 따라 학교 폭력 위원회에 참석할 때는 구술로만 의견을 진술하는 것보다 사실관계 및 의견, 증거 자료까지 첨부한 의견 진술서를 제출하는 편이 좋다. 학교 폭력 위원회의 심의 과정은 모두 기록하여 보관하도록 법에서 규정하고 있는데, 이후에 이를 확인해보면 당사자인 가해학생 측 및 피해학생 측 진술이 정확하게 기재돼 있지 않은 경우가 흔하다. 따라서 공공 기관의 업무 형식에 보다 적합한 방식일 뿐 아니라 부차적인 감정 표현을 절제할 수 있는 의견 진술서를 제출하는 것이 훨씬 도움이 된다.

의견 진술서 서식은 교육청 홈페이지의 사인처리가이드북 등 자료에서 찾아 활용할 수 있으며, 다음의 목록과 양식을 참조해 적절히 작성하여 학교 폭력 위원회 개최 전에 제출하도록 한다.

의견 진술서에 기재할 내용

- 가담 정도: 실제 행위를 파악해 구체적인 사건 경위와 가담 또는 방조하게 된 경위를 기재하고 심각성, 지속성, 고의성 및 주도성이 없거나 적다는 점을 강조한다.

- 반성 정도 및 선도 가능성: 피해학생의 고통을 공감하고 깊이 반성하고 있다는 점은 물론, 앞으로 부모의 보호하에 가벼운 조치로도 개선될 가능성이 높다는 점을 평소 품행 등 구체적 사례를 들어 피력한다.

- 화해의 정도: 합의가 되지 않더라도 합의에 이르기 위하여 노력한 점 등을 구체적으로 기재한다.

- 피해학생 측에 대한 근거 없는 비방이나 무리한 변명은 피하고 구체적인 사정을 들어 기재한다.

의견 진술서(가해학생 측)

보호자: 홍○○

학교 폭력 문제 해결을 위하여 모든 노력을 기울이시는 선생님들 및 학교 폭력 대책 자치위원장님 이하 위원들께 깊은 감사를 표합니다. 이번 학교 폭력 사건에 관하여 다음과 같이 의견을 진술하도록 하겠습니다.

1. 사건의 경위
2. 홍○○의 경미한 가담 정도
3. 원만한 합의를 위한 노력

4. 평소 홍○○의 바른 품행과 반성 정도

5. 이후 재발 방지에 대한 보호자의 노력

6. 결론

소명 방법

1. 목격 학생 확인서(홍○○는 폭행 행위에 직접 가담하지 않았다는 내용)

1. 사건 발생 직후 학생들 간의 단체 채팅창 캡처 화면(홍○○가 신고당한 것
   은 억울한 일이라는 목격 학생들의 발언 내용)

1. 피해학생과 홍○○ 간 주고받은 문자 내용(피해학생이 홍○○를 평소에 좋아
   하여 함께 놀자고 하던 내용)

    가해학생 측 보호자는 이렇게 의견 진술서를 작성하여 제출하거나 구두로
진술할 내용을 준비해 학교 폭력 위원회에 참석하게 된다. 대부분의 부모들
이 학교 폭력 위원회에 처음 참석하는 것이기 때문에 겁을 먹는 경우가 많다.
따라서 학교 폭력 위원회의 진행 절차를 미리 알고 참석하는 것이 적절한 대
응을 위해 필요하다.

    다음의 '학교 폭력 대책 자치위원회 진행 절차'는 교육부의 《학교 폭력 사
안 처리 가이드북》 개정판에 수록된 내용이다.[04] 학교마다 다소 차이가 있긴
하지만 대부분 다음의 절차에 따라 학교 폭력 위원회를 개최하고 심의한다.
실제 위원회 심의 등은 비공개가 원칙이기 때문에 의견 진술을 할 때 외에는
다른 사정이 없는 한 심의 내용을 방청하거나 참여하는 것이 불가능하다. 따

---

[04] 《학교 폭력 사안 처리 가이드북》은 2014년 12월에 개정되었으며 해당 자료는 교육부 학교안전정보센터에서
다운로드할 수 있다.

라서 '가해학생 측 진술 및 질의응답' 절차에서 이후 부연할 필요가 없을 정
도로 상세히 의견을 진술할 수 있도록 가능한 준비를 다하는 것이 좋다.

단계	처리내용	비고
개회	①개회알림 ②진행절차 설명 ③주의사항 전달 　-자치위원회의 조치는 처벌을 목적으로 하는 것이 아 　니라 교육적 선도와 보호를 위한 목적임을 설명한다. 　-발언을 하기 위해서는 먼저 동의를 구해야 함을 알린다. 　-욕설, 폭언, 폭행 등을 할 경우에는 퇴실조치됨을 알린다. 　-위원들의 제척 사유 및 기피·회피 여부를 확인한다. 　-회의 참석자 전원은 자치위원회에서 알게 된 사항에 　대한 비밀유지 의무가 있음을 알린다.	위원장 또는 간사
사안보고	• 사안조사 결과 보고를 한다. 　-사안 보고시 피해측과 가해측은 퇴장한다. (사안 내용 　및 상황에 따라 퇴장하지 않을 수 있음) ※피해·가해측에서는 해당 사안 조사 결과를 사전에 인지 하고 자치위원회에 참석할 수 있도록 한다. • 피해 및 가해학생에게 긴급조치가 이루어진 경우 이를 보고 한다. • 자치위원회는 해당지역에서 발생한 학교폭력에 대하여 학교장 및 관할 경찰서장에게 관련 자료를 요청할 수 있 다(법률 제12조 제3항).	전담기구
피해측 사실확인, 의견진술 및 질의응답	• 사실을 확인하고 피해측의 입장과 요구 사항을 말하도 록 한다. • 피해측에 의견진술기회를 반드시 주어야 하며, 참석하 기 어려운 경우(예: 성폭력 피해자 등 피해학생이 참석 을 원치 않을 경우)에 의견제출 기회를 부여한다. • 위원회에서 피해측에 질문하고 피해측에서 답변한다.	피해측 입장

학교 폭력 대책 자치위원회 진행 절차

가해측 사실확인, 의견진술 및 질의응답	• 사실을 확인하고 가해측의 입장을 말하도록 한다. • 가해측에 의견진술 기회를 반드시 주어야 하며, 참석하지 않을 경우 사전에 의견제출 기회를 부여한다. • 위원회에서 가해측에 질문하고 가해측에서 답변한다.	피해측 퇴장 가해측 입장

↓

피해학생 보호 및 가해학생 선도조치 논의	• 자치위원들 간의 협의를 통해 피해학생 보호조치와 가해학생 선도·교육 조치를 논의하여 결정한다.	가해측 퇴장

↓

조치 결정	• 가해학생 긴급조치가 이루어진 경우, 추인 여부를 결정한다. • 피해학생에 대한 보호조치 결정 • 가해학생에 대한 선도 및 교육조치 결정	

↓

결과통보 및 교육청 보고	• 서면으로 결과를 통보한다. 〈양식 3-7〉 　-결과 통보시 피해측과 가해측에 재심 등 불복절차가 있음을 반드시 안내한다. • 교육청에 자치위원회 결과를 보고한다. 〈양식 3-8〉	학교장

　학교 폭력 위원회는 회의의 일시, 장소, 출석 위원, 토의 내용 및 의결 사항 등을 회의록에 기록해 보존하는데, 가해학생 보호자로서 진술한 내용도 기재되어 의결 사항의 기초가 되므로 이 점에 유의해야 한다.

　학교 폭력 위원회 심의가 종료되면 가해학생에 대한 징계 조치가 14일 이내에 행해지며 조치 내용은 서면으로 통지된다. 이때 학교폭력예방법 시행령 제19조 내용에 비추어 이의가 있다면 재심 등을 통하여 구제 방법을 모색할 수 있다. 다만 피해학생 측 이의 신청 방법과 달리 가해학생 측의 이의 신청 (구제 방법)은 법령 자체의 해석이 복잡하므로 유의해야 한다. 실무적으로는 다음과 같은 방식으로 안내되고 있으며, 이에 따라 정확한 절차로 진행해야 하는 것이 원칙이다.

재심 안내	가해학생	전학 또는 퇴학조치에 대하여 이의가 있는 학생 또는 그 보호자는 그 조치를 받은 날부터 15일 이내, 그 조치가 있음을 안 날로부터 10일 이내에 〈초·중등교육법〉 제18조의3에 따른 시·도학생징계조정위원회에 재심을 청구할 수 있음(법률 제17조의2 제2항)
	피해학생	조치에 대하여 이의가 있는 피해학생 또는 그 보호자는 그 조치를 받은 날부터 15일 이내, 그 조치가 있음을 안 날부터 10일 이내에 지역위원회에 재심을 청구할 수 있음(법률 제17조의2 제1항)
불복절차 안내	국공립학교	학교장의 조치에 대하여 이의가 있는 경우에는 처분이 있음을 알게 된 날부터 90일 이내, 처분이 있었던 날부터 180일 이내에 행정심판을 청구하거나(행정심판법 제27조), 처분이 있음을 알게 된 날부터 90일 이내, 처분이 있은 날로부터 1년 이내에 행정소송을 청구할 수 있음(행정소송법 20조)
	사립학교	학교장의 조치에 대하여 민사소송을 제기할 수 있음

가해학생 조치별 불복 방법

● 전학과 퇴학 조치에 이의가 있는 경우: 시·도 학생 징계 조정위원회에서 서면으로 재심을 청구할 수 있다(조치를 받은 날로부터 15일 이내, 그 조치가 있음을 안 날로부터 10일 이내에 청구해야 하며 둘 중 하나라도 지나면 재심을 청구할 수 없다).

● 이외의 조치에 이의가 있는 경우: 학교폭력예방법에는 전학과 퇴학 외의 조치에 대해서는 가해학생 측의 불복 방법을 규정하고 있지 않다. 따라서 이때에는 행정심판이나 행정소송 등 행정처분에 대한 일반적 절차에 따라 불복해야 한다. 행정심판은 행정심판 위원회에서 재결을 받는 것이고 행정소송은 법원의 판결을 받는다는 점에서 차이가 있다. 행정심판이나 행정소송의 대상은 최초의 처분(학교 폭력 위원

회의 결정 사항)이 될 수도 있고, 재심 청구로 인하여 결정된 시·도 학생 징계 조정위원회의 심사 결정이 될 수도 있다. 이러한 절차는 제기할 수 있는 기간이 짧은 편이고 세부적인 사실관계에 따라 적절한 절차가 다르므로 변호사 등 전문가의 조언을 받아보는 편이 좋다.

학교 폭력 위원회의 징계 조치에 대하여 이의 신청을 하는 경우에는 청구의 취지와 사유를 명확히 밝혀 서면으로 제출해야 하는데, 청구 사유는 절차 위반과 조치의 적정성 여부가 핵심 요소다. 즉, 학교 폭력 사안 조사가 제대로 진행되어 실태 파악이 되었는지, 가해학생에 대한 조치의 적용 기준에 맞게 조치가 결정되었는지, 학교 폭력 위원회의 구성이 적법하였는지, 가해학생의 의견 진술 절차 등 적정 절차가 지켜졌는지 등을 검토하여 청구 사유를 구성하는 것이 필요하다.

이러한 취지의 청구 사유를 작성하기 위해 학교 폭력 위원회의 심의가 어떻게 이뤄졌는지 알아보는 것이 필요하다. 학교폭력예방법 제21조에서는 피해학생과 가해학생, 그 보호자가 회의록의 열람과 복사 등 회의록의 공개를 신청한 때에는 학생과 그 가족의 성명, 주민등록번호 및 주소, 위원의 성명 등 개인 정보에 관한 사항을 제외하고는 공개하도록 하고 있다. 그러므로 이 부분을 적절히 설명하고 회의록을 요청하면 된다.

경찰 조사를 받고 법원에 송치된 경우

경찰 조사를 받고 소년보호사건으로 송치되어 재판을 받게 되는 청소년들은 이른바 '비행청소년'이거나 결손가정 아이일 것이라는 기존의 편견과 달리 근래에는 양친이 모두 있고 가정 형편이 좋으며 비교적 아무 문제 없이 성장해온 아이들도 법정에 서게 되는 경우가 많다.

피해학생 측이 고소하는 경우 담당 경찰관은 가해자로 고소당한 아이를 불러 조사하는데, 이 과정 자체가 아이에게도 그 보호자인 부모에게도 큰 고통이다. 원래 무죄 추정의 원칙에 따라 경찰 조사를 받는 것 자체는 어떠한 문제도 되지 않지만, 법감정상 경찰에 출석해 조사를 받는 것 자체만으로도 유죄 판결을 받은 것처럼 부정적으로 인식되기 때문에 그러한 고통이 발생하는 것이다.

학교 폭력에 대한 경각심이 높아짐에 따라 경찰 조사 후 바로 법원에 송치되거나 검사에 의해 기소 또는 소년보호사건으로 송치되는 사례가 늘어나고 있어 경찰 조사 시부터 적절하게 대응해야 할 필요성이 어느 때보다 크다.

앞서 에피소드 7에서 소개한 사례에서 가해자로 신고된 학생 측은 경찰에 고소되어 조사를 받던 중 제대로 대처하지 못하여 큰 불이익을 받았다. 그 사정은 다음과 같다.

Episode 009

철수는 명진이 민준을 비롯한 다른 친구들에게 괴롭힘을 당하자 명진에게 다가가 친구가 되고자 했다. 그러나 오랫동안 친구들로부터 따돌림을 당해온 명진은 그 행동마저도 자기를 괴롭히는 것으로 인식하여 실제 가해학생인 민준은 물론 철수까지 학교 폭력으로 신고했다. 제대로 된 손해배상을 받겠다고 생각한 명진의 부모는 잘못을 인정하고 손해배상을 한 아이를 제외한 나머지 가해학생을 모두 고소하기에 이른다.

　이 사건의 경우 철수의 행동을 실제 목격한 학생이 있었고, 철수가 명진을 괴롭히려던 것이 아니라는 이 학생의 진술서도 학교 폭력 위원회와 경찰서에 제출되었다. 그런데 경찰 조서 작성 시 철수가 "평상시에 명진을 툭툭 치고 지나갔다", "당시에 명진이 싫어할 수도 있다고는 생각했는데 장난으로 계속했다"는 등 불리한 진술을 한 것이 심각한 문제가 되었다. 철수가 피해학생이 싫어할 수도 있다는 점을 충분히 알고도 그저 '장난'이라고 치부해버렸다는 인상을 주었기 때문이다. 즉, 철수는 순수하게 같이 놀고 싶어서 한 행위였음에도 자신이 '괴롭히는 장난'을 계속했다고 자백하고 만 것이다. 결국 철수는 가해학생들과 마찬가지로 재판을 받고 보호처분을 받게 되었다.

　이렇듯 경찰 조사를 받는 과정에서 아이들이 사실과 다르게 불리한 자백을 하는 경우가 많다. 대개 수사관은 가해학생으로 지목된 학생을 조사하면서 피해학생의 진술에 따라 잘못을 지적한다. 이 과정에서 소극적이 된 아이는 자신에게 불리하게 해석될 여지가 있는 진술을 조서에 남기게 되는 것이다. 보호자가 동석하여 조사에 참여해도 조서의 의미를 정확히 몰라 정확히 읽어보지 않고 서명과 날인을 하는 경우도 많다. 위 사례에서도 부모가 동석했지만 피해학생의 진술서 내용을 듣고 놀라서 계속 우느라 조서를 제대로 검토하지 못했다고 했다.

　그런데 이렇게 작성된 조서는 단순한 조사 자료가 아니라 '피의자 신문조서'의 형태로 중요한 증거가 된다. 소년보호사건으로 송치된 후에는 일반 형사재판에서와 달리 조서 등의 자료가 바로 판사에게 제출되어 판단 자료가 되는 것이 통상적이다. 이후 심리 절차에서 아무리 번복해도 받아들여지지 않는 경우가 많고, 오히려 '말을 바꾸는 아이'로 판단되어 전혀 반성하지 않는 것으로 여겨지기도 한다. 그러므로 경찰 조사 단계에서부터 아이의 의도, 상대방 학생의 감정 등 주관적이고 사실이 아닌 사항에 대해서는 시인할 필요가 전혀 없다.

학교 폭력 사건의 경우 아이들 간의 관계나 역할 분담, 고의성 등 개별적이거나 집단적인 주관 요소 모두 진술 증거에 의해서만 판단된다. 그런데 가해학생 측과 피해학생 측의 진술이 다른 경우가 많고 주변 학생들의 진술도 시간이 갈수록 달라진다. 그렇기 때문에 초기 경찰 조사에서 가해학생 본인이 한 불리한 진술은 이후 결정적인 증거가 될 수 있다는 점에 유의해야 한다.

경찰이나 검찰의 조사를 받을 때에는 위와 같이 불리한 진술을 조심하는 한편 적극적으로 유리한 증거를 제출해야 한다. 요즘에는 학급마다 단체 채팅창을 열어 아이들끼리 이야기를 나누는 경우가 많지만 문제가 생기면 아이들이 재빠르게 단체 채팅창을 없애버리곤 한다. 따라서 유리한 진술이 기재되어 있다면 그 전에 미리 캡처를 해두는 것이 좋은데, 전후 문맥을 알 수 있도록 일부만 캡처하기보다는 전체 화면을 모두 저장해놓는 것이 좋다. 다만 활용 범위와 목적에 따라 개인 정보 보호의 문제가 생길 수 있다는 점을 주의해야 한다.

한편 경찰서장이 가해학생을 직접 관할 소년부에 송치하지 않고 검찰에 송치하는 경우에는 범죄 예방 자원봉사 위원의 선도 또는 소년의 선도·교육과 관련된 단체·시설에서의 상담·교육·활동 등을 조건부로 하는 기소유예 등의 처분을 받을 수 있다. 일단 학교 폭력에 해당하는 행위를 했지만 경미하거나 반성의 정도가 크다면 이 같은 기소유예 처분을 받을 수 있도록 피해자와의 합의를 적극적으로 진행하거나 아이의 선도 가능성에 대한 신뢰를 줄 수 있는 조치를 취하는 것이 도움이 된다. 검사는 이러한 결정 전 조사 절차로서 피의자의 주거지 또는 검찰청 소재지를 관할하는 보호관찰소의 장, 소년분류심사원장 또는 소년원장에게 피의자의 품행, 경력, 생활 환경이나 그 밖에 필요한 사항에 관한 조사를 요구할 수 있으므로 이에 대해서도 적절히 협조하는 것이 좋다.

마지막으로, 법원에 송치되어 재판을 받는 경우에는 보조인을 선임하여 도움을 받을 수 있으므로 변호사의 도움을 받는 편이 좋다. 소년부 판사는 사건을 조사하거나 심리할 때 가해학생을 소년분류심사원에 위탁하는 등의 조치를 할 수 있다. 이 부분이 부모 입장에서 가장 대처하기 어려운 절차인데, 재판에 참석하라는 통지서를 받고 가벼운 마음으로 법원에 갔다가 아이가 집으로 돌아오지 못하고 소년분류심사원에 위탁되어 생활하게 되는 경우 그 충격은 결코 예상할 수 있는 것이 아니다. 소년 사건에서는 이러한 위탁 조치를 구속 절차처럼 무겁게 여기지 않지만, 실제로 아이들은 신체의 자유를 제한당하며 소년분류심사원에서 생활해야 하는 큰 불이익을 당하게 된다. 그래서 〈소년법〉은 소년분류심사원에 위탁된 경우 보조인이 없을 때 법원은 변호사 등 적정한 자를 보조인으로 선정해야 한다고 명시하고 있다.

이후 소년부 판사는 분류심사서 및 보조인 의견, 수사 기관의 조사 결과, 기타 증거들을 바탕으로 소년보호처분을 결정하는데, 소년보호처분의 종류는 다음과 같다.

〈소년법〉상 소년보호처분의 종류

1. 보호자 또는 보호자를 대신하여 소년을 보호할 수 있는 자에게 감호 위탁
2. 수강명령
3. 사회봉사명령
4. 보호관찰관의 단기 보호관찰
5. 보호관찰관의 장기 보호관찰
6. 〈아동복지법〉에 따른 아동복지시설이나 그 밖의 소년보호시설에 감호 위탁
7. 병원, 요양소 또는 〈보호소년 등의 처우에 관한 법률〉에 따른 소년의료 보호시설에 위탁
8. 1개월 이내의 소년원 송치
9. 단기 소년원 송치
10. 장기 소년원 송치

이러한 소년보호처분의 결정에 불복하는 경우에는 7일 내에 관할 가정법원 또는 지방법원 본원 합의부에 항고할 수 있다. 단, 보호처분 결정에 영향을 미칠 법령 위반이 있거나 중대한 사실 오인이 있는 경우 또는 처분이 현저히 부당한 경우에 해당해야 항고할 수 있다. 따라서 항고장을 제출할 때에는 법령 위반 및 중대한 사실 오인, 처분의 부당성에 대해 구체적으로 기재해야 한다.

경찰 조사에서부터 법원 결정에 이르기까지의 절차를 진행하는 동안 학생과 부모는 전혀 모르고 있었던 많은 어려움을 겪게 된다. 따라서 초기부터 합

리적으로 대응하고, 피해학생 측과의 적절한 합의를 통해 문제를 해결해나가는 것이 필요하다. 가해학생 입장에서는 법정에서 진실을 규명하고 억울한 측면을 호소하고자 하지만, 실제로 법적 절차를 겪다 보면 계속해서 유무형의 불이익이 확대되기 십상이다. 결국 매우 어려운 주문이기는 하지만, 최대한 감정적인 대응을 자제하고 최소한의 절차로 문제를 해결하는 것이 가장 합리적인 방법이다.

가해학생을 어떻게 키워야 할까

자녀가 학교 폭력 가해학생으로 신고당하면 부모는 사건의 경위를 파악하면서 여러 가지 고민을 하게 된다. 가해학생 본인도 괴롭고 고통스럽겠지만, 착하게 키운 자식이 가해자가 되어 각종 절차에 처해지게 된다는 사실이 부모에게는 감당하기 힘든 고통으로 다가오기도 한다. 그래서 학교 폭력에 연루된 것만으로 아이의 잘못이라 판단하여 혼을 내기도 하고, 한편으로는 아이의 잘못을 덮는 데 치중하기도 한다.

가해학생 측 상담과 보조인 수행 시 가장 안타까웠던 점은 부모가 자식의 성격과 태도에 대해 정확히 모르는 경우가 많다는 것이었다. 자기 자식이니까 당연히 자기가 가장 잘 안다는 생각은 아이가 아동기를 지나 청소년기에 접어든 이후라면 큰 오산이다. 다음은 가해학생으로 신고된 자녀에 대한 부모의 오해를 잘 보여주는 사례다.

어느 날 메일로 온 상담 내용을 살펴보다가 한눈에 봐도 심각해 보이는 사건을 발견했다. 남학생들 간의 강제 추행 사건이었는데, 화장실에서 후배 세 명의 옷을 일부 벗기고 추행한 사건이었다. 이미 학교 폭력으로 신고되어 학교 폭력 위원회가 열렸고 강제 전학이 결정되었다.

메일을 보낸 가해학생의 부모는 이 결정에 대한 불복 방법을 물으며 "사실 우리 아이는 추행을 당했을 뿐"이라고 주장했다. 당사자가 여러 명이고 이미 상당 부분 절차가 진행된 뒤라 상세한 설명 없이는 사건 파악이 쉽지 않아 일단 사무실에 방문하도록 권유하여 직접 대면 상담을 했다.

상담을 하러 온 가해학생의 부모는 누가 봐도 매우 점잖아 보였으며 말끝에 자식에 대한 사랑이 저절로 묻어나오는 훌륭한 부모였다. "우리 아이는 추행을 한 것이 아니라 추행을 당한 것"이라는 주장을 뒷받침해주는 사실관계가 무엇인지 가장 궁금했기 때문에 그 부분부터 설명을 듣기 시작했다. 설명의 요지는 피해를 당했다고 신고한 세 명의 학생이 가해학생인 아들에게 먼저 다가와 구체적인 행위를 할 것을 제안했으며, 그에 따라 아들은 어쩔 수 없이 서로 몸을 만지게 되었을 뿐이라는 것이었다.

하지만 이 내용은 모두 아들의 주장일 뿐이었고, 당시 피해학생으로부터 피해 사실을 직접 들은 학생이 있었을 뿐 아니라 가해학생 본인이 작성하여 교사에게 제출한 서면에도 "호기심에 그냥 만졌다. 피해학생에게 미안하다"는 내용이 기재돼 있었다. 이뿐만 아니라 가해학생이 선배라는 점과 피해학생 세 명이 진술한 강제 추행의 내용이 유사한 점 등을 고려할 때 피해학생들의 주장이 훨씬 신빙성 있어 보였다. 이에 더하여 사건이 발생한 이후 아이에게 문제가 있는지 알아보기 위하여 정신과 치료를 받은 적이 있는데, 지금은 괜찮아졌지만 당시 충동조절 장애 진단을 받았다고 했다. 이러한 초기 진단 내용으로 봐서도 아들의 말만 전적으로 믿는 것은 합리적인 판단이 아니었다.

이러한 상황에서는 재심 청구 등의 불복 절차보다도 아이의 치료와 교육을 우선적으로 고려해야 한다. 하지만 그렇게 설명하자 부모는 서운한 감정을 드러냈다. 여전히 억울한 측면이 더 큰데 왜 변호사가 되어서 법적인 조치를 강력하게 권해주지 않느냐는 볼멘소리도 하였다. 나아가 "피해학생들 진단서를 보아도 실제 강간 같은 것을 한 흔적은 없다고 나와 있다"며 피해학생 측의 주장을 수용하더라도 큰 문제가 되지 않는 것처럼 생각하는 듯했다.

학교 폭력 상담을 하다 보면 위와 같은 사례가 비일비재하다. 대부분은 '우리 아이가 어떤 잘못을 한 것은 사실이지만 특별한 사정이 있거나 사소한 실수였을 뿐이다'라고 생각하는 데서 문제가 생긴다. 아이의 말을 존중하고 아이와 공감하는 것은 필요한 일이지만, 부모가 파악할 수 없는 여러 문제가 있을 수 있다는 점을 인정하고 전문 기관을 찾아 도움을 받는 것도 필요하다.

한편, 피해학생을 비방하는 데 치중하는 부모도 있다. "원래부터 따돌림 당하던 문제 있는 아이였다", "부모가 이혼하고 엄마가 혼자 키우느라 사회성이 부족해서 애들한테 이상한 짓을 많이 했던 아이였다" 같은 내용으로 피해학생을 오히려 '문제가 있는 학생'으로 치부하는 것이다. 더 나아가 "돈 받아내려고 잘못도 없는 우리 아이를 신고했다"는 투로 피해학생 측 보호자를 비방하는 경우도 많다.

물론 분쟁의 국면에서 피해학생 측이 잘못한 부분도 있을 수 있고, 그 보호자가 바르지 못한 행동을 하여 고통받을 수 있는 여지 역시 충분히 있다. 하지만 아이가 어떤 식으로든 학교 폭력에 해당하는 행위를 한 경우에 위와 같은 부모의 태도는 아이의 사회성, 준법의식 형성에 부정적인 영향을 줄 수 있다. 특히 '이상한 사람, 편부모이거나 가정 형편이 안 좋은 사람은 괴롭혀도 된다'는 반사회적인 사고가 자기도 모르게 형성될 수 있기 때문에 더욱 주의해야 한다. 어떤 사람이든 존중받을 권리가 있다는 것은 책으로만 배우는 것이 아니라 문제 해결 과정에서 부모가 보여주는 태도로부터 자연스럽게 배우게 되는 것임을 명심해야 한다.

반면 학교 폭력에 가담한 배경과 실제로 한 행위의 심각성은 전혀 고려하지 않고 학교 폭력에 연루된 자녀를 무조건 나쁘게만 몰아붙이는 부모도 있다. 실제로 학생들이 학교 폭력에 연루되는 경위는 생각보다 악의적이지 않은 경우가 많다. 또래 집단의 가치를 중시해 친구들의 평가에 따라 행동하는 청소년기의 특성상 아이들 입장에서는 정말 '어쩌다 보니' 학교 폭력에 가담하게 되기도 한다. 그리고 그 배경에는 우리 사회에 만연한 폭력적 해결 방식이나 약자에 대한 조롱, 경쟁지상주의 등이 있다.

그렇기 때문에 아직 성장 과정에 있는 아동·청소년에게 학교 폭력 가해학생이라고 하여 모든 책임을 떠넘기거나 그들의 발전 가능성까지 불필요하게 폄훼할 이유는 없다. 다른 사람에게 피해를 주고 징계 절차와 사법 절차를 겪으면서 그들도 여러 깨달음을 얻을 것이며, 정서적인 문제가 발견되면 적절한 상담과 치료를 받을 수 있다. 다른 사람에게 피해를 주더라도 그 원인을 규명하고 깊이 반성하며 상대방에게 용서를 구하는 과정은 모든 사람이 일생 동안 반복하는 일이기도 하다. 아이들이 자기 안에 내재돼 있는 폭력성과 잘못된 생각을 교정할 기회를 전혀 갖지 못한다면 오히려 성인이 되어 범법 행위를 서슴지 않고 저지를 수 있다.

학교 폭력 가해학생도 피해학생과 마찬가지로 우리 사회가 책임지고 교육해야 하는 아동·청소년이다. 가해학생들도 반성하고 용서를 구하고 책임을 지는 과정을 통해 더욱 발전할 수 있다. 그러므로 부모는 가해학생에 대한 사회의 매정한 인식을 고려하여 아이를 성실히 돌보고, 필요한 치료와 교육에 더욱 세심하게 주의를 기울여야 한다.

아이 학급에 학교 폭력이
발생한 경우

학교 폭력, 신고할 의무가 있을까

포털 사이트에 올라온 학교 폭력 관련 질문을 보면 아이들이 자신의 주변에서 일어난 학교 폭력 문제에 대하여 어떻게 해야 할지 묻는 경우가 많다.

Episode **011**

질문을 올린 학생과 평소 같이 어울렸던 다섯 명의 반 친구들이 사소한 잘못을 이유로 함께 어울렸던 아이 하나를 따돌렸다. 문제는 같은 반 남자 아이들이 그 따돌림 당하는 학생에게 일부러 욕을 한다는 것이었다. 자기는 그런 문제가 있을 줄 모르고 다른 친구들이랑 어울려 노느라 따돌림 당하던 아이를 잘 챙겨주지 않았는데 이런 부분이 문제가 되지는 않을까 걱정되고, 다른 아이들을 신고할 경우 자기에게 나쁜 일이 일어날까 봐 염려된다고 했다. 또한 학교에 건의해봤자 덮으려고만 할 것 같고, 괜히 소문만 커져 그 아이에 대한 괴롭힘이 더 심해질 것 같아 두렵다고 강조했다.

이러한 질문을 접하다 보면, 학생들은 정규 교과 교육보다 또래 집단 간의 교류를 통해 더 많은 것을 학습한다는 생각을 다시금 하게 된다. 질문한 학생은 따돌림을 당하는 친구에게 연민과 책임감을 느끼기도 하고, 그 친구를 괴롭히고 무시하는 남학생들에게 분노도 느끼는 등 다양한 반응을 보이며 큰 고민을 하고 있는 듯했다.

그런데 주목할 점은 "학교에 건의해봤자 덮으려고만 할 것 같다"는 표현이다. 청소년기에는 기성세대를 불신하는 경향이 나타나기도 하는데, 질문한 학생도 교사나 부모와 함께 문제를 해결하려는 것이 아니라 인터넷에서 얻은 정보를 가지고 아이들 안에서 해결하려고 했다. 하지만 이러한 성향은 아이들이 서로 다른 정보와 해결책을 내세울 때 아이들 간의 싸움을 가속화시키는 부작용을 낳기도 한다. 특히 여론을 주도하는 학생들이 이 문제를 학급 안에서 이슈화 하고 일부 학생을 표적으로 삼아 비난한다면 불시에 학교 폭력 문제가 학급 전체로 확산될 수 있다.

위 사례에서도 처음에는 네댓 명의 학생이 한 학생을 단순히 '같이 놀지 말자' 하는 정도로 따돌리기 시작했는데, 이를 본 다른 남학생 무리가 그 학생을 '따돌림 당하는 아이'라고 무시하며 욕하기 시작한 것이다. 여기에 시간이 지날수록 옆에서 웃거나 동조하는 학생들이 점차 늘어갈 수 있다는 점을 고려하면 순식간에 학급 전체가 학교 폭력 행위에 가담하게 되는 것이다. 그런 상황이 되면 학생들은 피해학생을 따돌리는 일을 '누구나 다 그러는 대수롭지 않은 일'이라고 생각해 아무런 죄의식도 못 느낄 수 있다. 오히려 정의감에 피해학생을 도우려고 나섰다가 같이 따돌림을 당하기도 한다.

아이들 하나하나는 선하고 정의롭다 하더라도 전체적인 학급 분위기는 부정적으로 흐를 수 있다는 점은 담임 교사를 하며 여러 번 겪은 바 있다. 이에 대해 동료 교사는 "학급이란 35명의 아이들을 합치거나 섞어놓은 것이라고 생각했는데, 학급의 분위기나 성질은 아이들 개개인과는 완전히 다르다는 것이 놀랍다"고 표현하기도 했다. 그렇기 때문에 아이의 학급에서 학교 폭력이 발생했을 때 아이 본인은 당장 큰 연관이 없더라도 이후 충분히 가해학생이 될 수도 피해학생이 될 수도 있다.

여러 번 언급했듯이 특수한 몇몇 학생들만이 학교 폭력 문제에 연루되는 것이 아니므로 '우리 아이는 관계없다'는 사고방식은 매우 위험한 결과를 낳을 수 있다. 따라서 아이와 자주 대화하고 세심한 관찰을 통하여 아이의 학급에서 벌어지는 사건이나 아이들 간의 미묘한 기류를 파악할 수 있도록 노력해야 한다. 특히 다음과 같은 태도나 분위기가 감지될 때에는 학급 내에 문제가 발생한 것일 수 있으므로 대책을 모색해봐야 한다.

학급 내 학교 폭력 발생 징후

- 학급 내에 '이상한 아이', '더러운 아이', '공부 못하는 아이', '욕을 하고 다니는 아이'가 있다고 자주 언급할 때
- 위와 같은 아이에게 다른 학생들이 하는 행동을 우스운 이야기처럼 언급하거나 이에 대해 걱정스러워 하는 표현을 반복할 때

- 학급 내에 발생한 사건 중 통상적이지 않은 모욕, 폭행 등의 행위가 포착될 때
- 스마트폰 채팅이나 SNS 등을 하며 평소와 다르게 키득거리지만 부모의 물음에 성급히 숨기는 등의 행동을 할 때
- 교사가 반에서 무슨 일이 일어나는지 전혀 모른다는 식의 불만을 반복할 때
- 앞으로의 일을 가정하며 자신이 약하거나 실수를 해서 피해학생이 될까 봐 두렵다는 등의 이야기를 할 때

이러한 징후를 발견했을 때에는 우선 아이와 깊이 있게 대화하는 것이 좋다. 무슨 일인지 추궁하거나 무조건 그런 친구들이랑 어울리지 말라는 식으로 고압적으로 이야기하는 것은 대화를 가로막을 뿐이다. 사춘기 아이들 사이에서 얼마든지 발생할 수 있는 문제라고 전제하고 어떤 일이 일어나고 있는지, 문제가 얼마나 심각한지를 감지하는 데 초점을 맞춰야 한다. 이때 아이의 말 속에서 객관적 사실(누가 어떻게 말했다, 어떤 행동을 했다)과 아이의 주관적 판단 및 감정을 분별하여 객관적 사실에 주목해야 사건을 판단하는 데 도움이 된다.

아이 학급에 문제가 발생했다는 점을 파악했다면 성급하게 다른 부모들에게 알리기보다는 우선 담임 교사에게 알리는 것이 좋다. 아무리 믿을 만한 같은 반 학생의 부모라도 본래 의도와는 다르게 생각할 수 있고 왜곡된 소문이 날 수도 있기 때문이다. 따라서 가장 적절하게 문제를 해결하고 교육적 역할을 다할 수 있는 담임 교사에게 알리는 것이 먼저다. 또한 학교폭력예방법 제20조는 학교 폭력 현장을 보거나 그 사실을 알게 된 자는 학교 등 관계 기관

에 이를 즉시 신고하여야 한다고 규정하고 있으므로 아이가 가해학생이나 피해학생이 아니더라도 학교에 학교 폭력 사실을 알리는 것은 의무라고 할 수 있다.

다만 담임 교사는 학교에서 학급 담임만을 맡고 있는 것이 아니라 수업을 해야 하기 때문에 언제나 통화나 방문 상담이 가능한 것은 아니다. 또한 행정적인 업무도 많고 각종 회의에도 참석해야 하기 때문에 부모들이 생각하는 것만큼 시간을 많이 내기가 어렵다. 이런 상황을 모르는 부모라면 좋은 마음에 어렵게 꺼낸 이야기인데도 담임 교사가 집중하지 못한다고 서운해할 수도 있는데, 이런 문제는 충분히 해결 가능한 것이므로 다음을 참조하여 적절한 방법으로 담임 교사와 소통하기를 권한다.

아이 학급에서 일어난 학교 폭력과 관련해 담임 교사와 소통하는 방법

- 먼저 방문 상담을 할지 전화 상담을 할지 정하고 담임 교사에게 가능한 시간을 묻는다. 간략하게 주제를 말하고 편한 시간에 30분 정도 방문 상담이나 전화 통화를 원한다고 전한다.

- 학급 내 문제를 파악하게 된 배경에 대해 간략히만 설명하고, 아이를 통하여 파악한 사실관계 중 아이의 판단이나 부모의 판단은 배제한 채 객관적인 사실을 중심으로 전달한다. 만약 조리 있게 전달하는 것이 어렵게 느껴진다면 미리 편지 형식으로 간략히 서면을 작성하여 전달하는 것도 좋다.

- 이때 주의할 점은 별다른 근거 없이 '학교 폭력 문제를 방관하는 담임 교사'로 몰아가서는 안 된다는 점이다. 사회 분위기 때문에 교사들은 학교 폭력 문제에 잔뜩 긴장하고 있어서 자칫 방어적인 입장을 취할

수 있다. 그러면 원하는 바를 전달하는 데 어려움을 겪을 수 있다.

일단 담임 교사에게 학교 폭력 사실을 알린 후에는 담임 교사가 절차에 따라 문제를 해결할 것이라고 믿는 편이 좋다. 불안해하며 계속해서 담임 교사에게 해결책을 묻거나 진행 상황을 일일이 확인하는 것은 부모에게 무한정

학교 폭력 신고서				
성명			학년/반	
학생과의 관계	① 본인 ② 친구 ③ 보호자( ) ④ 교사( ) ⑤ 기타( )			
연락처	집	- -	휴대폰	- -
주소				
사안을 알게 된 경위(피해·가해 학생일 경우는 제외)				
사안 내용	① 누가			
	② 언제			
	③ 어디서			
	④ 무엇을/어떻게			
	⑤ 왜			
사안 해결에 도움이 될 정보				
기타	(증거 자료 있을 시 기재 등)			

출처: 교육과학기술부, 《학교 폭력 사안 처리 가이드북》, 2012

허용된 권리가 아니기에 주의해야 한다. 또한 학교 폭력 신고를 마친 후에는 아이에게도 절차가 어떻게 진행될지 적절한 수준에서 알려주고, 학급에서 일어나고 있는 일을 용기 내어 솔직하게 말해준 점을 칭찬해주는 것이 좋다.

다른 **학부모**와의 **관계**

아이 학급에 학교 폭력 문제가 있다는 사실을 알게 되면 대부분은 가깝게 지내거나 연락이 가능한 부모에게 사실 여부를 확인해봐야겠다고 생각한다. 이는 사실관계를 확인하기 위해서기도 하지만 불안한 마음을 나누고 싶기 때문이기도 하다. 한편으로는 담임 교사나 학교에 대해 어떤 행동을 취하기에 앞서 세력을 규합하고자 하는 목적도 있을 수 있다. 실제로 학교에서 문제가 발생하면 아이들보다 학부모들이 먼저 여론을 형성하여 잘잘못을 판단하고 담임 교사에게 압력을 가하는 일이 종종 발생한다. 그러면 담임 교사는 아이들을 교육하고 보호하는 일 외에도 부모들을 응대하느라 많은 에너지를 소모하게 되는데, 이런 일이 반복되면 교사 본연의 업무인 교육에 집중할 수 없게 된다.

하지만 부모 입장에서는 그렇다고 해서 다른 부모의 의견을 듣지 않고 혼자 나서 문제를 해결하기에는 부담이 크다. 우리 사회는 '모난 돌이 정 맞는다'는 의식이 강하기 때문에 혹시나 옳은 일을 하려다 자기 자식만 불이익을 보게 될까 봐 두려워하는 마음도 충분히 이해할 수 있다.

이런 상황에서 활용할 수 있는 제도가 현재 시행되고 있는 학교폭력예방법이다. 학교폭력예방법은 교내에 학교 폭력 위원회를 설치하고, 학교 폭력이 발생한 사실을 신고받거나 보고받은 경우에 회의를 소집해 각종 조치를 심의 결정하도록 하고 있다. 학교 폭력 위원회 위원 중 과반수는 학부모 전체 회의에서 직접 선출하거나 학부모 대표 회의에서 선출한 학부모 대표가 맡아야 하기 때문에 학교 폭력과 관련한 조치를 심의 결정하는 데 학부모들의 참여가 보장되어 있다. 또한 학교 폭력과 관련한 심의 시에는 학교 폭력 전담 기구에 학교 폭력에 대한 실태 조사를 요청해 보고받을 수 있으므로 부모들이 사적으로 사실관계를 확인해야 할 필요성은 그다지 크지 않다.

또한 학교폭력예방법은 학교 폭력에 관한 신고를 의무 사항으로 규정하고 있으며 학교 폭력을 신고한 사람에게 그 신고 행위를 이유로 불이익을 주어서는 안 된다고 명시하고 있다. 그리고 대부분의 학교에는 이를 뒷받침해주는 각종 절차가 안착돼 있기 때문에 특별한 사정이 없다면 '혼자만 신고하여 우리 아이에게 불이익이 있을 수 있다'는 걱정을 별로 할 필요가 없다.

반면에 학부모들끼리 학교 폭력 문제에 대해 대화를 나누거나 가해학생 및 피해학생을 파악하는 과정에서 발생할 수 있는 위험과 부작용은 무시할 만한 것이 아니다. 실제로 아이들끼리는 화해를 해도 부모들 사이의 문제로 사건이 커지는 경우가 많다. 특히 아이들 학급에 학교 폭력 문제가 발생하면 부모들끼리 대화를 나누는 중에 자연스럽게 누군가를 탓하게 되거나 사실이 확인되지 않은 소문이 나기도 한다. 이러한 상황을 '자연스럽다'고 표현하긴 했지만, 어떤 형태로든 다른 사람에 관해 부정적인 표현을 하여 그 사람의 사회적 명예를 떨어뜨린다면 사실만을 말했다 하여도 형법상 명예훼손 행위에 해당할 수 있다. 이렇게 되면 심각한 경우 학부모들끼리 명예훼손죄로 고소하고 다시 상대방을 무고죄로 고소하는 등 법적인 문제가 무한정 확대되어 서로에게 생채기를 내는 데 치중하는 상황으로 치달을 수도 있다. 나아가 학급에 학교 폭력 문제가 발생했다 할지라도 학교 폭력 위원회의 결정이나 수사 기관의 수사가 이뤄지기도 전에 학부모들이 뒤에서 이미 잘잘못을 판단하여 말을 전하는 것은 우리 헌법이 보장하고 있는 기본권에 대한 인식이 부족함을 드러내는 것임을 명심해야 한다.

한편, 학급에 학교 폭력 사건이 발생하면 가해학생 측과 피해학생 측에서 목격한 학생들에게 진술서나 탄원서 형식의 서면을 요청하는 경우가 많다. 그런데 학교 폭력 사건은 대부분 같은 반 학생, 또래 집단의 진술을 가장 중요한 증거로 하거나 유일한 증거로 하기 때문에 진술서 문제로 한 학급이 둘로 나뉘기도 한다.

이럴 때에는 우선 아이의 입장을 존중해주고 아이가 진술서 작성을 통해 친구를 돕기 원하는지 살펴보는 것이 좋지만, 한 학급 내에서 가해학생 측과 피해학생 측으로 나뉘어 분쟁이 격화되는 경우라면 개별적인 진술서 작성은 정중히 거절하고 학교에서 진행하는 사안 조사 혹은 실태 조사에 성실히 응하는 편이 낫다. 학교폭력예방법 규정에 따라 대부분 학교에서 학교 폭력 문제가 발생할 경우 사안 조사 및 제3자(목격 학생) 진술을 듣는 절차를 진행하고 있기 때문에 이에 응하여 객관적인 사실만 진술하도록 하는 것이다. 만일 가해학생과 피해학생 양측의 개별적인 진술서 요청만 있고 학교에서 중립적인 조사를 하지 않는다면 적절히 사안 조사를 요청하는 것이 좋다.

다만 학교 폭력 문제에 연루되면 아이들만큼이나 부모들도 매우 절박해지기 마련이라 경솔하게 진술서를 요청하는 경우도 있다는 점을 염두에 둬야 한다. 요즘에는 학부모들 간의 교류가 많고 그 안에서의 역할과 지위도 무시할 수 없기 때문에 무조건 진술서 요청을 거절하는 것은 이후 문제가 될 수도 있다. 이럴 때에는 제3자지만 같은 학급의 아이들도 충분히 고통을 받고 있다는 점을 잘 설명한 후 학교에서 진행하는 절차에 따라 응하겠다는 의사를 적절히 표시하는 것이 좋다.

그럼에도 친분이나 상황에 따라 한쪽 편을 들어 진술서를 작성해주기로 결정했다면, 진술서 작성 자체는 물론 진술서의 내용에 대해 아이에게 조금도 강요하지 않도록 유의해야 한다. 명백히 거짓은 아니더라도 의도적으로 한쪽에 유리하게 진술서를 작성하도록 가르치면 이후 아이가 건전한 사고를 형성하는 데 방해가 될 뿐 아니라 또 다른 법적 문제에 휘말릴 수 있기 때문이다.

결국 아이 학급에 학교 폭력 문제가 발생하면 가해학생과 피해학생 등 당사자는 물론이고 한 학급 학생 모두가 직간접적으로 피해를 볼 수 있다. 이때 다른 부모들과의 관계에서 적절치 못한 태도를 취하면 이후 각종 법적 문제에 휘말릴 수 있다. 따라서 학교 폭력 문제가 발생했을 때에는 다른 부모들과 되도록 '과한 유착' 관계를 맺지 않도록 해야 하며, 일방에 대한 '부당한 배척' 또한 경계해야 한다. 또한 부모들 사이의 판단이나 의사소통보다는 학교에서 진행되는 중립적인 절차를 존중해야 한다. 물론 가장 중요한 것은 학교 폭력 문제로 자신의 아이가 고통받는 부분이 있는지 세심히 살펴보고, 교육의 기회로 삼도록 노력하는 것이다.

다른 **친구**의 **학교 폭력 사건**에서 우리 **아이**가 **유의**해야 할 점

학급에서 학교 폭력 사건이 일어나면 학생들은 각자의 성향에 따라 다양하게 반응한다. 자신도 피해자가 될까 봐 두려워하기도 하고, 가해학생 편을 들어 피해학생을 괴롭히는 데 동참하기도 한다. 한편 피해학생의 문제를 직접 해결해주고 싶어 하는 학생도 있다. 공통된 반응이라면 아이들 모두 학교 폭력 문제로 혼란을 느끼며 어떤 식으로든 문제가 해결되기를 바란다는 점일 것이다. 담임 교사와 긍정적 관계가 형성돼 있는 경우에는 아이들이 먼저 교사에게 도움을 구하기도 하지만, 그렇지 않은 경우라면 더욱 오랜 시간 동안 고민하게 되기도 한다.

일단 학교 폭력 사건은 언제 일어날지 예상할 수 없고, 일단 일어나면 급속도로 문제가 커질 수 있다. 또한 평소에 아무런 문제가 없던 학생들도 학교 폭력에 연루될 수 있다. 따라서 아이들에게 학교 폭력에 대처하는 방법을 미리미리 알려주어 항상 대비할 수 있도록 하는 것이 중요하다.

일단 학교 폭력 사건이 발생하면 아이들이 부모나 교사에게 알리도록 해야 한다. 앞서 언급했듯 학교 폭력 사건이 발생하면 반드시 신고하도록 규정되어 있을 뿐 아니라 학교 폭력 문제의 파급력으로 인해 피해가 확대될 수 있기 때문에 꼭 신고하도록 해야 한다.

또한 아이들이 또래 집단 간의 비밀로 학교 폭력 문제를 덮으려고 하는 것은 문제를 더욱 심각하게 만드는 지름길이라는 점을 주지시켜줘야 한다. 청소년기 아이들은 자신들의 문제를 어른들에게 말하는 친구를 밀고자나 배신자로 취급하기 때문에 학교 폭력 문제가 오랜 기간 발견되지 않기도 한다. 이런 상황에서 피해학생은 지속적인 피해로 치유하기 어려운 고통을 겪게 되고 시간이 지날수록 학교 폭력 행위에 가담하는 가해학생이 늘어나기도 한다. 처음에는 그러한 폭력 행위가 잘못되었다고 느끼더라도 누구도 그 행위를 제지할 수 없다는 인식이 굳어지고 가해학생의 수가 늘어남에 따라 피해학생을 죄책감 없이 괴롭힐 수 있게 되기 때문이다.

학교 폭력 문제가 발생한 국면에서 피해를 확대시키는 것은 아이들 간의 입소문이다. 아이들은 스마트폰이나 인터넷을 이용하여 피해학생을 비웃으며 놀기도 하고, 사진이나 동영상을 찍어 게시함으로써 피해학생에게 커다란 정신적 고통을 안겨주기도 한다. 이런 상황에서 피해학생은 직접 폭행하거나 괴롭힌 아이보다 소문을 내고 집단적으로 비웃은 다른 학생들 때문에 더욱 고통받게 되므로 뒤에서 소문을 낸 학생들을 학교 폭력 주동자로 신고할 수도 있다. 그러므로 아이의 학급에서 학교 폭력이 발생했다면 아이가 직접 연관되지 않았더라도 악의적인 소문을 내고 상대방을 비웃는 행위를 하지 않도록 철저히 가르쳐야 한다.

학교에서는 따돌림을 비롯한 학교 폭력을 예방하기 위하여 많은 교육을 하고 있으며 표어 만들기, UCC 제작 등을 통해 학교 폭력 문제의 심각성을 가르치고 있다. 이러한 교육에서는 '따돌림을 당하는 친구와도 함께하라'는 점이 강조되는데, 이를 오해하거나 여기에 과도한 가치를 부여한 학생들이 간혹 곤경에 빠지기도 한다. 다음은 그러한 문제로 어려움을 겪은 학생의 사연이다.

Episode 012

남자답고 학교생활도 성실하게 하는 준우는 고등학교에 입학하자마자 반 친구들의 절대적인 지지로 반장이 되었다. 당시 주변 학교에서 심각한 학교 폭력 문제가 일어나 매일같이 선생님들에게 학교 폭력을 저지르지 말라는 이야기를 들었다. 하지만 준우는 그런 이야기를 들을 때마다 마음 쓰이는 문제가 있었는데, 자신이 반장을 맡고 있는 학급에도 중학교 때부터 따돌림을 당하고 있는 진호가 있었기 때문이다.

준우는 반장으로서 이 문제를 해결해야겠다고 생각해서 체육 시간이나 점심시간에 혼자 놀고 있는 진호에게 다가가 말을 걸어보았다. 그러나 진호는 힘도 세고 활달한 준우가 말을 거는 것이 불편하여 피하기만 했다. 준우는 친구들끼리 친하게 지내라는 어른들 말씀을 상기하며 자신이 친하게 지내는 친구들과 함께 진호를 도와주자고 마음먹었다. 그래서 다른 친구들과 놀 때처럼 외모를 지적하기도 하고 욕도 하며 함께 어울렸다.

그러던 어느 날 준우는 발로 툭툭 치며 친구에게 장난을 치다가 눈에 들어온 진호에게도 가서 발로 툭툭 치며 머리를 잘랐냐며 말을 걸었다. 그런데 의도하지 않게 발이 엇나가 진호의 정강이를 세게 치게 되었다. 당시 준우는 바로 미안하다고 사과했고 진호 또한 얼굴 표정은 좋지 않았지만 사과를 받아주는 듯했다.

그런데 다음 날 진호는 기존에 자신을 괴롭혀오던 학생들을 학교 폭력으로 신고하면서 "머리를 잘랐다고 욕했다, 평소에도 갑자기 말을 걸며 욕을 했다, 정강이를 발로 찼다"는 내용으로 준우도 함께 신고했다. 준우는 자신의 행동은 실수였으며, 다른 친구들과 마찬가지로 대하느라 고운 말을 쓰지 않았을 뿐이었고, 자신이 실수한 부분에 대해서는 이미 사과했고 진호도 사과를 받아주었다고 항변했으나 진호는 "준우가 무서워서 사과를 받아줄 수밖에 없었다. 정말 괴로웠다"라는 입장이었다.

위와 같은 사연을 들으면 어른들은 준우와 진호 중 누구의 말을 믿어야 할지 혼란스러워진다. 평소 책임감 있고 성실했던 준우가 진호의 말대로 학교 폭력 행위를 했을 것 같지는 않지만, 진호의 말을 들어보면 충분히 괴롭힘으로 여길 만한 사항이기 때문이다.

하지만 답은 의외로 간단하다. 준우가 아무리 좋은 마음으로 다가갔을지라도 진호 입장에서는 자신을 괴롭히는 학생들과 다르지 않게 느껴졌기 때문에 이런 문제가 발생한 것이다. 즉, 사람마다 친구와 교류하고 돈독한 관계를 형성하는 방법이 다른데, 준우는 상대방의 입장을 충분히 고려하지 못하고 섣불리 자신의 방식대로만 다가간 것이 문제였다.

위 사례에서처럼 다른 학생들에 의해 벌어지고 있는 학교 폭력 사건에서 원래 제3자였던 아이들이 정의감이나 피해학생에 대한 연민으로 해결사를 자처하며 전면에 나서는 것은 위험한 일이다. 성숙한 아이들이라도 아직 경험이 부족하고 논리적인 사고 체계가 형성되어 있지 않기 때문에 문제 해결 능력이 부족하고, 섣불리 몇 명의 학생들이 주도적으로 문제를 해결하려고 하다가 오히려 문제를 악화시킬 수 있기 때문이다.

다만 정체성 확립에 대한 욕구나 자존감이 강한 학생이라면 이러한 설명에 크게 저항할 수 있으므로 적절한 사례를 들어 설득해나가는 것이 필요하다. 특히 평소에 아이에게 어른스러움이나 책임감을 강조해왔다면 아이가 어른들의 태도에 혼란을 느낄 수 있다. 이런 때에는 학교 폭력 문제는 여러 당사자가 연관된 복잡한 사건이며, 같은 학급의 학생보다는 담임 교사나 상담 교사 등의 전문가가 전체 상황을 더 정확하게 파악할 수 있다는 점을 설명해 주는 것이 좋다.

다른 친구의 학교 폭력 사건에 직접 연관되지 않았던 아이들도 시간이 지남에 따라 가해학생 또는 피해학생의 입장으로 변해가는 경우가 많다. 따라서 조기에 신고하여 교사나 학교 폭력 문제를 해결할 수 있는 기관이 개입하도록 해야 한다. 아이들이 섣불리 자신들만의 방식으로 문제를 해결하려 들거나 피해학생을 비방하고 비웃는 등의 행위를 하는 것은 그러한 행동을 하게 된 경위와 무관하게 책임을 면하기 어려우므로 아이에게 이 점을 유의하도록 잘 가르쳐야 한다.

교사에게
폭력을 당했다면

사태 파악 및 준비

부모들 세대는 학교에서 교사에게 몇 대 맞거나 한 번쯤 단체 체벌도 받아본 경험이 있을 것이다. 사실 몇 년 전만 해도 '아이가 잘못을 해도 전혀 체벌을 하지 않는다면 아이를 가르치는 데 소극적인 교사가 아닐까'라는 인식이 있었다. 다행히 요즘에는 교사들의 인식이 변하여 '가르치려면 때려야 한다'는 주장은 점차 설 자리를 잃어가고 있다. 이는 각종 정책 차원에서의 변화 때문이기도 하지만, 교육학적 관점에서 유무형의 폭력으로 신체적 고통을 가하는 것으로는 아이들을 교육시킬 수 없다는 점에 대한 합의가 확대되고 있기 때문이다.

하지만 실제 교육 환경을 살펴보면 아이들 사이에서도 교육 제도에 대한 불신이 팽배하고, 전인격적 교육보다는 입시 중심의 경쟁적 교육 환경이 조성되어 있기 때문에 교사와 학생들 간에 대립이 발생하기도 한다. 또한 교사들이 다양한 상황에서 교육적으로 대응할 수 있으려면 전문적인 훈련이 필요한데, 교사 양성 과정 자체가 현실의 문제를 제대로 반영하는 데 미흡하여 준비가 채 되지 않은 일부 교사들이 현직에서 아이들을 가르치는 것도 문제다.

따라서 아이가 교사에게 폭행을 당했을 경우 아이에게 문제가 있기 때문이라고 바로 판단해버리는 것은 지양해야 할 태도다. 또한 교사에게 보복하려는 마음을 품기 전에 어떤 경위로 아이가 폭행을 당했으며 그 피해는 어느 정도인지 먼저 파악하는 것이 순서다.

Episode 013

자신을 발로 찬 선생님을 고소하고 싶다는 학생의 메일을 받았다. 메일을 보낸 학생은 평소에도 수업 시간에 옆 친구와 작은 소리로 대화하는 습관이 있었는데, 담당 교과 선생님이 118쪽을 펴라고 하자 이 학생이 옆 친구에게 장난으로 '18'을 강하게 발음하며 웃은 데서 문제가 발생한 것이었다.

이를 들은 선생님이 갑자기 수업을 멈추고 학생에게 다가와 뭐라고 말했는지 추궁하기 시작했고, 억울하기도 하고 두렵기도 했던 학생은 '18쪽'이라고 들어서 짝에게 그렇게 말한 것이라고 했다. 그런데 여기에 격분한 선생님은 수업을 중단하고 학생을 교무실로 데려가 몽둥이로 때리고 발로 찼다.

이후 선생님은 자신이 격분했다며 학생에게 사과하고, 장난이든 아니든 선생님에게 욕으로 들리는 말을 한 것은 잘못이라며 이번 일은 덮어달라고 했다. 하지만 학생은 생각할수록 화가 나고 선생님을 더 이상 학교에서 보기 싫으니 고소를 하고 싶다는 것이었다. 특히 체벌 과정에서 다리에 엄지손가락만 한 멍이 들었는데, 그에 대해서도 꼭 손해배상을 받고 싶다는 입장이었다.

부모 입장에서는 이런 이야기를 듣게 되면 아이가 장난으로 욕을 좀 했다고 교사가 격분하여 아이를 폭행했다는 것 자체가 전혀 이해가 되지 않아 오히려 아이의 말을 믿지 않을 가능성도 있다. 그런데 교사 중 일부는 권위를 바탕으로 지도하는 습관이 형성되어 아이들이 다른 학생들 앞에서 모욕적 행위를 하면 쉽게 격분하기도 한다. 문제는 이렇게 격분했다 해서 아무렇지 않게 아이에게 폭행을 가한 부분이다. 우리 형사법 체계에서는 상대방이 도발했다는 이유로 폭행이 정당화되지 않는다. 위의 사례에서 해당 교사는 아이에게 교육적으로 대응하지 못한 것은 물론이고 형법상 상해죄 등에 해당할 수 있는 범죄를 저지른 것이다. 물론 해당 교사가 극심한 스트레스나 정서적 문제를 겪고 있거나 정신과적인 질병을 앓고 있을 가능성도 배제할 수는 없다. 하지만 이러한 모든 가능성을 고려해본다 하더라도 아이들을 가르치는 교사에게 폭행은 허용되는 행위가 아니므로 아이가 위와 같은 식으로 폭행을 당했다면 부모는 적절히 대응책을 강구해야 한다.

일단 사태를 파악하기 위해서는 아이의 진술을 유심히 들어야 한다. 이때 과장된 진술은 없는지 유심히 살펴봐야 하는데, 과장된 진술도 일종의 거짓이므로 이후 무고 등의 문제로 번질 수 있기 때문이다. 아이에게 정확한 시간과 장소를 기록하게 하고 교사가 한 행위와 말을 모두 진술서 등의 서면에 기재하도록 하는 것이 좋다.

진술서 작성 시에는 자신의 생각과 판단보다는 실제로 일어난 일에 대하여 기재하도록 하고, 목격한 학생이나 그 주변 정황(예를 들면 수업 중에 데리고 나가는 바람에 다른 학생들은 수업을 받지 못하고 자습을 했다는 내용 등)도 기재해두는 것이 좋다. 또한 아이가 교사에게 폭행을 당한 후 곧바로 친구들에게 피해 상황을 말한 사실이 있다면 그 부분도 기재해놓는다. 시간이 지날수록 기억은 왜곡되거나 사라질 수 있으므로 아이의 상태가 나쁘지 않다면 피해를 당한 당일에 진술서를 작성하는 편이 좋다.

또한 아이의 치료를 위하여 멍이 든 곳이나 상처를 입은 곳을 파악할 때 상처 부위의 사진을 찍어놓는다. 아이가 성별이 다른 부모에게 상처를 보여주기 싫어한다면 동성의 부모가 파악하는 것이 좋다. 이조차 거부한다면 인체를 그린 그림에 상처 부위를 표시하도록 하고 이를 바탕으로 진료할 병원을 찾는 것도 좋은 방법이다. 병원을 찾았을 때에는 교사에게 폭행을 당해 진단서를 발급받고 싶다고 처음부터 이야기하고, 가급적 병원에서 권하는 검사를 모두 받는 편이 좋다. 이때 받은 진료 내역이나 진단서 등은 이후 중요한 입증 수단이 된다. 또한 폭행이 아이들의 심리 발달에 악영향을 끼칠 수 있으므로 필요한 경우 상담을 받도록 하고, 교사의 폭행이 문제 되는 사안이라 하더라도 아이의 행동에 다소 문제가 엿보인다면 그에 대해서도 상담을 받아보는 편이 좋다.

부모 입장에서는 폭행을 한 교사를 찾아가 당장 항의하고 싶은 마음이 들 수도 있다. 하지만 교사가 쉽사리 자신의 잘못을 인정하지 않을 경우에는 오히려 소모적인 결과만 초래하고 만다. 적절히 항의하는 것은 금지할 수 없지만 교무실에서 해당 교사에게 큰소리를 치고 욕을 하거나 격분한 감정으로 신체 접촉을 할 경우에는 아이의 문제 해결이 어려워질 뿐 아니라 오히려 부모가 불이익을 볼 수 있으므로 조심해야 한다.

　한편 이러한 조치를 취하는 중에도 아이는 여전히 해당 교사에게 수업을 들어야 한다는 문제가 있다. 교사의 권위가 실추되었다고는 하지만 많은 학생을 지도하는 지위에 있기 때문에 잘못된 사고를 가진 교사의 경우 아이에게 추가적인 피해를 입힐 가능성이 있다. 이때는 학생 생활 지도를 담당하는 부장 교사나 담임 교사를 찾아 아이를 보호하기 위한 조치를 취하도록 요청하는 것이 좋다. 이에 대해 학교 측이 미온적인 반응을 보이고 아이의 정서 상태도 심각하게 좋지 않다면 치료 등을 이유로 해당 수업에 참가하지 않는 것도 하나의 방법이지만, 이는 학교 수업을 받지 못하는 불이익을 감수해야 하는 것이므로 우선 학교 측과 잘 협의해보길 권한다. 이때 앞서 구비한 학생의 피해 진술서, 진단서, 상담 내역 등을 제시하며 교사의 폭행 사실과 학생의 피해 정도를 자세히 설명하도록 한다. 폭행을 한 교사가 평소 전혀 문제가 없고 훌륭한 평가를 받아온 사람이라면 아이의 말을 믿어주지 않을 가능성도 배제할 수 없기 때문이다.

　사건 발생 직후에 작성한 각종 자료는 중요한 증거가 될 수 있으며, 교내에서 피해를 구제받을 때나 이후 민형사상의 법적 조치를 밟을 때에도 도움이 될 수 있으므로 다음 양식을 참고하여 상황에 맞게 상세하고 명확하게 작성해두면 좋다.

피해 진술서

피해자 이름: 홍길동 (○○학교 ○○반 ○○번)

---

1. 사건의 경위(시간순)

가. 2017년 4월 1일 3교시 국어 수업 시간 중에 ○○○ 선생님이 제 잘못을 지적하다가 수업을 중단하고 아이들에게는 자습을 하라고 지시하고는 저를 데리고 나갔습니다. 선생님은 저를 교무실로 끌고 갔는데, 당시 여자 선생님이 한 분 계시다가 나가시는 것을 보았고 그 이후에는 다른 선생님들 없이 저와 선생님 둘만 남게 되었습니다.

나. 선생님은 갑자기 창가에 세워져 있던 몽둥이처럼 생긴 것으로 제 다리를 때렸으며 발로도 차면서 제게 "개새끼"라고 욕을 하였습니다.

다. 이후에도 총 열 대 정도를 때리며 "재수 없다", "별 지랄을 다 한다" 등의 말을 하였고 제가 막 울자 그제야 폭행을 멈추었습니다.

라. 그 당시 교무실에 이름은 잘 모르는 3반 학생이 들어왔는데, 제가 울고 있고 선생님이 매를 들고 욕을 하는 모습을 보더니 놀라서 나갔습니다.

마. 그러자 선생님은 갑자기 미안하다고 하면서, 하지만 제가 잘못해서 때린 것이라고 앞으로는 그러지 말라고 하였습니다. 지금 때린 것도 남자끼리 있던 일이니 덮어두자고 하며 나가보라고 하였습니다.

바. 저는 재빨리 나왔고, 억울한 기분이 풀리지 않아 화장실로 가서 혼자 울었는데 소변을 보고 있던 친구 ○○○가 와서 "국어한테 맞았다며?"라고 아는 체를 하여서 그간 있었던 일을 말해주었습니다.

사. 집에 와서 보니 맞았던 다리에 멍이 들어 있었고, 정말 억울한 마음이 들어 어머니께 말씀드렸습니다.

2. 피해 내용

다리에 멍이 들었으며, 더 이상 국어 수업을 듣기 싫을 정도로 큰 충격을 받

있습니다.

병원에 가서 전치 2주의 진단을 받았으며 상담 치료도 받고 있습니다.

상담 치료는 5회를 받아보고 이후 필요할 경우 더 받기로 하였습니다.

3. 목격자 등 사태 파악에 도움이 될 사항

국어 선생님이 제게 화가 나서 수업을 중단했고 저를 데리고 나가는 모습을 저희 반 아이들 모두가 목격하였으며, 교무실에 계시던 여자 선생님께서 제가 교무실로 들어오는 모습을 보았습니다. 제게 욕을 하며 매를 들고 있는 모습을 3반 학생이 와서 보았는데, 나중에 얼굴을 확인하여 보니 3반 ○○○인 것 같습니다. 또한 친구 ○○○가 어디서 듣고 와서는 저에게 맞았냐고 물어봐서 있었던 일을 알려주었습니다.

4. 첨부 서류

진단서와 사진, 상담 내역서 등을 첨부합니다.

2017년 4월 2일

교사가 징계·처벌받기 원한다면

아이에게 폭력을 행사한 교사가 진심으로 반성하고 개선의 노력을 한다면, 또한 사건 자체가 경미한 실수에서 비롯된 경우라면 적정 수준에서 손해배상을 청구한 후 용서하는 과정을 아이에게 보여주는 것도 좋은 방법이다. 그러나 단순한 실수이거나 경미한 사안이 아닌 경우, 재발 위험이 높거나 감정적으로 용서하기 힘든 경우에는 적절한 징계와 처벌을 구하는 방법을 취할 수 있다.

우선 교사의 징계에 관해서는 〈교육공무원법〉 제51조 제1항, 〈국가공무원법〉 제78조 제1항, 〈사립학교법〉 제61조 제1항 등에서 규정하고 있는데, 교사는 〈교육공무원법〉이나 〈국가공무원법〉, 〈사립학교법〉 및 관련 법령을 위반한 경우는 물론 직무상의 의무를 위반하거나 직무를 태만히 한 때, 직무의 내외를 불문하고 교원으로서의 품위를 손상하는 행위를 한 때 등에 징계받을 수 있다.

다만 교사에 대한 징계는 징계위원회 등을 열어 그 의결 결과에 따라 처분이 내려지므로 피해 당사자인 아이와 보호자의 결정권은 인정되지 않는다. 우리 법은 교육공무원 등에게 징계 사유가 발견된 경우 "징계 의결의 결과에 따라 징계 처분을 하여야 한다"고 규정하고 있다. 이때 피해학생의 보호자는 해당 교사가 '징계 사유'에 해당한다는 사실을 소명하는 데 필요한 자료를 제출할 수 있다.

이렇게 징계위원회 등이 열려 징계 처분이 결정되면 해당 교사의 징계 사유와 심각성을 종합적으로 고려하여 파면·해임·정직·감봉·견책 등으로 처분이 내려진다. 〈사립학교법〉 등을 참고할 때 정직은 1개월 이상 3개월 이하의 기간으로 하며 정직 처분을 받은 자는 그 기간 중 신분은 보유하나 직무에 종사하지 못하고 보수의 3분의 2를 감하게 된다. 또 감봉은 1개월 이상 3개월 이하의 기간 동안 보수의 3분의 1을 감하고, 견책은 전과에 대하여 훈계하고 회개하게 한다. 이는 이후 교사로서의 장래에 직간접적인 영향을 주므로 교사 입장에서 징계는 매우 불이익한 처분임에 분명하다.

결정된 징계 처분이 불만족스럽다고 해서 피해학생의 부모가 직접적으로 처분의 변경을 요구하기는 어렵다. 다만 교사의 징계 사항으로도 피해 구제에 만족스럽지 않은 경우에는 피해자가 해당 교사를 직접 고소하는 방법이 있다. 고소는 통상적인 절차와 마찬가지로 경찰서나 검찰청에 고소장을 접수하는 방법으로 진행하면 된다. 경찰서에서 고소장을 접수하는 것이 불편하다면 검찰청 민원실에 직접 고소장을 접수해도 되고, 우편이나 인터넷(신고민원포털)을 통해 접수할 수도 있다.

고소장 양식은 '경찰민원포털>고객센터>민원서식'에서 내려받을 수 있으며 세부적인 작성 방법은 다음과 같다.

고소장 작성법

- 허위 신고 시 무고죄로 처벌될 수 있으므로 사실인 내용을 객관적으로 기재하도록 한다.
- '고소인'은 통상 고소권자 중 실제 고소를 하려는 사람을 말하는 것인데, 〈형사소송법〉 제225조 제1항에 의하면 피해자의 법정 대리인은 독립하여 고소할 수 있다고 되어 있으므로 피해자의 부모도 고소를 할 수 있다. 따라서 보호자(부모)의 성명을 기재한 후 법정 대리인에 의하여 고소한다고 기재하면 된다.
- '피고소인'란에는 폭력을 행사한 상대방의 성명과 주소, 직업, 전화번호 등을 최대한 자세히 기재하면 수사에 도움이 된다.
- '고소 취지'에는 '고소인은 피고소인을 ○○죄로 고소하오니 처벌하여주시기 바랍니다'라는 내용을 기재하면 되는데, 폭력을 당했을 때는

폭행죄, 폭행으로 다쳤을 때에는 상해죄, 욕설을 들었을 때는 모욕죄 등으로 기재하면 된다.

- '범죄 사실'에는 일시, 장소, 범행 방법, 결과 등을 구체적으로 기재하는데 시간순으로 명료하게 작성할수록 좋다.

- '고소 이유'에는 사건 발생의 전후 경위나 고소를 하게 된 동기, 사유 등을 기재하면 된다.

- 증거 자료가 있는 경우에는 이를 첨부해 제출하면 좋고, 목격자 등이 있는 경우에는 서식에 첨부돼 있는 별지를 이용하여 그 인적 사항 등을 정리해 제출하면 도움이 된다. 단, 목격자가 다수라면 보다 정확히 목격한 사람을 위주로 기재하는 편이 낫다.

이렇게 고소를 하고 나면 경찰서에서 피해자로서 조사를 받게 되는데, 경찰관이 피해 상황과 고소 경위, 증거에 대하여 질문하면 사실대로 정확하게 답변하면 된다. 수사 기관 입장에서는 고소가 접수되었다고 하여 무조건 검찰로 송치해 재판을 받게 하는 것이 아니라 객관적인 증거를 수집해야 하므로 위와 같은 조사 과정을 생략하기 어렵다. 또한 상대방과 진술이 엇갈릴 경우에는 각종 수사 방법을 활용하는데, 근래에는 '진술 분석'이라 하여 진술의 신빙성을 판단하는 기법이 활용되기도 한다. 이럴 때는 아이의 건강 상태와 심리 상태를 모두 고려하여 적절히 협조할 필요가 있다.

〈형사소송법〉 제257조에 따르면 검사는 고소 또는 고발에 의하여 범죄를 수사할 때 고소 또는 고발을 수리한 날로부터 3개월 이내에 수사를 완료하여 공소 제기 여부를 결정해야 하고, 공소가 제기되면 공판을 통해 잘못을 저지른 교사에 대한 유무죄의 판단과 함께 이에 상응하는 형벌이 결정된다.

하지만 중상해를 입는 등 심각한 폭력 문제가 아니라면 전과가 없기 마련인 교사에 대하여 부모가 원하는 대로 징역형 등의 중형이 선고되기 어려울 뿐 아니라 검사가 공소를 제기하지 않아 재판조차 받지 않게 되는 경우도 있다. 검사가 수사 결과 증거가 없거나 범죄 사실이 인정되지 않을 경우 피의자에 대한 범죄 혐의가 없다고 판단하여 무혐의 처분을 하기도 하고, 범죄 혐의와 증거가 모두 있을지라도 검사가 정상을 참작해 기소하지 않겠다고 판단하면 기소유예 처분을 할 수도 있다. 불기소 처분을 했을 경우 〈형사소송법〉 제258조에 따라 처분한 날로부터 7일 이내에 서면으로 고소인에게 그 취지를 통지해야 하기 때문에 비교적 빨리 결과를 알 수 있다. 검사로부터 공소를 제기하지 않는다는 통지를 받은 때에는 관할 고등법원에 그 당부에 관한 재정을 신청할 수 있고, 그 재정 신청에 합당한 이유가 있다면 사건에 대한 공소 제기를 결정하게 되는데, 이때에는 담당 검사를 지정해서 공소를 제기해야 한다. 다만 기소에 관해서는 검사의 재량이 폭넓게 인정되는 편이므로 경미한 사안에 대하여는 재정 신청이 받아들여지기 어려운 것이 사실이다.

한편, 심각한 폭력 문제 등으로 공소가 제기되어 공판이 열리게 되면 피해자 또는 그 부모는 〈형사소송법〉 규정에 따라 공판 과정 중에 피해의 정도 및 결과, 피고인의 처벌에 관한 의견, 그 밖에 당해 사건에 관한 의견을 진술할 기회를 부여받는다. 또한 법원이 피해자의 권리 구제를 위하여 필요하다고 인정하거나 그 밖의 정당한 사유가 있는 경우에는 소송 기록 자체를 볼 수 있는데, 이를 통해 파악한 사실을 토대로 손해배상 청구 소송 등 적당한 피해 구제 방법을 검토해볼 수 있다.

교사에 대한 징계 절차와 형사적 절차는 생각보다 복잡한 법리가 적용되고 여러 기관에 걸쳐 협조가 요구되므로 시간이 오래 걸릴 수 있다. 요즘에는 형사 피해자들도 변호사를 선임하여 각 시기마다 조언을 받고 사무 처리를 맡기는 경우가 많다. 이는 의견서 제출 등 형사 절차에 참여할 권리를 보장받기 위해서기도 하지만, 어렵게 진행되는 법 절차에 대해 제때에 적절한 설명을 듣기 위해서기도 하다.

지금까지 살펴본 바와 같이 현행법은 교사에 대한 징계와 형사적 처벌을 구하는 절차, 즉 피해 상황의 파악에서부터 징계 및 형벌을 결정하는 각 기관의 수사와 심의, 공판 과정에서 피해자가 여러 권리를 행사할 수 있도록 기회를 보장하고 있다. 이러한 권리를 명확히 이해하고 적절한 방법을 활용한다면 피해 구제의 측면에서도 보다 나은 결과를 볼 수 있을 것이다.

치료비, 상담 비용, 위자료 청구 방법

교사에 의한 폭행 사건이 일어난 후에는 교사에게 일반 손해배상 절차에 따라 치료비 등을 청구할 수 있다. 만약 교사가 법원에서 벌금형을 선고받아 벌금을 낸다 하더라도 피해자의 손해배상 청구권은 별도로 인정된다.

학교에서 벌어진 사건의 경우 상황에 따라 여러 가지 법령이 적용될 수 있으나 통상적인 절차는 우선 해당 교사에게 구두로 손해배상을 청구한 후 이를 거부하거나 회피할 때 민사소송 절차로서 손해배상을 청구하는 것이다. 또한 학교가 해당 교사에 대한 지휘나 감독을 잘못하여 문제를 확대시켰을 때에는 국가배상 청구권이 인정될 수 있다.

우선 문제가 된 해당 교사에게 교육적 목적의 사과와 더불어 적정 수준의 손해배상금을 청구하는 것으로 손해배상의 절차를 시작하는 것이 좋은데, 이

때 '적정 수준의 손해배상금'에는 치료비와 향후 치료비(상담 비용) 및 위자료가 포함된다. 만약 이러한 요청에도 해당 교사가 제대로 된 손해배상을 하지 않는다면 정식으로 민사소송을 제기하는 것이 불필요한 시간을 허비하지 않는 방법이다. 결국 손해배상 청구권을 실현하고 비협조적인 상대방에게 강제집행 하는 방법은 소송 절차이기 때문이다.

민사소송을 부모가 직접 진행하다 보면 소장 작성 시 원고를 잘못 지정하는 바람에 아예 청구할 자격이 없는 것으로 판단되어 각하 판결을 받기도 하고, 청구 취지나 청구 원인을 제대로 기재하지 못해 불이익을 보는 경우도 많다. 따라서 변호사와 상담하고 소송을 진행하는 것이 좋으나 변호사 선임이 어려운 경우에는 다음의 사항을 참조해 소장을 작성하여 관할 법원에 제출하도록 한다.

손해배상 청구 소송 소장 작성 시 유의 사항

- 민사소송 소장 양식은 대한민국 법원 전자민원센터(http://help.scourt. go.kr)의 '양식 모음 > 민사 > [민사] 소장'에서 내려받으면 된다.
- 소장에 기재할 사항은 사건 당사자 및 대리인, 청구 취지, 청구 원인, 입증 방법, 첨부 서류 등이다. 특히 당사자, 법정 대리인, 청구 취지 및 원인은 〈민사소송법〉상 필수 기재 사항으로 소장 심사의 대상이 된다.
- 원고에는 청구하는 측의 인적 사항을 기재하면 된다. 피해를 당한 아이뿐 아니라 그 부모의 손해까지 청구하려면 모두 기재하면 된다. 단, 아이의 손해를 배상하라는 취지면서 부모만 원고로 기재하면 청구가 기각될 수 있으므로 유의한다.
- 청구 취지는 원고가 소송을 한 목적, 즉 권리 또는 법률관계에 관하여

무엇에 대한 재판을 구하는 것인지 기재하는 부분으로 소장에서 가장 핵심적인 부분이라 할 수 있다. 변론주의 원칙상 당사자가 청구하지 않은 부분에 대해서는 판단되지 않으므로 유의해야 하는데, 손해배상금의 액수를 명시하고 폭행이 발생한 날로부터의 이자를 함께 청구하는 것이 좋다.

● 청구 원인에는 원고의 손해배상 청구권의 성립 원인인 사실을 기재한다. 즉, 당사자의 지위와 사건의 경위 및 손해배상 청구권이 발생하게 된 사실을 특정하는 것이 중요하다.

● 입증 방법에는 교사의 폭행으로 손해가 발생했다는 사실에 관한 증거, 즉 진단서 등의 목록을 기재하고 서류는 소장에 첨부해 제출하면 된다.

소장에서는 손해배상의 범위를 주장하고 입증하는 것이 중요하다. 앞에서도 설명했듯 학교 폭력 행위와 관련한 손해배상은 민법상 불법 행위로 인한 손해배상에 해당하는데, 이러한 손해배상에는 적극적 손해, 소극적 손해, 정신적 손해 등 세 가지 손해에 대한 배상이 포함된다.

손해배상 청구 시에는 각 금액에 대하여 적게 청구하는 것보다 일부 패소를 감수하고서라도 약간 많게 청구하는 것이 통상적인데, 이는 원고가 주장한 금액 이상으로 법원이 손해배상금을 인정할 수 없기 때문이다. 예컨대 아이가 교사의 폭행으로 전치 2주의 상해를 입은, 부모와 아이를 모두 원고로 하는 사건이라면 다음의 기준을 활용해 손해배상금을 산정할 수 있다.

손해배상금 산정 기준 (예시)

● 아이의 치료비 + 아이의 위자료(상해 정도와 폭행 경위 등에 따라 산정) +
향후에 발생할 치료비, 상담 비용 + 부모의 위자료

다만 위의 사항 중 치료비 등은 명확한 증거가 있는 반면 나머지는 정황과 간접적인 자료들에 의해 인정되어야 할 부분이다. 치료 후에도 아이에게 장해가 발생한 경우라면 장래의 취업 가능 기간을 고려한 손해배상도 청구할 수 있다.

작성한 소장은 직접 법원에 가서 제출하거나 우편으로 제출할 수 있으며 대법원 전자소송 사이트(http://ecfs.scourt.go.kr)를 이용하여 바로 소장을 작성해 접수할 수도 있다. 소장이 접수되면 피고인 교사에게 소장 부본이 송달되고 교사는 그 후 30일 안에 답변서를 제출해야 한다. 이 기간 동안에 피고인 교사가 답변서를 제출하지 않으면 변론을 하지 않고 원고가 승소할 수 있지만 손해배상 사건은 재판부가 바로 판결 선고 기일을 잡기보다는 원고와 피고를 불러 변론을 할 수 있도록 변론 기일을 잡는 경우가 많다. 변론 기일이 잡히면 법정에서 변론할 내용이나 피고 주장에 반박할 내용을 준비서면의 형태로 제출하고, 추가적으로 증거를 제출할 수 있다. 변론 기일에는 법정에 출석하여 소장과 준비서면에 기재된 내용을 바탕으로 변론을 하고 증인 신청 등의 증거 신청을 하게 된다. 증거 조사를 모두 마치고 변론이 종결되면 결심을 하고 판결 선고 기일을 잡는데, 통상적으로는 3~4주 뒤에 판결 선고를 한다. 판결이 선고된 후 인정된 금액에 만족하여 쌍방이 항소하지 않으면 그대로 확정되고, 한쪽이라도 항소장을 접수하면 2심 절차가 진행된다.

판결이 확정되고 나서도 가해 교사가 손해배상금을 전혀 지급하지 않는다면 판결문에 기해서 교사의 월급이나 예금, 자동차 등 재산에 대하여 강제집행을 신청할 수 있다. 드라마에서 보면 빚을 많이 진 주인공에게 이른바 '차압 딱지'를 붙이는 집행관이 찾아오는 경우가 있는데, 그러한 과정을 강제집행이라고 보면 된다.

한편, 교사는 물론 사용자로서 이를 감독할 책임이 있는 지방자치단체에 대해서도 손해배상 책임이 인정된 사례도 있다. 2009년에 선고된 판결인데, 한 교사가 초등학교 6학년 여학생 세 명을 총 12회에 걸쳐 강제로 추행한 사건이었다. 당시 교사는 과학실, 교무실, 학교 복도, 수학여행지 숙소 및 소풍 시 이동 버스 등에서 2년 동안 11세 여자 제자들의 가슴, 엉덩이 등을 강제 추행한 혐의로 기소되어 징역 1년 6개월에 집행유예 2년의 형을 선고받았다. 이 사건이 발생한 후에 위 세 명의 학생은 물론 그 부모들까지 포함해 총 아홉 명의 원고가 강제 추행을 한 교사는 물론 소속 지방자치단체까지 피고로 하여 손해배상 청구 소송을 진행하였다. 이 소송에서 피고가 된 지방자치단체는 강제 추행 행위는 교사로서의 직무 집행 행위가 아니므로 자신들에게는 사용자로서의 책임이 없다고 주장하였지만, 재판부는 피용자인 교사의 불법 행위가 외형상 객관적으로 사용자의 사업 활동 내지 사무 집행 행위 또는 그와 관련된 것이라고 보일 때에는 지방자치단체의 사용자 책임이 인정된다고 판단하였다.

특히, 이 판결에서는 지방자치단체가 교원 적격 검사를 실시할 의무가 있다는 점이 인정되었는데, 교원 적격 검사란 교사들을 대상으로 전문가에 의한 심층적인 인성 검사, 면담 등을 실시하여 성희롱 등의 문제를 야기할 수 있는 교사가 있는지 사전에 확인하는 것을 말한다. 또한 전문가가 성희롱 등 문제를 야기할 가능성이 있다고 판단한 교원에 대하여는 개인 상담을 포함한 특별 연수를 시행하고, 학생에 대한 성추행을 미연에 방지하기 위한 효과적인 제도나 프로그램을 운영해야 할 의무가 있다고 판시했다. 결과적으로 위 피해학생들에게는 치료비 외에도 각각 1,700만 원(지방자치단체는 1,200만 원)의 위자료가 인정되었으며, 부모들에 대해서도 각 100만 원의 위자료가 인정되었다(광주지방법원 2009. 1. 22 선고 2008가합2136 판결).

이처럼 아이가 교사에게 폭행을 당해 상처를 입으면 그 교사에 대한 징계나 처벌과는 별도로 손해배상을 받을 수 있으며, 이는 우리 법이 정한 권리이기도 하다. 또한 교사가 이를 인정하고 손해배상을 해주지 않더라도 소송 등의 방법을 통해 강제집행 할 수 있는 길이 열려 있다. 다만 앞서 서술한 여러 절차 중 가장 적절한 방법이 무엇인지는 개별 사례에 따라 다를 수 있고, 손해배상금의 범위를 산정하여 입증하는 작업도 매우 까다로우므로 전문가의 도움을 받는 편이 좋다.

사태 수습 이후 아이의 학교생활

학교 안에서는 아무리 조심해도 불필요한 소문이 나기 마련이다. 자녀가 교사에게 폭행을 당해도 학부모는 혹시나 좋지 않은 소문이 나거나 해당 교사나 동료 교사들이 아이에게 불이익을 줄까 봐 두려운 마음이 들기도 한다. 하지만 앞서 살펴본 것처럼 교사의 폭행도 다른 불법 행위와 마찬가지로 손해배상의 대상이 되며 형사적 책임을 피할 수 없다. 그리고 이 경우에 피해자 구제는 법령이 정한 당연한 조치라는 것을 알아둘 필요가 있다.

아동·청소년기는 다른 어느 때보다 민감한 시기이므로 폭행 사건으로 지속적인 정서적 불편을 느낄 수 있다. 그러다 보면 교사의 폭행을 자신의 탓으로 돌리기도 하고, 반대로 자신이 교사를 고소한 행위 등을 지나치게 부풀려 말하며 친구들 사이에서 영웅이 된 듯 행동할 위험도 있다. 하지만 교사가 잘못한 것이 사실이라 하더라도 법적으로 허용된 절차를 따르지 않고 다른 사람에게 명예훼손에 해당하는 발언을 하고 소문을 내는 것은 조심해야 한다.

아이들에게 발생할 수 있는 이차적 문제들은 부모에 의해 악화되기도 한다. 부모가 가해 교사에 대한 복수심 등의 부정적 정서를 해소하지 않으면 문제가 발생할 수 있는데, 특히 다른 학부모에게 과도하게 소문을 내면서 '저 교사를 매장시켜야 한다'는 식으로 반응하는 것은 문제가 있다. 잘잘못을 판단하기 위해서는 징계 절차, 민형사상 소송 절차 같은 객관적이고 공정한 과정이 필요한 것이고, 피해자 개인의 판단만으로 한 사람에게 사회적인 처벌을 가하는 것은 온당치 않기 때문이다.

따라서 아이가 교사에게 폭행을 당해 법적 절차를 밟아 교사의 징계와 손해배상까지 받았다면 어느 순간부터는 사건을 정리하고 아이가 이 문제를 딛고 정상적으로 성장할 수 있도록 하는 데 집중해야 한다. 그러기 위해서는 아이를 진단하고 치료하며 필요한 경우 심리 상담을 받도록 해야 하는데, 때로는 부모도 똑같은 과정의 치료 및 상담을 받는 것이 도움이 된다.

아이는 학교에서 대부분의 시간을 보내는데, 교사에게 폭력을 당한 이후 같은 학교에서 그 교사는 물론 문제를 알고 있는 다른 사람들과 함께 생활하는 것은 아이에게 스트레스 요인이 되기에 충분하다. 따라서 부모는 아이를 세심하게 관찰하고 아이와 대화를 나눠야 한다. 하지만 오히려 아이는 문제를 다 잊고 이전과 비슷하게 학교생활을 하고 있는데 부모가 다시 해당 교사에 대한 욕설을 내뱉거나 아이를 불쌍해하는 마음을 지속적으로 표현하는 것은 전혀 도움이 되지 않는다. 또한 아이의 나쁜 습관을 들어 "네가 그러니까 선생님한테 맞은 거야. 그 선생님 마음도 이해가 간다"는 식으로 언급하면 아이는 자신이 잘못하면 폭력을 당하는 것이 당연하다고 여기게 되거나 부모에게 배신감을 느낄 수도 있다.

아이가 학교생활을 잘하고 있는지는 아이의 말만 듣고는 정확히 판단하기 힘들다. 그러므로 아이의 담임 교사와 상담하여 문제를 파악하고 적절한 보호와 지도를 요청하는 것이 필요하다. 아이의 학교생활을 가장 적절히 관찰하고 지도할 수 있는 사람이 바로 담임 교사이기 때문이다. 폭행을 가한 교사와 같은 지위에 있는 교사라는 사실만으로 아이에 대한 지도에 있어 불신을 품을 필요는 없다.

담임 교사와 원활히 소통하기 위해서는 담임 교사가 수업이나 다른 업무가 없는 편안한 시간을 알아두고 그 시간에 전화나 방문 중 서로 편한 방법으로 상담을 진행하는 것이 좋다. 가능하면 주 1회 정도 같은 시간에 전화하거나 방문하여 상담하는 것이 좋지만, 교사마다 교육관도 다르고 업무 스타일도 다르므로 구체적인 방식은 대화를 통해 맞춰가야 할 사항이다.

만약 평소에도 부모와 자식 간의 대화가 부족했고, 아이의 학교생활에서 교사와의 교류도 적었다면 위의 조치들을 취하기가 더욱 어려울 수 있다. 이때에는 청소년 상담 및 심리 상담을 하는 전문 기관을 찾아 필요한 기간 동안 아이가 지속적으로 상담을 받도록 하는 것이 좋다. 아이들은 계속 함께 생활해야 하는 부모나 교사보다 전문가들을 믿고 상담에 응하는 경우가 많기 때문에 대부분 도움이 된다.

이러한 전문 기관에서의 상담은 부모가 몰랐던 아이의 상태를 발견하는 데도 큰 도움이 된다. 전에 담당했던 사건의 학생도 부모와 대화할 때에는 전혀 문제가 없는 것처럼 보였지만, 전문 기관에서 검사한 결과 불안, 우울감, 자기 부적절감 등을 경험하고 있는 것으로 드러났다. 이렇게 전문 기관의 도움을 받으면 아이의 상태를 좀 더 정확히 알 수 있을 뿐 아니라 부모 또한 상담을 받으며 올바른 교육 방식을 찾을 수 있다.

마지막으로, 아이가 학교에 적응하기 힘들어하고 다른 조치들도 모두 통하지 않는다면 교육 환경을 바꿔보고자 전학을 고려하는 것도 나쁘지 않다. 부모는 '왜 우리 애가 피해를 봐야 하나' 하는 억울한 심정 탓에 전학을 생각하지 않는 경우가 많지만, 적응이 힘든 아이 입장에서는 학교에 있는 매 순간이 고통스러운 시간일 수 있다. 따라서 아이가 계속해서 전학을 요구하거나 학교에 가기 싫어한다면 적절한 시기에 전학을 알아보는 것도 좋은 방법이다.

아이가 교사로부터 폭행을 당한 이후에는 징계와 처벌, 손해배상 절차 외에도 아이가 학교생활에 적응하여 필요한 교육을 받고 정상적인 발달 과정을 밟게 하는 것도 매우 중요한 과제이다. 이 부분에 대해서는 단 하나의 해답만 있는 것이 아니기 때문에 아이와의 대화, 담임 교사와의 소통, 전문 기관에서의 상담 등의 방식으로 아이에게 맞는 해결법을 찾는 것이 중요하다.

부모가 절대
해서는 안 되는 것

아이가 모든 교사, 친구까지 불신하게 만드는 부모의 태도

새 학년이 시작되는 3월부터 4월까지는 학교 폭력과 관련해 상담하고자 하는 부모들이 많다. 학교 폭력 문제와 관련해 상담을 하다 보면 피해학생 측이든 가해학생 측이든 불만부터 털어놓는 부모들이 많다.

Episode **014**

피해학생 측 학부모가 법률 상담을 요청하여 방문 시간을 잡았다. 그런데 상담 당일 대용량의 메일을 미리 보내며 상담 전에 검토해주길 요청했다. 전부 출력하여 살펴보니 가해학생과 피해학생 간의 학교 폭력 문제에 대한 것은 거의 없고, 대부분 담임 교사와의 통화 내용을 녹취하거나 문자 수발신 내용을 정리한 것이었다.

직접 만나보니 상담을 요청한 학부모는 가해학생보다 교사들에 대한 불만과 서운함이 큰 듯했다. 특히 담임 교사가 자기 아이 편을 들어주지 않고 중립적인 태도를 취하는 것이 가장 불만인 듯 보였다. 또한 담임 교사가 자신의 요구를 들어주지 않자 고성이 오가기도 했는데, 본인의 언행 부분은 모두 편집한 후 담임 교사의 발언 부분만 문제를 삼기도 했다.

상담을 청한 부모는 이미 담임 교사에 대한 민원을 넣은 상태였고, 이번에는 직무 유기로 고소하고 싶다고 찾아온 것이었다. 문제는, 담임 교사는 관계 법령이나 교육청의 지침에 따라 학교 폭력 처리 절차를 진행했다는 점이었다.

상담을 진행하는 내내 그들은 내가 하는 조언에 대해서도 매우 서운해했다. 절박한 마음을 공감하거나 아이의 피해 때문에 겪었을 고통에 대해 안타까운 마음을 표시하면 눈물을 글썽일 정도로 고마워하다가도 담임 교사가 처리한 절차가 법적으로 틀린 것이 아니라는 등의 객관적인 조언을 할 때면 조금의 물러섬도 없이 불쾌감을 표시했다.

이러한 상담을 하다 보면 학교 폭력 문제에 관하여 부모가 상담과 교육을 받을 수 있는 적정한 절차가 제도적으로 보장되었으면 하는 생각이 든다. 아이가 학교 폭력의 피해자라는 사실을 알게 되면 부모는 가슴이 찢어지는 고통을 느낀다. 아이에게 학교 폭력 피해를 당하라고 학교에 보낸 것 같다는 마음이 들기도 한다고 한다. 평소 심약한 부모일수록 학교 폭력 문제를 객관적

으로 해결하려 하기보다 주관적인 감정을 앞세우게 된다.

하지만 부모들이 학교의 처사는 물론 담임 교사의 언사 하나하나에 서운함을 느끼며 아이에게 그에 대한 부정적인 평가를 하면 이후 학교 폭력 문제가 수습된 다음에도 아이에게 상처가 남을 수 있다. 아이는 통상적으로 정규교육 과정을 마쳐야 하므로 학교 폭력 사건 이후에도 계속 학교생활을 해야하는데, 부모가 학교나 교사에 대해 과도하게 부정적으로 판단하면 그것이아이의 뇌리에 남아 학교생활 부적응으로 이어질 수 있다. 보통 아이들은 아동 및 청소년 시기에 평생을 좌우할 가치관 중 대부분을 형성하는데, 부모가"너네 선생님은 정말 이상해. 교육자 맞아?"라거나 "학교 다녀봐야 필요 없어. 도대체 하는 일이 뭔데?"라는 식으로 표현하는 것을 반복해서 접하다 보면 아이들은 공교육 제도나 교사에 대한 불신을 주입받게 되고 나아가 교육과정 자체에 회의를 느끼게 되기도 한다.

교사나 학교 측에서 잘못 처리한 부분이 있다면 법적으로 보장된 여러 절차에 따라 이의 신청을 하거나 손해배상을 청구할 수 있다. 이러한 법적 절차를 밟는 것은 당연한 권리이므로 하등 문제 될 것이 없다. 적정한 절차를 밟는 것과 주관적인 감정의 발현으로 문제를 해결하는 것은 전혀 다른 차원의해결 방식임을 명심해야 한다.

한편 아이가 학교 폭력 문제에 연루되었을 때 부모로서 감정을 조절하는것은 매우 어려운 일이기 때문에, 평소에 건강한 가치관과 교육관을 갖도록노력하는 일이 선행되어야 한다. 하지만 이미 학교 폭력 문제가 발생한 뒤에는 처리해야 할 각종 절차가 많기 때문에 자신의 상태부터 제때 점검하여 아이에게 해가 되지 않도록 전문 기관을 찾아 도움을 받는 것이 좋다.

오해와 서운함, 억울함은 제때 해소하지 않으면 켜켜이 쌓여 전혀 다른 결과를 만드는 복병이 되기도 한다. 따라서 아이뿐 아니라 부모의 상처받은 마음도 공감해주고 위로해줄 전문가가 필요하다.

아이가 가해학생으로 신고를 당하고 경찰에 고소·고발까지 당했으나 실제로 피해학생은 신체적으로나 정신적으로나 어떠한 치료도 받고 있지 않을 만큼 멀쩡했다. 담임 교사도 처음에는 경미한 문제이니 피해학생 측과 화해해보라고 권했다. 그래서 아이의 반성문도 건네주고, 보호자에게 사과하며 위자료로 100만 원의 돈까지 건넸다.

그런데 그 이후 피해학생 측에서 더 거세게 학교 폭력 위원회의 개최를 요구하기 시작했다. 여기에 피해학생을 도와주는 친구들까지 가세하여 가해학생의 행동 하나하나를 문제 삼기 시작했다. 그 학생들은 가해학생에게 불리하게 진술서를 작성해주었고 그 부모들은 다른 학부모들에게 안 좋은 소문까지 냈다. 상황이 이렇게 되자 학교에서는 학교 폭력 위원회를 열었고 분위기는 매우 차가웠다. 결국 가해학생에 대한 조치로 서면 사과만이 결정되었지만 이러한 과정에서 부모는 물론 아이도 너무 큰 상처를 받았다.

위 사례의 학부모는 아이의 전학을 고려하고 있다고 했다. 아이는 괜찮다고 하지만 자기가 더 이상 담임 교사 등을 믿고 학교에 보낼 수 없다는 것이었다. 또한 피해학생 편만을 들어준 친구들이나 말을 옮기고 다닌 학부모들을 용서할 수 없다고 했다. 그래서 아이의 전학을 결정한 김에 학교와 피해학생 편만을 들어준 학급 아이들의 보호자에 대하여 손해배상 청구 소송이라도 해보고 싶다는 것이었다.

그런데 진행된 각 절차를 보니 학교 측의 절차에 크게 잘못된 부분은 없었다. 피해학생 편을 들어준 친구들도 그렇게 문제 될 것이 없어 보였고, 학부모들이 소문을 냈다는 부분은 별다른 증거가 없어 문제 삼기 어려웠다. 굳이 잘못을 꼽자면 학교 측에서 처리 절차에 대해 부모에게 상세히 설명하지 않은 것이었는데, 사실 이 부분은 법에서 명시적으로 규정하고 있지 않다.

결론부터 말하자면, 이 부모는 학교 폭력 위원회의 개최 자체가 아이에게 형벌을 주려는 것이라고 오해했던 것이다. 그래서 학교 폭력 위원회가 개최되는 일을 막기 위하여 미리 피해학생 측에 사과도 하고 위로금도 전한 것이었다.

하지만 학교 측은 피해학생 측이 가해학생 측을 명확히 용서하지 않았고 쌍방이 화해도 하지 않았기 때문에 사건의 경미함을 인정하면서도 학교 폭력 위원회를 개최한 것이다. 법령이나 각종 지침의 취지로 보아 학교 폭력 위원회 개최 자체는 제한되기보다는 권장되는 사항이다. 또한 가해학생 측이 학교 폭력 위원회에 출석하는 것은 책임을 추궁하려기보다는 의견을 진술할 기회를 주기 위해서이다. 그런데 학교 폭력 위원회에서 별다른 책임 추궁을 한 것도 아니었는데 가해학생 측이 큰 불쾌함을 느낀 것은 이러한 절차에 대해 잘 모르고 있던 상황에서 찾아온 당혹감 때문인 듯했다. 그 부모는 매 순간 걱정과 혼란스러움으로 가득 차 지옥에 있는 것만 같았다고 했다.

지금까지 살펴본 바와 같이 학교 폭력 문제에서 당사자인 아이보다 오히려 그 부모가 제3자인 학급 친구들, 담임 교사, 학교 측에 대해 지나치게 부정적으로 반응하는 경우가 많다. 부모라면 당연히 연민과 안타까움, 분노 등의 감정이 생기겠지만 이러한 당연한 감정도 지나치게 지속되면 아이의 학교생활이나 장래에까지 악영향을 미칠 수 있다. 따라서 이러한 감정 때문에 문제를 해결하는 데 어려움이 있고 아이 교육에도 소홀해진다면 우선 자신의 감정을 다시 한 번 돌아보고, 학교 폭력 위원회 등의 문제 해결 절차에 대해 상세히 알아보고 스스로를 납득시켜야 한다. 이것이 여의치 않다면 변호사를 찾아 각 절차에 대한 설명을 듣고 대응책을 상의해보거나 전문 상담 기관을 찾아 자신의 심리 상태나 교육관 등에 대해 상담을 받아보는 것도 좋은 방법이다.

복수심에 불타는 **태도**는 **아이**에게도 **환영**받지 못한다

학교 폭력 문제를 다루다 보면 피해학생 부모든 가해학생 부모든 상대방 학생과 그 보호자, 그리고 교사에게까지 과도한 앙심을 품는 부모들이 있다.

Episode 016

A의 남자친구는 같은 또래 집단에서 어울리던 또 다른 여학생 B에게 관심을 표하다가 결국 잦은 다툼으로 A와 헤어졌다. 이에 A는 B가 자기 남자친구를 빼앗아간 것처럼 친구들에게 말하고 다니기 시작했고, B보다 A가 더 활발하고 주도적인 역할을 하는 학생이었기 때문에 아이들은 이내 B를 멀리하게 되었다. 문제는 A가 학원에서 어울리는 다른 학생들에게까지 소문을 내서 B는 어디에서도 친구와 편하게 어울리기 힘들게 된 것이다.

이 사실을 안 B의 부모는 이를 담임 교사에게 알렸으나 담임 교사는 화해를 강하게 권유하고 A에게 말로 사과하라는 조치를 취했을 뿐 별다른 조치를 취하지 않았다. 이후 학년이 바뀌어 반을 새로 배정받았는데, 아이와 같은 반에 가해학생들이 배정된 것을 보고 놀란 부모는 새로운 담임 교사에게 이 사실을 알렸다. 그러나 새 담임 교사는 전혀 모르는 일이었고 어쩔 수 없다며 잘 지도하겠다는 말만 했다.

이에 화가 난 부모는 117에 학교 폭력으로 신고하였고, 학급 배정과 관련하여 이전 담임 교사의 미숙한 처리에 대하여 민원도 넣었다. 이후 학교 폭력 위원회가 열려 가해학생들은 징계를 받았으나 서면 사과와 학급 교체의 조치만 취해진 데 대해 피해학생 부모는 다시 한 번 실망했다. 또한 담임 교사의 형식적인 사과 방식에도 크게 화가 났다.

이상은 모두 피해학생 부모에게서만 들은 이야기여서 진실을 다 파악할 수 없었다. 하지만 피해학생 부모는 이 사건으로 크게 고통받았고, 매우 불안정해 보였으며, 진실을 밝혀 가해학생들이 중하게 처벌받도록 하고 싶은 마음이 강한 것이 사실이었다. 또한 피해학생 부모는 가해학생 부모들이 직업이 좋고 학교에서 중요한 직책을 맡고 있어서 학교에서 가해학생 편을 든다고 생각했다. 그러나 이에 대한 객관적 증거는 없었다.

이처럼 강한 의심과 억울함을 품게 된 피해학생 부모는 급기야 가해학생들을 소년원에 보내는 방법, 교사를 고소하는 방법에 관해 물었다. 민사소송을 제기한 후 패소하고 그로 인해 막대한 비용을 손해 보더라도 상대방도 자신들만큼 괴로운 일을 겪도록 법적인 절차를 밟고 싶다는 것이었다.

이야기를 듣다가 아이의 상태에 대해 물으니 부모는 잘 알지 못한다는 눈치였다. 아이가 학교 폭력으로 신고한 것 자체를 문제 삼으며 부모 탓을 하는 바람에 더 이상 아이와 대화를 할 수 없었다고 했다. 다만 아이는 친구들과 여전히 잘 지내지 못하는 듯하고 자퇴까지 생각하고 있어 걱정이라고 했다. 부모 입장에서는 모든 것이 가해학생 잘못인데, 아이는 오히려 부모가 한 신고나 민원 제기에 대해 불만이 강해 어려움이 있다고 했다.

부모의 감정이 격앙되어 있어 면밀한 사실관계를 파악하기는 힘들었지만 전후 사정을 들어보니 아이는 가해학생들을 이미 용서한 모양이었다. 그런데 학년이 바뀌고 가해학생들 중 일부가 같은 반이 된 것을 부모가 알고 문제를 제기한 것이었다. 당시 아이는 친구들 보기가 껄끄럽고 지금은 서로 거리를 두고 지내니 그냥 두라고 말했던 것 같다. 하지만 이전 담임 교사에게 한번 실망했던 부모는 그냥 방치할 경우 큰 문제가 생길까 싶어 정식으로 신고를 하고 민원을 넣은 것이었다. 물론 이러한 절차들은 모두 법령에 보장된 것으로 문제가 없다.

그러나 문제는 그 이후 발생한 것이다. 학교 폭력 문제에서 부모는 자식의 문제가 올바르게 해결되도록 필요한 절차를 진행하고 교육적 조치를 취해야 할 지위에 있다. 그런데 이 사건에서는 아이보다 부모의 감정이 격화되어 문제 해결 과정에서 아이의 의견을 묵살했고, 그로 인해 아이와의 관계가 악화되었다.

이 사건에서 아이를 괴롭힌 학생들에 관해 신고를 받은 담임 교사가 이를 크게 문제 삼지 않고 다시 그중 일부 학생을 또다시 같은 반에 배정한 것은 상황에 따라서 매우 큰 문제가 될 수 있다. 다만 현재는 부모가 원하는 대로 가해학생들이 다른 반으로 교체되었고 더 이상 아이가 가해학생들과 한 반에서 생활할 일이 없어졌다. 따라서 부모가 가장 처음 아이를 위해 결정했던 일은 소기의 성과를 거둔 셈이다. 하지만 학교 폭력 문제의 해결 절차에서 다른 아이들과 교사가 보인 태도 때문에 부모는 아이를 보호하기 위해서라는 애초의 취지를 다소 잊은 듯했다. 어느 순간부터는 가해학생과 그 부모, 교사들에게까지 자신들이 겪은 만큼 큰 고통을 겪게 하고 싶어진 것이다.

우선 이들 부모에게 나는 변호사로서 법적으로 대응하는 경우에 얻을 수 있는 이익과 감수해야 할 손해에 대하여 간단히 설명해주고는 소송 여부를 결정하기 전 부모 자신의 상태를 먼저 돌아보고 아이와도 대화를 나누어보라고 조언했다. 또한 소송이나 법적 절차는 권리를 실현하기 위한 수단이지 상대방에게 고통을 겪게 하려는 의도로 진행하는 것이 아님을 주지시키고 이들 부모를 돌려보냈다.

이 모든 것을 겪은 아이는 어떤 생각과 태도를 갖게 될까? 부모는 무엇이든지 할 수 있는 전지전능한 존재라고 여기던 아동기와는 달리 청소년기에는 아이가 부모의 가치관과 행동 양식을 평가한다. 부모의 긍정적인 면을 먼저 살피는 아이도 있지만, 부모의 단점을 먼저 평가하고 그 단점을 극단적으로 싫어하고 배척하는 경우가 많다. 따라서 학교 폭력 문제를 해결하는 과정에서 부모가 보이는 빗나간 복수심은 이미 학교 폭력으로 상처받은 아이에게 큰 스트레스 요인으로 작용할 수 있다.

반면 가해학생 측의 경우 별일도 아닌데 아이를 신고했다거나 허위로 신고했다며 억울함을 호소하는 부모들이 있다. 만일 정말로 허위 신고를 한 것이라면 신고한 자는 형법상 무고죄의 책임을 지게 돼 있다. 하지만 신고서에 객관적 사실을 기재하고 그로 인해 자신이 경험한 피해와 감정을 기재하는 것까지 허위 신고라고 몰아붙일 수는 없는 일이다. 가해학생 부모가 피해학생 측을 근거 없이 비난하면 아이가 자신의 잘못을 반성하고 성장할 수 있는 기회를 잃게 될 뿐 아니라 올바른 가치관 형성에 걸림돌이 될 수 있다.

학교 폭력 문제는 어떤 부모에게든 당혹스럽고 어려운 일이기 마련이다. 상대방에 대한 원망의 마음이 드는 것도 이해 못 할 바는 아니다. 하지만 그렇다고 해서 복수심에 불타오른다면 문제 해결에 악영향을 끼칠 뿐 아니라 아이에게도 환영받지 못한다. 그러므로 상대방에 대한 앙심이나 억울함이 심해 문제 해결에 어려움을 겪을 정도라면 부부 간의 대화와 보살핌을 통하여 이를 해소하는 것이 중요하다. 개인적인 차원의 노력으로 되지 않는다면 전문 상담 기관이나 병원을 찾아 상담을 받아보는 것도 좋은 방법이다.

02

우리 반에
학교 폭력 문제가
생긴다면

교사 편

학급에서 학교 폭력 사건이
벌어졌을 경우

초기 감지가 중요하다

학교 폭력 문제가 발생하면 피해학생과 그 보호자가 가장 큰 고통을 겪게 되지만, 담임 교사를 포함한 교사들도 예상치 못한 사건 사고에 시달리게 될 수 있다. 학교 내외에서 벌어진 모든 일에 대해 교사가 전부 책임을 져야 하는 것처럼 괴롭히는 보호자도 있고, 담임 교사가 객관적인 입장에서 학생들의 분쟁에 관한 사실관계를 파악하고 있음에도 이에 대한 설명은 전혀 듣지 않은 채 무조건 처벌과 격리만을 원하는 보호자도 많다. 반면 학교 폭력을 당하고 있는 아이의 고통을 외면하는 부모도 있는데, 그러면 피해학생이 오랫동안 방치되어 문제가 심각해질 수 있다.

학교 폭력 문제에서는 무엇보다 교사의 초기 감지가 중요하다. 부모가 학생을 더욱 세심하게 관찰해 학교 폭력 피해 및 가해 사실을 파악할 수 있을 것 같지만, 학교 폭력은 학교생활에서 비롯하는 문제이기에 사실 부모보다 교사가 학교 폭력 문제를 먼저 감지하는 경우가 많다.

Episode 017

수업 시간에 한 아이가 내 질문에 정말 열심히 대답을 하는데, 그 모습을 보고 다른 아이들이 키득거리며 웃는 것을 목격했다. 짝의 옆구리를 쿡쿡 찔러가며 속닥거리는 아이도 있었고, 쪽지를 전달하려고 하다가 나와 눈이 마주쳐 그만둔 아이도 있었다. 수업을 마친 후 그 반 담임 교사에게 혹시 수업에 참고해야 할 아이들 문제가 있는지 물었다. 그랬더니 "선생님도 뭘 봤나 보네" 하며 말을 꺼냈다.

담임 교사 말로는 어느 순간부터 아이들 분위기가 이상해서 계속 관찰해봤더니 쉬는 시간마다 교무실로 오는 한 학생을 두고 다른 아이들이 비웃더라는 것이었다. 아이들 입장에서는 친구들과 어울리지 못해 교무실을 맴도는 그 학생이 불편하고 싫었던 모양이었다. 문제는 그 학생의 말투가 어눌한 데다가 보통 다른 학생들은 틀릴까 봐 질문에 조심스럽게 대답하는 것과 달리 매우 당당하게 오답을 외쳐대는 모습 때문에 아이들이 우습게 여긴다는 것이었다.

이후 그 담임 교사는 다른 학생들과의 상담을 통해 더 구체적인 사실을 파악해나갔는데, 그러던 중 이 사건의 핵심인 한 학생의 행동을 알게 되었다고 했다. 놀랍게도 그 학생은 교사들에게 매우 예의 바르고 아이들에게도 인기가 좋은 학생이었다. 그 학생은 피해학생을 대놓고 비웃거나 손가락질하는 것은 아니지만 관찰력이 좋은 편이었다. 그래서 피해학생의 특이한 행동을 목격할 때마다 다른 아이들에게 재미있는 이야기인 양 상세히 설명해주었다. 그리고 피해학생에게 '이상한 아이'라는 꼬리표를 붙이기도 했다. 그 학생에게서 이러한 이야기를 들은 아이들은 피해학생의 행동 하나하나에 주목하게 되었고, 점차 더 많은 아이들 사이에서 그 학생을 조롱하고 놀리는 일이 번져갔다.

다행히 초기에 이상 징후를 감지한 교사의 여러 노력 덕분에 아이들은 더이상 피해학생을 놀리지 않게 되었고, 피해학생은 자리를 바꾼 이후 좀 더배려심 있는 짝과 친해졌다. 피해학생은 오히려 가해학생을 처벌하는 것을 반대했고 가해학생도 반성했으며 이후 아무런 문제 없이 둘 다 학교를 졸업했다.

위 사례에서처럼 교사의 초기 대응은 무엇보다 아이들에게 변화의 가능성을 열어준다. 학급 분위기나 아이들 간의 관계는 마치 시냇물이 흐르는 것과 같아서 중간에 어떤 돌이 놓여 있는가, 나뭇가지가 떨어져 있는가에 따라 전혀 다른 방향으로 흘러가기 때문이다. 즉, 교사가 학급의 분위기를 감지하여 집단 따돌림이나 비방 문제를 인식하고 있으며 그에 대응하려 한다는 점을 아이들이 알게 되면 자정 작용을 통하여 이후 더 큰 폭행, 상해 등의 문제가 발생할 확률이 적어진다. 반면에 '선생님이 분명 알았을 텐데도 모른 척한다'는 인식이 확산되면 아이들은 면죄부를 받은 양 행동하게 된다. 교직에 있는 모든 교사들이 잘 알고 있는 바처럼 아이들은 교사를 어떤 방식으로든 관찰하고 평가하며 자기 행동의 지표로 삼기 때문이다.

그런데 문제는, '학교 폭력 징후 파악'에 관한 많은 정보가 각종 지침과 언론을 통해 유통되고 있지만 이를 적용하는 것은 온전히 교사들의 몫이라는 점이다. 학급당 학생 수가 적어지기는 했지만 35명가량의 학생들을 세세히 관찰하고 상담하는 것은 수업 준비는 물론이고 각종 잡무에 시달리는 교사들에게 웬만큼 자기를 희생하지 않고서는 불가능한 일에 가깝다.

　하지만 그러한 희생을 기꺼이 감수한다 하더라도 학교 폭력 문제를 감지하고 대응하는 일에는 정답이 따로 없기 때문에 교사들의 고민이 시작된다. 보통 아이들의 분위기를 감지하는 것은 아침 조회와 종례 시간, 수업 시간, 개별 상담 등을 통해서이다. 아이들이 먼저 찾아와 고민을 상담해준다면 정말 고마운 일이지만 모든 학생들이 적극적이지는 않다. 활달한 학생들마저도 교사와 독대하는 일이 쉽지는 않다. 교사로 재직하던 시절, 학교 폭력 문제를 초기에 감지하는 데 있어서 실제로 효과를 본 방법은 다음과 같다.

학교 폭력 문제의 초기 감지 방법

- 익명 설문: "나는 우리 반에서 ○○한 존재인 것 같다", "우리 학급은 ○○한 학급이다", "우리 반 친구들은 ○○하다", "우리 반 아이들은 ○○하다", "나는 학교에 올 때면 ○○라는 생각을 한다" 등의 빈칸을 채우는 방식으로 주관식 설문지를 받아보는 것이 큰 도움이 되었다. 익명으로 설문지를 작성하도록 하는 것이 전체적인 분위기 파악에 좋았는데, 이때 피해를 당하고 있는 학생의 진술이 보이는 경우에는 다시 구체적으로 가해학생과 피해학생을 묻는 익명 설문을 했다. 단, 설문을 할 때에는 학생들이 취지를 오해하지 않도록 충분히 설명하고 자유의사대로 기재하는 것이라는 점을 분명히 했다. 현재는 학교 폭

력 실태 조사가 정기적으로 행해지고 있으므로 적절히 활용하는 것이 좋다.

- 자기소개서: 학기 초에 자기소개서를 작성해 제출하도록 했는데 주로 성격과 습관, 건강 상태, 현재 하고 있는 고민, 이번 학기에 원하는 일 등에 대해 기재하도록 했다. 특히 자신의 성격이나 습관, 고민을 구체적으로 작성하도록 하면 친구들 간의 문제를 파악할 수 있도록 기술하는 경우가 많다.

- 개별 상담: 자기소개서나 익명 설문 등의 결과를 바탕으로 학생들과 개별 상담을 1년에 3~4회 정도 시행해보았다. 학생이 학교생활에서 겪는 문제와 습관, 성적과 진로 및 친구들과의 관계 등에 대해 30분에서 한 시간 정도 자유롭게 대화를 나누는 방식으로 진행했는데, 가장 큰 도움이 되었던 방법이었다. 처음에는 소극적이던 학생들도 담임 교사와 단둘이 자신의 이야기를 할 수 있다는 점 때문에 적극적으로 상담에 응하는 경우가 많았으며, 친구 문제를 이야기하던 도중에 연관된 다른 학생들의 상황도 간접적으로 알 수 있었기에 학교 폭력 문제를 감지하고 예방하는 데 큰 도움이 되었다.

- 담당 과목 교사들과의 대화: 담임 학급을 가르치는 과목 교사들에게 학급의 분위기를 물어보는 방법이다. 별 소통이 없거나 이 주제로 대화하는 것을 꺼리는 교사들에게는 피해야 할 방법이지만, 연배가 비슷한 동료 교사 간에는 아이들 이야기가 많이 오가는 편이기 때문에 자연스럽게 묻는 것이 좋다.

일례로, 우리 반 학생들이 영어 과목을 굉장히 좋아하며 열심히 하기에 영어 교사에게 "저희 반 아이들이 영어 단어를 진짜 열심히 외우고 있더라고요. 수업 시간에 게임한다고 준비하는 거라던데요?"라며 대화를 시작했는데 "선생님 반 아이들 정말 발랄하더라. 그런데 창가 맨 뒤에 앉은 아이는 잠만 자던데, 애들이 막 웃는데도 계속 자더라고. 그런데 말이지, 그 짝이 그 아이를 쳐다보는 게 좀 이상했어. 짜증을 내더라고" 하는 이야기를 듣게 되었다. 알고 보니 사소한 문제였고 쉽게 해결했지만, 아이들의 관계는 시간이 지남에 따라 어떻게 변할지 모르기 때문에 이와 같은 대화는 큰 도움이 된다.

학교 폭력 징후의 초기 감지와 관련해서는, 아이들을 직접 가르치고 있는 교사들이 가장 많은 노하우를 갖고 있기 마련이다. 무엇보다 예방이 중요한 학교 폭력 문제에 있어서 세심한 관찰력으로 그 징후를 미리 발견할 수 있다는 것은 아이들은 물론 교사에게도 그 자체로 축복이다. 다만 이러한 자질은 한순간에 갑자기 주어지는 것이 아니라 교사의 노력에 의해서만 길러지는 것임을 명심해야 한다.

《학교 폭력 사안 처리 가이드북》에서는 '교사의 학교 폭력 징후 파악하기' 항목에서 다음과 같은 기준을 제시하고 있다.

피해학생의 징후
- 지우개나 휴지, 쪽지가 특정 아이를 향한다.
- 특정 아이를 빼고 이를 둘러싼 아이들이 이유를 알 수 없는 웃음을 짓는다.
- 자주 등을 만지고 가려운 듯 몸을 자주 비튼다.
- 교복이 젖어 있거나 찢겨 있어 물어보면 별일 아니라고 대답한다.

- 교복 등에 낙서나 욕설이나 비방이 담긴 쪽지가 붙어 있다.
- 평상시와 달리 수업에 집중하지 못하고 불안해 보인다.
- 교과서가 없거나 필기도구가 없다.
- 자주 준비물을 챙겨 오지 않아 야단을 맞는다.
- 교과서와 노트, 가방에 낙서가 많다.
- 코피나 얼굴에 생채기가 나 있어 물어보면 괜찮다고 한다.
- 종종 무슨 생각에 골몰해 있는지 정신이 팔려 있는 듯이 보인다.
- 자주 점심을 먹지 않는다.
- 점심을 혼자 먹을 때가 많고 빨리 먹는다.
- 친구들과 어울리기보다 교무실이나 교과전담실로 와 선생님과 어울리려 한다.
- 자기 교실에 있기보다 이 반, 저 반, 다른 반을 떠돈다.
- 친구들과 자주 스파링 연습, 격투기 등을 한다.
- 같이 어울리는 친구가 거의 없거나 소수의 학생과 어울린다.
- 교실보다는 교실 밖에서 시간을 보내려 한다.
- 자주 지각을 한다.
- 자신의 집과 방향이 다른 노선의 버스를 탄다.
- 다른 학생보다 빨리 혹은 아주 늦게 학교에서 나간다.
- 학교 성적이 급격히 떨어진다.
- 이전과 달리 수업에 흥미를 보이지 않는다.
- 수련회, 수학여행 및 체육대회 등 학교 행사에 참석하지 않는다.
- 무단결석을 한다.
- 작은 일에도 예민하고 신경질적으로 반응한다.

- 불안하고 어두운 표정을 짓는다.
- 무엇인가 말하고 싶어하는데 주저한다.

가해학생의 징후

- 친구들이 자신에 대해 말하는 걸 두려워한다.
- 교사가 질문할 때 다른 학생의 이름을 대면서 그 학생이 질문에 대답하게 한다.
- 교사의 권위에 도전하는 행동을 종종 나타낸다.
- 자신의 문제 행동에 대해서 이유와 핑계가 많다.
- 성미가 급하고, 충동적이다.
- 화를 잘 내고, 공격적이다.
- 친구에게 받았다고 하면서 비싼 물건을 가지고 다닌다.
- 자기 자신에 대해 과도하게 자존심이 강하다.
- 작은 칼 등 흉기를 소지하고 다닌다.
- 등·하교 시 책가방을 들어주는 친구나 후배가 있다.
- 손이나 팔 등에 종종 붕대를 감고 다닌다.

출처: 교육과학기술부, 《학교 폭력 사안 처리 가이드북》, 2014, 17~19쪽.

　교사에게는 학생들을 감독할 책임이 있기 때문에 사고 발생의 예측 가능성 및 기대 가능성이 존재함에도 교사가 주의를 다하지 않아 학교 폭력이 발생한 경우에는 교사에게도 민형사상 책임이 있을 수 있다. 다만 교사가 모든 주의를 다해도 예측할 수 없었던 우발적인 사고나 학생들의 생활에서 통상적으로 발생할 수 있는 사고 등에 대해서는 다른 사정이 없는 한 손해배상 책임을 지지 않는다. 또한 교사가 학교 폭력 행위를 알면서도 그대로 방치하거나 오히려 동조한 경우, 의식적으로 교사의 의무를 방임하거나 포기한 경우가 아니라면 보통은 형사상 책임도 지지 않는다.

따라서 위와 같은 학교 폭력의 징후를 포착했을 때에는 이후 문제 발생 시 피해학생 측 보호자와 교장 등 학교 관리자에게 관련 사항을 설명하고, 정당하게 면책을 받기 위해서는 학생 면담 일지, 교육 일지 등 학교 폭력의 초기 감지를 위해 교사의 의무를 다했음을 적절히 입증할 만한 자료를 남겨놓는 것이 좋다.

처음 해야 할 일

학교 폭력 문제에 관한 상담이나 관련 소송을 진행하다 보면 항상 거론되는 것이 '교사의 태도'이다. 가해학생 측이든 피해학생 측이든 부모들은 담임 교사나 담당 교사의 태도에 서운함을 표시하곤 한다. 또한 학교에서는 담임 교사가 이른바 '학급 관리'를 잘못해 문제가 발생했다며 과도한 책임을 요구하기도 한다. 때로는 보호자의 제보로 언론이 취재를 나오기도 하고, 본질과는 다른 자극적인 내용으로 언론에 보도되어 교사로서의 지위와 명예에 큰 타격을 입게 되기도 한다.

이렇게 학교 폭력 문제가 발생하면 교사들은 과중한 업무와 스트레스에 시달리면서도 많은 책임을 떠안게 될 수 있다. 아무래도 교사가 직접 아이들을 대면하고 문제 해결에 직간접적으로 연관되어 있기 때문이다. 그럼에도 학교 폭력에 관한 각종 지침은 모두 교육청 단위에서 내려지기 때문에 교사 개개인의 교육적 신념과 태도를 적절히 반영하지 못하는 내재적 한계가 있다.

학교 폭력 문제를 감지했다면 가장 먼저 각종 지침 및 법령을 확인해야 한다. 학교폭력예방법과 그 시행령은 물론이고 교육청에서 내려오는 지침이나 연수 자료, 안내문 등은 교사가 절대 해서는 안 되는 일과 해야만 하는 일들을 정하는 기준이 되므로 이후 교사 개인에 대한 민형사상 책임에 있어서 가장 중요한 기준이 된다. 하지만 교육청의 지침 맨 앞이나 맨 뒤에 자주 등장하는 문구대로 "학교마다 사안의 내용이나 형태가 다양할 수 있으므로 본 자료의 내용을 참고하되 실제 상황에 적절하게 적용해야" 하는 것이 문제가 된다.

《사안 처리 가이드북》 개정판에서는 학교폭력예방교육부터 사후지도까지의 과정을 다음과 같이 비교적 상세하게 안내하고 있다.[05]

1. 사전예방
2. 초기 대응: 인지 및 감지 노력, 신고접수, 초기개입(안전조치, 보호자 연락 등)
3. 사안조사: 긴급조치(필요시)
4. 전담기구 사안조사: 사안조사 , 보호자 면담 , 사안보고
5. 자치위원회 심의 · 의결: 자치위원회 소집, 조치 심의 · 의결, 분쟁조정
6. 학교장 처분: 조치 결과 서면 통보, 교육청 보고
7. 조치 수용 시에는 조치이행, 학생부기록, 특별교육 및 사후 지도(조치 불복 시에는 재심, 행정심판, 행정소송 등 절차)

---

05 학교폭력 사안처리 절차나 관련 자료는 서울특별시교육청〉교육정보〉폭력없는학교만들기〉자료실에서 다운로드받을 수 있다.

한편 생활 지도 담당 교사나 담임 교사는 학교 폭력 해결 절차의 초반에 가장 책임이 무겁고, 문제 해결 이후에도 학생을 적절히 교육해야 하는 과제를 맡게 된다. 특히 학교 폭력 문제가 발생했을 때 이를 보고하고 우선 출석 정지 등 긴급 조치의 필요성을 보고하여 적절한 조치를 취하는 것이 매우 중요하다. 또한 사안 조사와 관련해서도 학생들의 인권 보장은 물론 정확한 조사를 위해서 적절한 방법을 활용해야 하는 과제가 있다.

학교 폭력 발생 초기의 대응 과정에서 중요한 사항은 다음과 같다.

1) 우선 출석 정지 등 긴급 조치 요건 파악과 보고

피해학생의 보호자는 피해학생 본인이 괜찮다고 해도 일단 가해학생을 격리시키거나 학교에 나오지 못하도록 하길 원한다. 반면에 가해학생 측에서는 아직 정확한 실태 조사가 이뤄지거나 학교 폭력 위원회의 처분이 결정된 것도 아닌데 무조건 벌을 주려 한다고 생각하여 이에 크게 반발한다.

이러한 문제가 발생할 때를 대비하여 학교폭력예방법과 그 시행령에서는 긴급 조치에 대한 기준을 비교적 상세히 정해놓았기 때문에 이에 따라 사실 관계를 파악하고 긴급 조치의 필요성에 대해 학교장 등에게 보고해야 한다.

Episode **018**

학생들이 방과 후에 집 근처에서 한 학생을 폭행하는 사건이 벌어져 피해학생이 전치 2주 정도의 상해를 입었다. 다음 날 바로 피해학생의 부모는 가해학생으로 추정되는 모든 학생을 격리시켜줄 것을 강력히 요구했다.

그러나 당시 피해학생 측이 알고 있는 학생은 총 세 명이었으며 다른 학교 학생들도 포함돼 있었다. 더군다나 학교 내에서 발생한 일도 아니었기 때문에 일단 파악된 학생들도 출석 정지를 시키지 않고 사태를 구체적으로 파악하기로 했다. 그런데 이에 격분한 피해학생 부모가 지역 언론에 이 사건을 제보했고, 언론은 학교가 가해학생 편을 들어 사건을 은폐한다는 의혹을 담아 보도했다.

위 사례를 보면 담당 교사의 교육적 의도가 어떤 것이었는지 충분히 알 수 있다. 더욱이 담당 교사가 사건을 파악하는 데 소요한 시일이 겨우 2~3일에 불과했던 점을 생각하면 교사로서는 매우 억울한 일이다. 교사들의 업무 강도를 고려하면 학교 폭력 사건의 해결에 모든 일을 제쳐놓고 시간을 투입하기 힘들 뿐 아니라 대부분의 학교에서 이를 배려해 업무를 배당하는 것도 아니기 때문에 교사들로서는 앞서 소개한 일화가 불쾌할 수밖에 없다.

문제는 법령에서 정한 바에 따르면 일단 확실히 파악된 세 명의 가해학생들에 관하여 학교장에게 우선 출석 정지를 하도록 하는 것이 적합한 방법이었다는 점이다. 학교폭력예방법 시행령 제21조에 의하면 두 명 이상의 학생이 고의적, 지속적으로 폭력을 행사한 경우 및 전치 2주 이상의 상해를 입힌 경우는 물론이고 긴급하게 보호할 필요가 있을 때에는 학교장이 가해학생에 대하여 우선 출석 정지 조치를 할 수 있기 때문이다. 특히 위의 사건은 파악된 가해학생만 세 명 이상이며 이미 전치 2주의 상해를 입은 사건이기 때문에 우선 출석 정지 요건에 해당하는 상황이었다. 물론 위 조항은 학교장의 재량을 인정하고 있는 것이기 때문에 담임 교사나 담당 교사는 적절히 보고하고 학교장의 처분을 기다려야 한다.

이러한 우선 출석 정지 요건 해당성은 법의 시행령까지 샅샅이 살펴보지 않으면 파악하기 어렵기 때문에 당시 담당 교사는 자신의 판단으로 문제를 해결하려 했던 것으로 보인다. 그 판단이 비합리적이라거나 부정의하다고 평가할 수는 없지만, 적어도 법령을 기준으로 보았을 때에는 비난을 넘어 징계나 법적 절차에 연루될 가능성을 배제할 수 없다. 따라서 교육청에서 배부하는 안내서나 지침, 또는 인터넷 검색만으로 문제를 해결하려 하기보다는 법령을 직접 확인하는 것이 중요하다.

2) 사안 조사

학교 폭력 사안 조사를 하면서 가장 염두에 두어야 할 것은 교사는 형사와 같은 수사관이 아니며 학생들에게 진술을 강요하거나 교육적 관점에서 벗어난 조사를 할 권리가 인정되는 것은 아니라는 점이다. 즉, 진술이나 확인서 등을 강요해서는 안 되며 학교 폭력 문제로 인한 교사 자신의 스트레스를 학생들에게 표현하는 것도 자제해야 한다.

사안 조사에 관하여 학교폭력예방법 제14조 제3항에서 "학교의 장은 학교 폭력 사태를 인지한 경우 지체 없이 전담 기구 또는 소속 교원으로 하여금 가해 및 피해 사실 여부를 확인하도록 한다"라고 규정하고 있으므로 담임 교사가 사안 조사 업무를 담당하는 것은 아니다. 즉, 학교 폭력 가해 및 피해 사실 여부 확인은 법령상 학교장의 지시에 따라 전담 기구나 소속 교원이 진행하는 것이기 때문에 담임 교사는 사안 조사에서 배제될 수 있다.

사안 조사는 객관적인 방법과 합리적인 절차로 진행해야 하며, 사건에 관한 실질적인 사실관계를 파악할 수 있는 방법으로 실시해야 한다. 특히 괴롭힘이 장기화될수록 가해학생의 범위가 넓어지는 경향이 있다는 점을 고려해야 하며, 아이들의 기억은 또래 집단 간의 소통 방식과 교사의 태도에 따라 충분히 왜곡될 수 있다는 점 역시 염두에 두어야 한다.

추천하는 방식은 가해학생과 피해학생에 대한 심층 면담, 같이 어울리는 집단 혹은 학급 학생들에 대한 면담이다. 필요에 따라 학급에 대한 (익명) 설문 조사가 권장되기도 한다. 이러한 사안 조사 방법은 담임 교사 혼자 결정하기보다는 전담 기구 협의회 등을 통하여 필요성을 검토하고 결정하는 것이 좋다. 또한 교사가 학교 폭력을 인지하고 있으며 향후 처벌할 것이라는 점을 강조하면 오히려 학생들이 친구를 보호하거나 자신의 이익에 따라 다른 답변을 할 수 있으므로 유의해야 한다.

Episode 019

학생들은 모두 알지만 교사들은 잘 모르고 있었던 학교 폭력 피해학생이 있었다. 몇몇 아이들이 피해학생을 화장실 등에서 은밀하게 괴롭혔기 때문이었다. 하지만 가해학생이 점점 늘어나고 다른 학생들도 이에 동조하거나 방조하는 것이 몇 개월간 이어지자 결국에는 가해학생들이 피해학생을 대담하게 폭행하여 상해를 입히는 사건이 벌어지고 말았다.

문제는 이 사건이 수업 시간 중에 일어났지만 담당 교사는 이전의 사실을 전혀 몰랐다는 데 있었다. 피해학생은 더 이상 참을 수 없다고 생각해 부모에게 말했고 부모는 다음 날 곧장 교무실로 찾아와 소리를 지르고 담임 교사에게 욕을 했다. 문제가 커진 것을 알게 된 담임 교사와 생활 지도 담당 교사는 문제의 해결을 약속했다.

그리고 다음 날 담당 교사는 피해학생이 거론한 모든 학생들과 그 부모를 한 반에 모아 "피해학생 ○○○를 괴롭히지 않은 사람은 모두 나가세요. 안 나가는 사람들도 문제를 파악하려고 하는 것이니 도와주세요"라고 했다. 이 때 실제 피해학생을 계속 심하게 괴롭혔던 학생들 중 대부분은 문제가 커질까 두려워 교실을 나갔고, 경미하게 동조했거나 사건이 궁금했던 아이들과 부모들만 남았다. 무슨 일인지 알아보고 사건 파악에 도움을 주려고 남은 아이들도 있었다. 특히 그 반 임원 아이들은 평소 피해학생에게 미안함을 느꼈기에 자리를 뜨지 않고 남아 있었다고 했다. 당시 그 학급의 담임 교사도 함께 있었으나 처음부터 가해학생 측에게는 아무 문제가 없을 것이니 무조건 협조하라고만 했다.

하지만 결국 책임이 큰 가해학생들은 학교 폭력 위원회에서 전혀 심의되지 않았고 어떠한 처분도 받지 않았다. 오로지 사안 조사를 위해 소집되었을 당시 자리를 뜨지 않고 남아 있던 아이들에 대해서만 심의가 이루어져 처벌했기 때문이다.

위의 사례는 가해학생으로 지목되어 처분을 받은 학생의 보호자가 학교에 손해배상을 청구할 방법이 없냐며 찾아와 알게 된 사연이다. 위 사건에서는 교사 감독하의 수업 중 발생한 학교 폭력 사건도 문제였지만, 사건을 파악하는 방법과 절차에 큰 문제점이 있었다.

학생들을 불러 모아 '학교 폭력 문제가 있는데, 그 피해학생을 괴롭히지 않은 사람은 나가라'는 식으로 사건을 파악하려는 방법은 '스스로 자수하라'는 요청과도 같다. 나아가 '남아 있는 사람을 문제 삼지 않을 테니 선생님을 도와달라'고 했으면서도 남아 있던 학생들만을 대상으로 학교 폭력 위원회를 개최하여 처분을 한 것은 매우 부당한 절차라 할 수 있다.

그런데 이 사건에서 진짜 문제는 단순히 위법하거나 부당한 절차 진행이 아니라 이 사건을 통해 아이들이 무엇을 배웠을까 하는 문제다. 학생들은 이 사건을 통해 몇 개월간 친구를 괴롭혀놓고도 당당히 자리를 떠난 다른 학생들의 모습을 계속 기억하게 될 것이다.

이와 같이 은밀하게 장기적으로 행해진 학교 폭력 문제를 해결하기 위해서는 심층 면담은 물론이고 한 학급 전체를 대상으로 익명 설문 조사를 하는 것이 좋다. 학생들은 교사와 대면하여 사실을 말하는 것을 어려워하기 때문에 이름을 밝히지 않고 하는 설문 조사가 도움이 될 수 있다. 물론 이때에도 설문에 응할 것을 강요해서는 안 되며, 설문에 응하는 학생들에게는 사실만을 기재하도록 안내하는 것이 중요하다. 사안 조사에서는 아이들의 협조가 필요하기 때문에 적절한 방법을 활용하되 의사에 반하는 진술을 하도록 강요해서는 안 된다는 점을 유념해야 한다.

학교폭력 사안처리 시 주의사항

- 관련 학생의 진술은 행위자의 시각에서 스스로 진솔하게 작성했다는 임의성을 보장받기 위해 자필로 작성
- 강압조사, 야간조사(필요시 학부모 동의), 자체징계 등 자제
- 가해학생과 피해학생은 철저히 분리하여 조사
- 문서화 : 관련 학생 진술서, 협의록 작성, 통지서, 사건일지(중요사안)
- 학교장의 경우, 가·피해자 측 당사자 접촉 등 사안조사 직접관여 자제

출처: 〈2017년도 학교폭력 책임교사 역량강화 연수 자료 탑재 안내〉 자료 27~28쪽(경상북도교육청〉학생생활과〉폭력없는학교만들기〉자료실).

3) 보고·통보를 하지 않으면 문제가 생길 수 있다

어느 조직보다 보고와 통보 등의 절차가 중시되는 것이 교직 사회다. 특히 이 과정은 이후 절차를 평가하여 책임 소재를 다툴 때 크게 문제가 되는 부분이므로 절대로 간과해서는 안 된다.

하지만 절차보다 본질적인 요소를 중시하는 교사의 경우에는 학교 폭력 문제 해결에서 아이들을 면담하고 적절히 교육하는 과정을 훨씬 우선시하기 때문에 보고와 통보 과정을 생략하기도 한다. 물론 이와 같은 열정은 높이 평가해야 하지만, 해결 과정에서 절차적인 정당성을 확보하지 못하면 교사 본인은 물론 학교로까지 문제가 확대될 수 있다. 또한 적절한 절차를 지키지 않을 경우 부모들의 불만이 커질 수 있고 각종 쟁송에 휘말릴 수 있다.

따라서 학교 폭력이 발생하면 우선 부모에게 통보하고 학교 폭력 접수대장에 등록한 후 담임 교사, 전담 기구, 학교장 등에게 보고부터 해야 한다. 교육청마다 학교마다 정해놓은 절차와 서식에 따라 보고 및 통보를 해야 하며 따로 의무 사항으로 정해져 있지 않더라도 모든 사항을 일지로 기록하는 편이 좋다. 각 교육청은 홈페이지에 보고 양식을 게시하여 이를 내려받아 작성에 활용하도록 하고 있다. (예를 들어 전라남도교육청은 홈페이지의 '교육마당 > 생활지도 > 계획/법규/지침'에서 보고 양식에 대해 안내하고 있다.)

특히 부모들을 상대로 하는 학교 폭력 위원회 개최 사실 및 의견 진술 기회 부여 통지와 개최 후 처분 결과 통지 및 그 불복 방법 통지는 반드시 서면으로 해야 한다. 경우에 따라서는 절차의 위법성으로 인해 행정소송 등에서 처분이 취소될 수 있다.

화해를 **종용**하거나 **사건**을 **은폐·축소**하는 것은 **위험**한 선택

이제는 학교 폭력 문제의 심각성이 널리 알려졌고, 학교의 잘못된 대응으로 불미스러운 사건이 발생하면 곧바로 언론에 보도되어 여론의 질타를 받게 된다. 또한 학교 폭력 문제 대응 방안에 대해 교육청이 전격적으로 연구하고 지침을 만들어 각 학교의 대응 능력 또한 크게 성숙한 것이 사실이다. 이러한 영향으로 현재 학교에서는 학교 폭력 문제 발생 시 이를 철저히 조사하고 학교 폭력 위원회를 열어 가해학생에 대한 조치를 보다 엄격하게 진행하게 되었다.

그럼에도 불구하고 피해학생 보호자들의 억울한 사연은 여전히 학교 폭력 문제에 대한 학교 측의 관점과 해결 능력이 미숙함을 여실히 보여준다.

변호사 사무실에 찾아온 피해학생의 어머니는 여러 장의 출력물을 가져왔는데, 대부분 학생들의 단체 채팅창 화면을 캡처한 것이었다. 그 내용은 입에 담을 수 없을 만큼 험악한 것으로, 성적인 비하와 모욕이 주를 이뤘다. 이러한 폭력이 이미 6개월간이나 지속되었기 때문에 아이의 피해 의식이나 두려움이 큰 문제가 되고 있다고 했다.

그런데 그 어머니의 울분은 가해학생들보다도 학교와 담임 교사를 향해 있었다. 사연을 들어보니 지난해부터 같은 문제가 있었는데, 담임 교사가 가해학생들에게 말로만 사과하도록 시킨 뒤에 문제를 덮어버렸다고 한다. 당시 부모는 그 처사에 계속하여 불만을 표했으나 담임 교사는 학년 말이니 다음 학년에 올라가 다른 반이 되면 문제가 없을 것이라고만 대처했다.

그런데 이러한 사정을 전혀 고려하지 않은 채 학교에서는 다음 해에도 가해학생과 피해학생을 같은 반에 배정했다. 가해학생들은 더욱 기고만장하여 피해학생에 대한 모욕을 일삼았다. 결국 가해학생들에 대한 학교 폭력 위원회의 조치가 정해졌지만, 매우 경미한 처분을 받았기 때문에 피해학생의 부모는 낙담하지 않을 수 없었다. 그 일로 피해학생은 지금까지도 심리 상담과 치료를 받고 있는데, 가해학생들은 아무렇지 않게 학교를 다닌다는 생각에 부모로서 참을 수 없는 분노를 느낀다고 했다.

위 사례에서 담임 교사가 학교 폭력 신고를 받았음에도 불구하고 이를 대장에 기록하여 보고하지 않고 자신의 생각만으로 경미한 사건으로 처리한 것은 가장 잘못된 대처였다. 학교 폭력 문제에 대해 아무런 보고도 하지 않았기 때문에 학생들의 반을 배정하는 담당 교사도 이를 고려하여 반을 배정하지 않았던 것이다. 하루 종일 학교에서 생활하는 학생들의 특성상 괴롭힘을 당하던 피해학생으로서는 학년이 바뀌었는데도 또다시 가해학생들과 한 반에서 생활해야 한다는 것만으로도 고통이 가중될 수 있다.

이와 비슷한 사이버 따돌림 사례에 대해 서울중앙지방법원은 학교가 미온적인 조치만을 하여 이후에도 2차 따돌림 피해가 발생한 경우라면 그 2차 피해에 대해서는 학교를 관리 감독하는 서울시가 손해배상 책임을 진다고 하여 500만 원을 지급하라는 판결을 내린 바 있다.[06]

위 사례도 마찬가지로 학교 폭력 신고 이후 제대로 된 조치를 하지 않고 오히려 피해학생과 가해학생을 같은 반에 배정해 또다시 따돌림이 발생했기 때문에 가해학생들은 물론이고 해당 학교를 관리 감독하는 지방자치단체에도 책임이 있다고 인정될 수 있다.

그렇다면 교사들 입장에서는 학교 폭력 문제의 심각한 정도를 어떻게 판단해 문제를 처리해야 할지 고민이 될 수밖에 없다. 특히 담임 교사의 입장에서는 담당 학급의 아이들을 학교 폭력 위원회에 회부하여 징계를 받게 해야 하는 실정에 거부감을 느낄 수 있다. 하지만 담임 교사 선에서 결정하여 처리할 수 있는 '경미한 사건'의 기준은 여러 지침 등에 안내되어 있다(다만 담임종결처리의 경우 그 실효성과 적법성에 관해서는 여러 의견이 존재하고 있다).

'사이버 학교 폭력 부실 대응에 '왕따' … 法 "학교가 손해배상"',《뉴시스》2014년 2월 24일 자.

담임 교사 또는 학교장이 자체 해결할 수 있는 사안

- 피해학생에게 신체, 정신, 재산상 피해가 있었다고 볼 객관적인 증거가 없고, 즉시 잘못을 인정하여 상호간에 화해가 이루어질 것(확인서)
- 제3자가 신고한 사안에 대한 사안조사 결과, 오인 신고였던 경우
- 학교 폭력 의심 사안에 대한 사안조사 결과, 학교 폭력이 아닌 경우
- 자체 해결할 수 있는 사안의 경우에도 학생(학부모)이 자치위원회 개최 요청 시 자치위원회를 개최해야 함. 이는 상호간에 화해가 이루어지지 않은 것으로 볼 수 있기 때문

출처: 〈2017년도 학교폭력 책임교사 역량강화 연수 자료 탑재 안내〉자료 29쪽(경상북도교육청)학생생활과〉폭력없는학교만들기)자료실).

앞서 소개했던 사례에서는 피해학생 측이 전혀 화해에 응한 적이 없음에도 불구하고 담임 교사가 사건을 자체 해결한 것이 큰 문제였다. 피해학생이 전혀 화해 의사가 없고 피해가 발생한 것이 사실이라면 학교 폭력 위원회 개최 등 일반적인 절차를 따라야 한다.

학교 폭력 문제를 축소·은폐하거나 부적절하게 대응하여 교사가 징계를 받은 사례는 적지 않다. 학교 폭력 축소·은폐 교원에게 징계를 의무화하는 교육청 방침에 따른 것인데, 2012년에만 이와 관련하여 징계를 받은 교원이 94명에 달했다.[07] 징계의 수위를 떠나 교사가 징계를 받는 일이 통상적으로 많지 않다는 사실을 고려하면, 학교 폭력 문제의 축소·은폐는 다른 잘못에 비해 징계 가능성이 높다고 볼 수 있다. 이는 피해학생들이 자살 등 극단적인

---

[07] '서상기 "학교폭력 축소·은폐로 징계받은 교원 94명 달해"', 《파이낸셜뉴스》 2013년 10월 27일 자.

선택을 한 배경에 학교나 교사의 학교 폭력 문제 은폐가 있다는 의혹이 계속해서 제기되었기 때문이다.

일례로 2013년 스스로 목숨을 끊은 고등학교 1학년 학생의 사건이 있었는데, 당시 피해학생이 졸업한 중학교에서 가해학생으로 지목되었던 학생이 이미 학교 폭력 문제로 상담 교사에게 상담을 받은 사실이 있었고, 피해학생 또한 당시 3일 동안 무단결석을 하여 작성했던 반성문을 통해 가해학생에게 폭행을 당한 사실을 신고한 바 있었다. 그런데 이때 담임 교사는 부모들에게 이 사실을 알린 뒤 별다른 조치를 취하지 않았다.[08]

또한 2011년 광주에서 중학생이 학교 폭력 문제로 자살한 사건이 있었는데, 가해학생들이 피해학생 10명을 상대로 65차례나 폭행과 협박을 했음에도 불구하고 학교 측은 전혀 몰랐다고 일축했다. 그러나 학교 측이 조기 방학을 시행한 사실이 경찰에 적발되면서 학교 측에서 계획적 은폐를 시도한 것은 아닌지 의심을 샀다.[09]

이러한 사건들로 인해 학교 폭력 문제를 학교나 교사 선에서 축소하는 관행은 어느 정도 사라지게 되었다. 특히 교육청에서는 학교 폭력 신고 사항을 기록하고 보고하는 서식을 정하여 교사들에게 안내하고 교육청 홈페이지에 게시하고 있다. '학교 폭력 신고 접수대장'에는 신고 일시, 신고자나 신고 기관, 신고자 신분 및 전화번호, 신고 내용과 사실 통보 여부까지 기재하도록 하고 있으며, 학교장에게 보고하는 서식인 '학교 폭력 사안 접수 보고서'에는 사안 유형(신체 폭력, 금품 갈취, 언어 폭력, 따돌림 등), 사안 내용, 현재 상태, 책임 교사의 소견까지 기재하도록 하고 있다.

---

08 '투신 자살 최군 모교 '학교 폭력' 은폐 사실로 드러나', 《뉴시스》 2013년 3월 15일 자.
09 '광주 '학교폭력 자살' 은폐 시도 드러나', 《쿠키뉴스》 2012년 1월 5일 자.

하지만 여전히 학교 폭력 문제를 매우 번거로운 일로 여기는 교사들도 있어 앞선 사례처럼 문제를 축소하는 경우가 발생하기도 한다. 또한 학생들이 자치적으로 문제를 해결하기를 원하거나 교사와의 상담 등 학급 내부에서 문제를 해결하기를 원하는 교사들도 있다. 그러나 학교 폭력의 특수성 때문에 담임 교사의 배려나 상담만으로는 문제가 해결되지 않을 가능성이 높고, 오히려 문제 해결의 적기를 놓쳐 문제가 커질 수 있다. 따라서 학교 폭력 문제를 인지한 교사는 자신의 감각이나 교육적 신념만을 믿을 것이 아니라 학교 폭력 전담 기구 및 생활 지도 담당 교사의 조언을 구하고 법령과 지침의 안내에 따라 정해진 절차를 밟는 것이 보다 현명한 선택임을 명심해야 한다.

학교 폭력 발생 시
학생을 대하는 방법

피해학생에게 공감하되 교육적 태도가 우선

교사들은 학교 폭력 사건이 내 학급에서만큼은 발생하지 않기를 원한다. 학교 폭력 문제는 학생들의 발달에 결정적인 악영향을 미칠 수 있을 뿐 아니라 담임 교사로서 져야 하는 책임이 매우 크기 때문이다. 학교 폭력 문제가 확대될 경우 담임 교사가 비난의 대상이 될 수 있다는 점에서도 그렇다.

또한 언론을 통해 그리고 교육청의 각종 지침을 통해 학교 폭력 예방 대책이 소개되고 있기 때문에 학급에서 학교 폭력 문제가 발생하면 담임 교사는 이미 구비된 지침마저 지키지 않은 교사로 낙인찍힐 수 있다. 그래서 대부분 교사들이 학교 폭력 예방 교육을 적극적으로 실시하고 학생들을 상담·관찰하면서 학교 폭력을 미연에 방지하려는 각고의 노력을 하고 있다. 하지만 학교 폭력 문제는 비단 어떤 병리적인 문제로 학생 한둘이 일으키는 단순한 사건이 아니라 사회의 폭력성과 가정 환경, 학교생활에서의 스트레스 등 복잡한 요소들이 결합되어 벌어지는 일이기 때문에 교사와 학교의 노력으로 모두 예방하고 통제할 수 있는 성격의 것이 아니다.

어떤 학급에서 학교 폭력 문제가 발생하면 담임 교사는 큰 책임감과 함께 일종의 죄책감을 갖게 되기도 하고, 아이들에 대한 실망감이나 자신의 직업에 대한 회의감이 들어 크게 상심할 수 있다. 그러나 앞서 이야기했듯이 학교 폭력은 복합적 요인이 뒤섞여 발생하는 일로 그 예방이 쉽지 않은 문제다. 그러므로 이미 발생한 학교 폭력 문제에 대해 과도하게 병리적 현상으로 치부하거나 죄책감, 실망감으로 감정을 소모하기보다는 교육자답게 학생들을 교육하고 문제를 해결하기 위한 신념과 태도를 견지하는 것이 필요하다.

피해학생이 학교와 교사를 신뢰한다면 상담의 형식으로 미리 담임 교사 등에게 도움을 요청하는 경우가 많다. 그래서 일부 교사는 117에 직접 신고하는 피해학생에게 서운함을 느끼기도 한다. 또한 이러한 직접 신고는 해당 담임 교사가 자기 학급 학생에 대해 관찰과 지도가 부족하다는 오해를 불러일으키기도 한다. 그러나 117에 직접 신고하는 것과 교사에게 상담을 요청하는 것에는 단순히 방법의 차이만 있을 뿐이고, 오히려 언론이나 인터넷을 통해 자주 접하는 신고 방법이 117 전화 방식이기 때문에 이를 두고 갑론을박할 필요는 없다.

다만 학교 폭력을 교사가 인지하게 된 경위가 어떻든 간에 피해학생에 대한 초기의 반응과 태도는 학생과의 신뢰 형성은 물론 이후의 문제 해결에도 결정적인 영향을 미친다는 점을 명심해야 한다. 피해학생은 피해를 당했다는 것 자체에 수치심을 느끼며, 동시에 추가적인 가해 행위에 대해 불안을 느낀다. 또한 학교 폭력을 신고한 것 자체만으로도 보복을 당할 수 있다는 압박감에 시달리기 때문에 용기를 내어 신고한 경우 그만큼 학교나 어른들이 자신을 적극적으로 도와주기를 바라는 마음이 절실하다.

이러한 감정들 때문에 피해학생은 학교 폭력에 대해 상담하거나 신고할 당시 교사의 태도에 큰 기대감과 불안을 동시에 품고 있으므로 교사의 작은 반응 하나도 과도하게 해석할 여지가 있다. 따라서 이러한 점을 미리 염두에 두고 대처 방법을 생각해놓는 편이 좋다.

Episode 021

학교 폭력 피해를 당한 아이들이 메일이나 인터넷 상담을 통해서 변호사의 도움을 구하기도 하는데, 이 중에는 담임 교사의 부당한 처우에 대한 하소연도 많다. 주로 담임 교사에게 상담을 요청했지만 바쁜지 신경도 안 쓰는 것 같다는 내용이나 자신에게 오히려 뭐라고 하는 것 같아서 불쾌하다는 내용이다. 심지어 담임 교사가 가해학생 측으로부터 어떤 이익을 취하고 있어서 가해학생 편만 들고 있으며 자신은 이중의 피해를 보고 있다고 호소하기도 한다.

그런데 학생들의 글을 자세히 읽다 보면, 이미 담임 교사와 상담도 했고 학교 폭력 사건으로 접수되어 절차를 밟는 중인 경우가 대부분이다. 그럼에도 하루 종일 자신의 피해 사실에 대한 억울함과 분노를 되새길 수밖에 없는 아이들로서는 자신의 고통을 계속하여 돌봐주지 않는 교사에게 서운함을 느끼고, 이미 나쁜 행동을 한 가해학생에게도 절차를 따른다며 변명의 기회를 주는 모습에 화가 나는 듯했다.

사실 담임 교사 입장에서는 가르쳐야 하고 보호해야 할 학생이 많기 때문에 학교 폭력 피해학생 한 명만 돌볼 수는 없기 마련이다. 그러나 피해학생 입장에서는 자신이 믿고 있는 담임 교사가 자신을 조금 더 배려하고 신경써주기를 원한다.

교사와 피해학생 간의 실질적인 입장 차이 때문에 이러한 불필요한 오해가 발생하기도 한다. 문제는 자신의 기대에 부응하지 못했다는 이유로 피해학생이 이후 담임 교사의 지도를 거부하거나 교육청에 민원이나 진정을 넣어 담임 교사를 곤경에 빠뜨릴 수도 있다는 점이다.

그렇다면 이에 대한 해결 방법은 없을까? 과거 교사로 재직하던 시절 친구들 사이의 문제로 어려움을 겪는 학생들을 상담하다 보면 과도하게 교사와 애착 관계가 형성되어 친구들보다는 교사와의 소통을 중시하는 부작용이 발생하기도 했다. 반대로 기대와 달리 객관적인 조언만을 해주는 교사의 태도에 실망하여 이후 깊은 이야기를 하지 않는 학생들도 보았다. 따라서 결국 교사의 적절한 태도와 교육 방법이 피해학생의 상처를 치유하고 정상적인 발달로 이끄는 데 결정적인 요소라고 생각한다.

변호사 일을 하며 깨달은 바는 피해자들은 변호사가 끝까지 자기편이 되어주기를 원하며 불안하지 않도록 절차에 대해 최대한 많은 정보를 제공해주기를 원한다는 것이다. 만약 변호사가 제대로 된 정보를 주지 않거나 상대방 편을 든다는 생각이 들면 피해자인 의뢰인들은 변호사에게 크게 실망해 신뢰 관계가 무너지곤 한다.

한편 교사와 변호사로 근무하면서 극심한 고통을 느끼고 있는 학생과 의뢰인을 보며 깨달은 것은 직무 영역상 교사나 변호사가 직접 해결할 수 없는 부분이 분명히 존재한다는 것이다. 특히 정신과 치료가 필요한 의료 영역이나 전문 상담 혹은 특별 교육의 영역은 일반 교사나 변호사가 감당해낼 수 없는 영역이다. 이때는 전문 교육 기관이나 상담 기관, 의료 기관을 안내하여 적절한 조치를 취하도록 하는 것이 문제 해결에 도움이 된다.

교사와 변호사 경험을 토대로 피해학생을 적절히 대하고 교육하는 데 도움이 될 만한 방법을 소개하자면 다음과 같다.

학교 폭력 피해학생 상담 및 교육

- 학교 폭력 문제를 직접 상담하거나 다른 경로로 인지하게 되었을 때 담임 교사나 담당 교사는 사건 자체를 분석하거나 잘잘못을 판단하지 말고, 우선 피해학생의 말을 경청하고 학생이 받고 있는 고통 자체에 충분히 공감하는 태도를 보인다.

- 발생 즉시 긴급 보호 필요성을 파악하는 것이 필요하다. 상해 사실이나 학교 폭력의 심각성, 지속성 등을 파악하여 학생이 필요로 하는 바를 경청한다. 특히 학교 폭력 행위가 많이 심각하고 피해학생이 심하게 불안해한다면 가해학생에 대한 우선 출석 정지, 피해학생에 대한 심리 상담 및 일시 보호 등을 전담 기구 및 학교장에게 보고하여 조치하도록 한다. 이러한 조치를 취하면 피해학생은 충분히 보호받고 있다고 생각할 가능성이 높다.

- 절차가 지연되거나 피해학생이 원하는 조치가 제때에 이뤄지지 않는 경우에는 그 사유를 피해학생에게 적절하게 설명한다. 또한 향후 학교 폭력 문제 해결을 위한 절차가 어떻게 진행될 것인지에 대해서도

친절하게 설명해주는 것이 좋다. 신고한 피해학생이 이후 과정에서 자신이 겪게 될 일에 대해 불안해할 수 있기 때문이다.

- 피해학생이 크게 불안해하거나 학교생활을 어려워하면서 담임 교사에게 과도한 관심을 요구한다면 전문 상담 기관의 상담이나 특별 교육이 필요한 경우일 수 있으므로 교내 상담 교사에게 도움을 구하거나 Wee 센터 등의 도움을 받도록 안내한다. 도움을 받을 수 있는 외부 기관에 대해 피해학생은 물론이고 그 보호자에게도 미리 안내하여 언제라도 도움을 받을 수 있도록 하는 것이 좋다. [청소년 전화 1388, 청소년 사이버 상담센터(www.cyber1388.kr), 청소년폭력예방재단(www.jikim.net) 등]

- 피해학생 중에는 교사와의 대화에 소극적인 아이들도 있으므로 피해학생이 먼저 찾아와 도움을 요청하지 않더라도 신고 이후 추가적인 괴롭힘 여부나 치료 및 상담 경과 등을 물으며 관심을 표현한다.

- 피해학생에게 사안 조사를 할 때에는 그 내용은 물론이고 확인서 작성 자체도 강요해서는 안 되며, 자유의사에 따라 정확한 사실관계만을 기재하도록 지도한다. 이때 정확한 사실을 밝히는 것이 문제를 해결하는 데 큰 도움이 된다는 점을 안내한다.

- 피해학생 상담 시에는 학생의 평소 습관을 들어 그 개선을 촉구하는 발언은 삼가야 한다. 자신의 특정한 습관과 태도 때문에 학교 폭력 피해를 자처했다는 의미로 받아들일 수 있기 때문이다. 우선 용기를 내어 신고한 것을 칭찬해주고, 이후 문제 해결 과정 및 치유 과정을 통해 학생이 보다 성장할 수 있도록 상담을 진행한다. 단, 일반 교사라면 연수나 교육을 통해 이에 대한 전문성을 키우는 것이 선행되어야 한다.

가해학생도 내가 계속 가르쳐야 할 학생이다

피해학생에 대해서는 학교 내에서도 사회적으로도 그 아픔과 어려움에 공감하는 분위기가 형성되어 있지만, 가해학생에 대해서는 엄격한 처벌만을 거론하며 배척하는 분위기가 심화되고 있다. 가해학생을 가르쳐야 하는 교사 역시 이러한 분위기에 휩쓸릴 가능성이 높고, 그렇지 않다 하더라도 가해학생 편을 들기에는 어려움이 크다.

하지만 아동·청소년기의 학생들은 크고 작은 실수를 할 수 있고, 미성숙한 가치관 탓에 여러 잘못을 저지르기도 한다. 특히 또래 집단의 평가를 우선시하고 잘못된 가치관도 쉽게 받아들일 수 있는 학생들의 특성을 고려하면 이들의 잘못에 대해 무조건적인 반감을 갖는 것은 적절치 못하다. 나아가 우리 사회의 수많은 범죄 사건이나 경쟁주의, 서열 중심의 문화 속에서 아이들은 강자가 되어야 한다는 강박 관념에 시달리고 있으며, 입시 스트레스 또한 아이들을 잘못된 길로 내몰고 있다는 사실을 잊지 말아야 한다.

반면 은밀하고 정교하게 다른 아이들을 괴롭히면서도 증거가 전혀 없어서 가해학생으로 조치를 받지 않는 학생들도 있다. 이 아이들은 보통 머리가 좋고 가정 환경 등 여러 가지 배경이 좋은 경우가 많은데, 어렸을 때부터 또래 사이에서 강자로 군림해온 경험이 있다. 같은 학급 아이들은 겉으로 보기에 사안이 아주 중하지 않다면 피해학생과 가해학생 중 좀 더 힘이 있는 아이 편을 드는 경우가 많기 때문에 정확히 어떤 잘못을 하고 있는지 파악하기 어렵다.

이런 경우에도 교사는 추가적인 학교 폭력 행위를 방지하는 한편 학생들의 잘못된 행동을 발견하여 이를 개선하도록 해야 한다. 가해학생들 중 간혹 옳고 그름을 따지거나 타인의 고통을 받아들이는 태도에 익숙하지 않은 아이들이 있다. 가정 환경의 영향도 있을 수 있지만 여러 심리적인 요소와 정신과적 질환으로 발현되는 증상인 경우도 있다. 일례로 청소년기의 남학생이 초등학교 여학생들을 지속적으로 성추행하여 법정에 서게 된 사건이 있었는데, 그 가해학생은 실제로 정신과적 질환이 문제가 되어 현재까지도 치료를 받고 있다.

가해학생이 반성을 하고 충분한 처벌을 받은 사례든 그렇지 않고 위험 요소를 그대로 간직하고 있는 사례든 그 처분에는 공통점이 있다. 가해학생에 대한 조치는 주로 불이익한 처분이나 강제로 받아야 하는 특별 교육이 중심이 된다는 것이다. 보통 가해학생에게는 교육의 측면보다는 처벌의 측면이 강조되기 때문에 실제로 가해학생은 자신에 대한 조치를 처벌과 감시로 여기기도 한다.

짧게는 수개월, 길게는 몇 년이 걸릴지 모르는 가해학생에 대한 교육은 사실 담임 교사를 비롯한 일반 교사와 부모에게 맡겨져 있다. 일반 교사의 경우 교원 양성 과정에서 학교 폭력 문제에 대한 상담 및 교육을 깊이 있게 접해보지 못했기 때문에 단기간의 교원 연수만으로는 채우기 힘든 교육적 어려움이 있을 수밖에 없다. 특히 학교 폭력 가해학생들은 잘못된 가치관이나 사고방식을 습득했을 수 있는데, 이에 관해 적절히 교육하는 것은 학교 내의 일반적인 교육 과정이나 단기간의 특별 교육만으로는 역부족일 수 있다. 그럼에도 담임 교사는 학교 폭력 사건 신고를 받은 이후부터 이를 접수하고 통보·보고하는 모든 과정 속에서 가해학생과 많은 대화를 나누며 교육을 해나가야 하는 책임을 부여받는다. 학교 폭력 전담 기구나 학교 폭력 대책 자치위원회 등의 정식적인 절차가 있지만 실무적으로는 담임 교사가 학교 폭력 문제 해결에 있어서 중요한 자리에 있을 수밖에 없다. 이러한 상황에서 교사는 각종 지침을 숙지하는 것은 물론이고, 그 지침에는 나오지 않는 가해학생에 대한 교육적 태도에 대해서도 깊이 고민해볼 필요가 있다.

학교 폭력 대응 절차를 보면 주로 '공정하고 합리적인 문제 해결' 또는 '민원이 발생하지 않는 대응 방법' 등이 핵심에 자리 잡고 있다. 이는 학교폭력예방법 등의 각종 법령이 여러 의무 사항을 규정하면서부터 학교 폭력 문제를 해결하기 위한 개별 교사들의 다양한 시도가 학교와 교육청 입장에서는 매우 위험한 요소로 여겨지게 되었기 때문인 듯하다.

이러한 배경 속에서 학교 폭력 문제를 접하게 되는 교사들은 가해학생 측에 대해 방어적인 태도를 취하는 경향이 있는데, 이는 피해학생 측의 민원이 접수될 경우 가해학생 측의 민원보다 교사들에게 실질적인 불이익을 가져다줄 확률이 높기 때문인 듯하다. 언론은 학교 측의 부실 대응으로 인한 학생들의 피해를 대대적으로 보도하고 있고, 현재 시행되고 있는 학교 폭력 관련 제도 대부분이 피해를 막는 데 초점을 두고 있는 상황도 여기에 한몫한다.

그러나 교사에게는 가해학생과 같이 '가르치기 어려운 학생'에게도 교육적 열정을 다해야 하는 숙명이 있다. 이른바 '문제 학생', 학교 폭력 가해학생을 교육하는 것은 교사에게 큰 시련이기도 하지만 훌륭한 교육자로 도약할 수 있는 기회이기도 하다. 다만 가해학생을 가르치는 일에 있어서도 적절한 방법과 순서가 있으며, 계획을 세워 합리적으로 접근하지 않으면 시행착오를 겪기 쉽다. 그리고 그러한 교사의 시행착오는 이미 자신의 잘못으로 곤경에 빠진 가해학생에게 치명적일 수 있다.

다음은 가해학생을 상담하고 교육하는 데 도움이 될 만한 사항을 정리한 것이다.

학교 폭력 가해학생 상담 및 교육

● 학교 폭력 신고를 받은 직후 가해학생과 처음 면담할 때에는 이미 가해학생이 자신이 신고당한 사실을 알고 있는 경우가 많다. 이럴 때에도 교사는 '무죄 추정 원칙'을 견지해야 하며, 피해학생의 진술이 정확하고 캡처 화면 등의 증거가 있어 가해학생의 잘못이 명백해 보인다 할지라도 사안 조사를 해보면 사실관계가 다를 수 있다는 점을 염두에 두어야 한다. 처음부터 혼을 내거나 겁을 주는 것은 신뢰를 크게 잃는 요인이 되어 학교 폭력 사안의 파악은 물론 이후 가해학생의 교육을 위해서도 도움이 되지 않는다. 따라서 무턱대고 '가해학생'이라고 지목하는 태도는 지양해야 한다.

● 사안 조사를 할 때에도 교사가 사건의 잘잘못을 미리 판단할 필요는 없으며, 가해학생에게 불이익한 진술을 강요할 수 없다. 특히 진술서나 확인서를 강제로 쓰게 하거나 특정한 내용으로 쓰도록 종용하는 것은 학생 인권 침해일 뿐 아니라 이후 각종 쟁송에 휘말릴 수 있는 행위이다. 모든 진술과 서면 작성은 학생의 자유의사에 따라 진행돼야 한다.

● 사안 조사를 하는 동안에도 교사는 속단하지 말고 가해학생의 말을 경청해야 하며, 가해학생에게 교육할 지점들을 파악하는 것이 좋다. 모든 절차를 학생의 처벌 측면에서 접근하거나 가해학생에 대한 교육을 외부의 특별 교육에만 의존하는 것은 적절치 못하다.

● "사실대로 말하면 아무 문제 없을 거야", "졸업하면 즉시 학교생활기록부에서 징계 사실이 삭제되는 가벼운 처분이 내려지게 해줄게"라는 식으로 가해학생을 설득하여 진술서를 쓰게 하는 교사도 간혹 있다.

물론 교육적인 입장에서 잘못한 학생에게 반성을 촉구하고 바른 일을 하도록 지도하는 것은 문제가 없다. 그러나 교사가 직접 문제를 목격하고 겪은 것은 아니므로 정확한 판단을 하지 못할 가능성이 있다. 또한 학생들에게도 자신에게 불리한 사실에 관하여 진술하지 않을 권리가 있다는 점을 고려할 필요가 있다. 부당한 이익을 약속하는 등의 방법으로 설득하여 가해학생이 원치 않는 진술을 했을 경우에는 학교 폭력 위원회의 결정이 취소되는 것은 물론이고 각종 민원, 쟁송이 제기될 수 있으므로 주의해야 한다.

- 가해학생에 대한 우선 출석 정지 등 학교 폭력 위원회의 결정 전에 가해학생에게 불이익을 줄 때에는 근거가 되는 법령이나 사유를 정확히 설명하고, 부모에게 의견을 진술할 기회를 주어야 한다. 특히 모든 과정이 재발 방지와 학생의 교육을 위한 일시적 조치라는 점을 명확히 하고, 학교 폭력 위원회에서 다시 심의하여 구체적인 처분이 결정된다는 점도 안내한다. 이러한 절차가 원칙대로 진행되지 않을 경우 가해학생 측에서 불필요한 오해를 할 수 있을 뿐 아니라 법령에 정한 절차 위반으로 문제가 될 수 있다.

- 학교 폭력 위원회가 개최되어 가해학생에 대한 조치가 결정되면 이에 대한 후속 절차를 처리하되 법령이 정한 서면 통지 방식을 지키는 것은 물론, 학생 본인에게도 처분의 정도에 대한 해설과 교육적 의미에 대한 설명을 잊지 말아야 한다. 학교폭력예방법은 분명히 교육의 목적으로 가해학생에 대한 조치를 허용하는 것임에도 조치는 곧 '처벌'이라는 인식이 강하다. 따라서 조치에 대한 주의 사항과 의미, 목적 등을 교사가 다시 한 번 안내해주는 것이 도움이 된다. 또한 그 과정을

밟는 동안 지지와 격려를 아끼지 않을 것임을 알려주는 것도 좋다.

- 학교 폭력 위원회의 조치 사항에 대한 서면 통지에는 불복 방법에 대한 안내가 정확히 기재되어 있어야 하며, 이를 통지받은 가해학생 측에서 불복 방법을 문의해오면 상세히 안내해줘야 한다. 학교의 결정에 불복하는 것은 법령이 정한 권리의 행사이므로 그에 대해 교사가 불쾌감을 나타낼 필요는 없다. 또한 가해학생 입장에서도 법령이 정한 절차를 밟으면서 억울함을 해소하고, 자신의 잘못을 발견해 뉘우칠 기회가 될 수 있으므로 교사로서는 이에 대해 적절히 지도하지 않을 이유가 없다.

- 가해학생들도 학교 폭력 사건으로 인해 우울감 등 여러 심리적 문제를 겪기도 한다. 보통 가해학생들은 전혀 심리적인 고통을 받지 않을 것이라고 예상하지만 실제로 많은 가해학생들이 두려움과 불안감, 우울감으로 고생하기도 한다. 비록 실제로 잘못을 했다 하더라도 자신의 행위 때문에 신고를 당하고 사안 조사가 진행되어 학교 폭력 위원회가 개최되는 일련의 사건은 아동·청소년기 아이들에게 큰 위협으로 느껴질 수 있다. 특히 요즘에는 정식으로 고소장이 접수되어 경찰 조사를 받게 되거나 가정법원에 송치되어 법정에 서게 되기도 하는데, 이런 과정을 겪으면서 가해학생도 충분히 심리적으로 고통받을 수 있다는 점을 알아야 한다. 이때에는 피해학생과 마찬가지로 전문 상담 기관이나 의료 기관의 도움을 받도록 안내하는 것이 필요하다.

- 학교 폭력 사건 이후 가해학생을 상담할 때에는 학교 폭력 행위를 했다고 해서 학생의 모든 태도나 습관을 지속적으로 지적하거나 무조건적인 개선을 요구해서는 안 된다. 아이들의 잘못된 태도나 습관은 오

랜 기간 형성된 부정적인 가치관 탓일 수 있는데 이를 단기간에 갑자기 고치라고 강요하는 것은 불가능한 일일 뿐 아니라 아이들의 반감을 살 만한 방식이다. 우선 학교 폭력 문제로 각 절차를 밟으면서 알게 된 점이나 깨달은 점에 대해 대화를 나눈 후 아이에게 내재되어 있는 폭력성이나 부정적인 인식을 파악해가는 과정이 필요하다. 가해학생 중에는 과거에 학교 폭력을 당한 경험이 있거나 가정 폭력의 경험이 있는 학생들도 있는데, 이러한 학생들에 대해서는 피해학생에 준하는 상담과 교육이 필요하다.

〈소년법〉상 통고 제도

'통고 제도'란 〈소년법〉 제4조 제3항에서 정하고 있는 제도로 학교장 등이 직접 가정법원에 소년보호사건으로 접수하는 절차를 말한다. 즉, 통상적으로 경찰 조사나 검찰 조사를 거쳐 범죄소년, 촉법소년 등이 가정법원에 소년보호사건으로 송치되는데 이러한 절차를 생략하고 학교장 등이 곧바로 가정법원에 통고하여 조사 및 심리 절차가 진행되도록 하는 것이다.

하지만 아무리 〈소년법〉에 의한 학생 교육과 보호 목적의 제도라 할지라도 일반 형사 절차와 달리 학교장의 통고만으로 수사 단계를 생략한 채 학생이 바로 법정에 서게 될 수 있다는 논리는 일반 국민의 법감정을 고려할 때 그 목적을 제대로 이해하기 힘든 것이 사실이다. 간단하게 말하면 학교에서 학생을 가정법원에 신고하여 법정에 서게 한다는 것인데, 우리 법감정상 재판을 받는다는 것 자체만으로도 유죄 판결을 받은 것처럼 여겨지기 때문에 거부감이 크다는 것이다.

또한 〈소년법〉은 그 절차에 있어 상당 부분 〈형사소송법〉을 준용하고 있는 만큼 일반 형사 재판과 같이 엄격하게 적용될 필요가 있지만, 실무적으로는 증거에 관하여 다투기 어렵기 때문에 방어권 보장이 축소되는 문제가 있다. 나아가 이미 학교 폭력 위원회에서의 결정으로 불이익한 처분을 받은 학생을 다시 법정에 세워 심리를 받게 하는 것은 이중 처벌로 느껴질 수 있는데, 그렇다면 무시할 수 없는 위헌적 요소가 존재하는 셈이다. 학교폭력예방법이 제정되어 가해학생에 대한 불이익한 처분이 취해지고 있으며, 과거와 달리 학교 폭력 문제에 경찰이 개입하여 수사가 진행되는 등의 사정을 모두 고려하면 통고 제도의 활용을 과도하게 권장하는 것에 대해 우려를 표하지 않을 수 없다.

단, 학생이 교사를 폭행하거나 심하게 모욕하는 등 현재의 공교육 제도 내에서 수용하기 어려운 문제에 대해서는 통고 제도의 활용을 고려해볼 만하다. 통상적으로 교사가 학생을 고소하는 등의 조치를 취하기 어려운 문제가 있으며, 이미 학생의 문제 행동의 정도가 교사를 폭행하는 데까지 이른 경우에는 학생이 학교를 그만두는 일이 많다는 실정을 고려한다면 통고 제도를 활용해 가해학생을 공교육 제도 내로 품을 가능성을 여는 기회로 삼는 것도 한 가지 방법이 될 수 있을 것이다.

사건 해결에만 급급하면 나머지 학생들의 상처를 간과할 수 있다

교사들은 학생들을 가르치고 여러 업무를 수행하며 얻는 기쁨도 각별하지만 특히 담임 학급을 맡아 학생들을 보호하고 교육하는 데서 큰 보람을 얻는다.

물론 교사의 성향에 따라 다르겠지만 대개의 교사들이 담임 학급 학생들과의 교류 속에서 교육자로서 큰 깨달음을 얻곤 한다.

학급의 분위기는 아이들 사이의 관계 그리고 교사와의 관계에 따라 예측할 수 없이 달라지기 마련이다. 그만큼 학급을 운영하고 담임 학급 학생들을 교육하는 일은 수많은 변수를 다루고 역동적으로 변화하는 흐름을 감지하는 교사의 역량을 필요로 한다. 특히 학급에 문제가 생겼을 때 제때에 제대로 대응하지 않으면 전혀 예상하지 못한 방향으로 학급 분위기가 흘러가고 아이들 사이에 부정적인 관계가 형성되어 큰 문제가 발생할 수 있다.

Episode 022

수도권의 한 작은 중학교에서 일어난 일이다. 이 학교 학생들은 대개 같은 초등학교에서 진학하고 사는 곳도 비슷해서 서로 간의 사정을 잘 안다. 이 학교 입학생 중에 초등학교 5학년 때부터 계속 아이들에게 놀림과 괴롭힘을 당하는 아이가 있었다. 이 아이가 괴롭힘을 당한다는 사실은 같은 초등학교를 졸업한 다른 학생들도 모두 알고 있었지만, 신고 사실이 전혀 없었기 때문에 학교에서도 별다른 조치를 취하지 못했고 그대로 중학교에 진학하게 된 것이다.

그런데 중학교에 진학하자 남학생들 몇이서 그 아이를 심하게 괴롭히기 시작했다. 단순히 놀리고 따돌리는 정도가 아니라 세게 때리고 과제물을 찢는 등 심한 행위를 한 것이었다. 같은 반 아이들 모두 이에 대해 알고 있었지만, 가해학생 중 한 명인 A는 또래에 비해 성장이 빨라 체구가 클 뿐 아니라 고등학생 형들과 어울려 다니면서 여러 나쁜 짓을 한다는 소문이 돌았기 때문에 아이들 중 누구도 선뜻 나서서 도와주지 않았다. 나아가 피해학생을 괴롭히는 일에 동참하는 학생들까지 늘어 7~8명의 학생들이 피해학생을 괴롭히기 시작한 것이다.

그러던 어느 날, 허벅지에 멍이 들어 있는 것을 본 피해학생의 아버지가 학교에 찾아와 학교 폭력 사실을 신고했고, 교사는 가장 중심이 되었던 가해학생 A부터 불러 면담하기 시작했다. 신고 자체에 놀란 교사는 A에게 다그쳐 물었고 신고 사실을 알게 된 A는 면담 직후 SNS에 다음과 같이 올렸다. "우리 반 애들 다 큰일 났다. 나 지금 학교 폭력으로 신고당해서 혼났다. 너희도 다 큰일 났어. 1-X반!"

당시 A의 의도를 정확히 알 수는 없지만 이후의 여러 정황을 볼 때 자기만 신고당했다는 사실이 불쾌하여 다른 학생들도 끌어들이려 했던 것으로 보인다. 실제로 A가 SNS에 올린 내용을 본 아이들은 자신도 문제가 될까 봐 하나둘씩 댓글로 "나는 다른 애들만큼 괴롭히지는 않았다"고 호소하는 한편 아이들끼리 단체 채팅창에서 나눈 대화 내용을 모두 지우기 시작했다.

이후 담임 교사나 학교 폭력 전담 기구 차원에서 사안 조사를 했지만 아이들이 각기 다른 말을 하여 가해학생들을 모두 파악하는 데 어려움을 겪었다. 이때 학생들은 자신도 신고당할지 모른다는 두려움 때문에 매우 방어적인 태도를 보였다. 또한 이 사실을 알게 된 부모들이 거세게 항의했고, 그 영향으로 같은 학급의 학생들이 신고한 학생은 물론 가해학생으로 지목당한 학생들과도 거리를 두게 되었다.

위 사건은 2~3년간 지속되어온 사건이라서 문제 해결이 더욱 어렵기도 했지만, 학급 내 아이들의 관계와 그들의 움직임을 제대로 파악하지 못해 대응을 잘못한 부분도 있다.

위 사례에서는 고인 물처럼 학교가 바뀌어도 교우 관계가 잘 바뀌지 않는 특성이 있다. 그래서 이전 학교 시절의 문제가 그대로 이어지고, 아이들 사이에 형성된 부정적인 관계가 더욱 고착화되기 쉽다. 또한 위의 A 학생은 아이들이 무서워하거나 동경하는 대상이다. 특히 남학생들은 어렸을 때부터 서열을 가르는 경향이 있는데, 이 중 키가 크고 힘이 세며 상급 학생과도 교류하는 남학생은 리더의 지위를 차지하기 쉽다.

이런 배경을 고려한다면 A가 다른 학생들을 이용해 자신의 책임을 희석시키고 문제 파악에 어려움을 줄 만한 행동을 할 수 있다는 점을 충분히 알 수 있다. 또한 위의 사례와 같이 지속적이고 정도가 심각한 학교 폭력은 담임 교사가 자신만의 전략으로 사안 조사를 할 것이 아니라 원칙대로 학교에 보고한 후 전담 기구 협의회 등을 통해 생활 지도 담당 교사나 상담 교사의 조언을 듣는 것이 필수적이다. 그리고 학급 아이들의 진술에 신빙성이 결여돼 있는 상황에서는 계속해서 진술을 요구하는 것보다는 익명 설문의 방식으로 문제를 파악하는 편이 낫다. 학생들 중에서는 다른 아이들보다 정의감이 뛰어난 아이가 있을 수도 있지만, 교사의 면전에서 고자질을 하는 것은 여러모로 꺼림칙하기 때문이다.

무엇보다 이러한 상황에서 가장 중점적으로 파악해야 할 것은 학급의 학생들이 받게 될 부정적인 영향이다. 학교 폭력 사건을 알게 된 시점부터 학교 폭력에 관한 사안 조사에 이리저리 불려 다니며 진술을 해야 하는 나머지 학급 학생들은 학교 폭력 문제에서 어떠한 보호와 치유의 기회를 갖기 어렵게 된다. 교사들 가운데는 친구를 도와줘야 한다며 여러 가지 진술을 반복적으로 부탁하는 경우가 있는데, 그러다 나중에 강제로 진술을 받았다는 진정을 받기도 한다. 물론 교사들이 아이들에게 억압적인 처사를 했다고 생각하지는 않는다. 그러나 이 사례에서는 적어도 아이들이 다른 학생들의 학교 폭력 사건에 연루되어 말이나 글로 원하지 않는 진술을 해야 한다는 것에서 큰 스트레스를 받았다는 점을 명확히 알 수 있다.

한 학급에서 생활하는 아이들은 자신과 별다른 관계가 없는 다른 친구의 문제에도 크게 반응하곤 한다. 예컨대 어떤 학생이 지각을 하여 담임 교사에게 훈계를 듣던 중 크게 반발하여 이후 무단결석을 하는 사례가 있었다면, 다른 아이들은 자신과는 전혀 무관한 이 사건에 영향을 받아 지각을 하지 않으려고 노력하고 또 교사의 눈치를 보게 된다. 그러니 학급 내에서 벌어지고 자신도 목격한 학교 폭력 문제에 대해서는 더욱 큰 스트레스 상태에 빠질 수 있다.

특히 대다수의 학생들은 학교 폭력 발생 당시 이를 말리고 싶었지만 선뜻 용기가 나지 않았고, 쓸데없는 곳에 나서지 말라는 어른들의 가르침대로 모른 척했을 확률이 높다. 하지만 청소년기는 도덕적 인식이 발달하는 시기이기 때문에 이후 문제가 크게 확대됐을 때 일종의 자책감을 느끼기도 한다. 그리고 신고가 되어 조사가 이루어질 때에는 실제로 어떠한 가해 행위도 하지 않았어도 혹시나 자신에게도 문제가 될까 봐 불안한 마음이 들고, 조사에서 진실을 말했다가 가해학생으로부터 보복을 당하진 않을까 하는 두려움이 들기도 하는 것이다.

여기에 부모까지 영향을 미치면 아이들이 더욱 곤란한 상황에 빠질 수 있다. 대부분의 부모는 우리 사회에서 다른 사람 일에 나서 증인이 되어주거나 진실을 밝히는 일에 얼마나 큰 위험이 도사리고 있는지 잘 알고 있다. 그렇기 때문에 자식을 보호하기 위하여 여러 지침을 내리는데, 이러한 지침이 양심에 반할 때에는 아이들이 엄청난 수준의 내적 갈등과 스트레스를 겪게 된다.

그러므로 교사는 학교 폭력 사건의 해결에 있어서 가해학생과 피해학생의 대립 구도만을 고려하느라 나머지 학생들이 받고 있는 부정적인 영향을 무시하지 않도록 노력해야 한다. 물론 학교 폭력 문제 자체의 해결 과정만 보더라도 교사의 혼을 쏙 빼놓는 크고 작은 사건들이 즐비하기 때문에 절대로 쉬운 일은 아니다. 하지만 학교 폭력 문제는 아이들 곁에서 일어나고 그 해결 과정 역시 아이들이 모두 목격하기 때문에 교육적 파급력이 매우 큰 사건임을 결코 잊어서는 안 된다. 이러한 과정 속에서 두려움, 불안을 느낀 학생들이 보호받지 못하고 외면당하거나 부당한 대우를 받는다면 이후 학생들이 문제 해결 능력을 기르고 준법 의식을 형성하는 데 부정적인 영향을 미치기 쉽다.

그렇다면 어떤 방법으로 나머지 학생들을 보호하고 교육해야 할까? 피해 당사자가 아니더라도 학교 폭력 사건에 연루된 아이들은 여러 복잡한 스트레스 환경하에 놓이게 되는데, 특히 학교 폭력에 직접 관련된 학생과 친하거나 교사를 도와 진술을 해준 학생일수록 스트레스 정도가 심하다. 따라서 그들에게는 피해학생에 준하는 수준의 교육과 상담이 필요할 수 있다. 또한 학교 폭력에 연루된 학생과 전혀 친하지도 않고 성격상 둔감하여 크게 문제 될 것이 없어 보이는 학생이라도 다른 아이들과의 관계에서 충분히 부정적인 영향을 받을 수 있기 때문에 학급 전체에 대한 긴장 완화가 필요하다.

이와 관련해 도움이 될 만한 사항을 정리해보면 다음와 같다.

학교 폭력에 직접 연관성이 없는 학급 학생들에 대한 대응 및 교육

- 평소 내성적이거나 예민한 학생들은 학교 폭력 문제 상황하에서의 간접 경험만으로도 과도하게 스트레스를 받기도 한다. 담임 교사의 조언과 상담만으로 해결되지 않는다면 전문 상담 기관이나 의료 기관에서 적절한 조치를 받도록 학생과 보호자에게 안내한다.

- 학급의 긴장 완화를 위해 담임 교사 선에서 할 수 있는 여러 행사를 기획해본다. 학교마다 허용되는 수준과 분위기가 달라서 일률적으로 방법을 제안하기는 힘들지만, 예전에 교직에 있을 때 반 아이들과 여러 반찬을 나누어 가져와서 함께 비빔밥을 만들어 먹었는데 아이들이 참 좋아했다. 또한 다른 때보다 학생들과 활동적인 일을 많이 하면 도움이 되는데, 간단한 방법으로는 교사와 아이들이 함께 대청소를 하는 것이 있다. 아이들이 처음에는 싫어하다가도 스스로 음악을 틀기도 하고 이야기도 하면서 즐거워했던 경험이 있다.

- 학교 폭력 문제에 있어서 담임 교사는 벌을 주기보다는 재발을 방지하고 아이들을 보호하며 이를 통하여 교육을 해나가는 역할을 한다는 점을 아이들이 알 수 있는 방식으로 표현하는 것이 좋다. 학교 폭력 문제로 담임 교사 스스로 크게 스트레스를 받으면 학급 아이들을 모두 멀리하거나 부정적으로 대하는 경우가 있는데, 그러면 아이들이 교사에게 등을 돌리게 되어 이후 학급을 운영하는 것은 물론 담당 과목을 가르치는 데도 큰 어려움이 따른다.

- 조회, 종례를 통해 전달 사항을 전하거나 여러 조언을 할 때 학교 폭력이 발생했다는 이야기를 되풀이하며 주의를 주는 것은 크게 도움이 되지 않는다. 필요시에 적절히 조언하는 것은 좋으나 기계적으로

반복하는 것은 예민한 아이들에게 간접적인 경험을 되살려 고통을 줄 수 있을 뿐 아니라 나머지 아이들에게도 큰 교육적 효과가 없다.

● 학교 폭력 문제 해결 경험을 통해 학급 아이들을 더욱 신뢰하게 되었음을 학생들에게 표현하고, 그 문제 해결 과정에 함께 참여해준 용기를 칭찬해준다. 누구든 격려와 신뢰를 표현받으면 자신감이 북돋워지기 마련인데, 특히 아동·청소년기의 학생들에게는 정확하고 적절하게 격려를 표현하는 것이 중요하다. 이러한 표현은 학생들이 역경을 통해 배운 바를 되새기게 해주고, 앞으로 공동체의 문제를 해결하는 데 자신감을 가지고 참여할 수 있도록 도와준다.

학부모를
대하는 방법

큰소리부터 치며 **협박**하거나 과도하게 **사정**하는 **부모**

학생에게 문제가 생겼을 때 부모가 걱정하며 교사에게 해결책을 묻는 것은
당연한 일이다. 부모는 각종 안전사고는 물론 유무형의 위협 속에서 자식을
안전하게 키우는 데 큰 책임감을 가지고 있기 때문에 이미 스스로 생각하고
행동하기 시작한 청소년기의 자녀에 대해서도 여전히 어린아이를 키울 때처
럼 걱정하기도 한다. 또한 많은 부모들이 각종 사건·사고에 대하여 사회적
안전망이 제대로 구비되어 있지 않다고 보며, 그렇기에 개인적 차원에서 사
건을 해결하는 것이 중요하다고 믿는 경향이 있다. 특히 분쟁 해결에 있어서
우선 큰소리를 치거나 과도한 불만을 제기하는 것이 상대방을 압박하여 원
하는 바를 얻을 수 있는 효과적 방법이라는 인식이 팽배한데, 이러한 인식이

무조건 잘못됐다고 탓하기 어려운 것이 현실이기도 하다.

공교육 강화나 입시에서의 위상 변화로 학교에 대한 부모들의 의존도는 높아진 데 반해 신뢰도는 점점 낮아지고 있어서 어떤 문제가 발생했을 때 과거처럼 무조건 학교나 교사를 믿고 따르려고 하지 않는다. 다른 서비스 업종을 이용할 때와 마찬가지로 사소한 일이라도 보고받기 원하고 친절히 안내받기를 원한다. 또 불만 사항이 있으면 다른 일을 제쳐두고서라도 먼저 해결해주기를 바란다.

학부모는 자녀에게 학교 폭력 문제가 발생하면 담임 교사가 다른 일을 모두 제쳐두고서라도 적극적으로 문제를 해결해주기를 원한다. 대부분은 학생을 보호하기 위해 긴급하게 필요한 사항을 요구하는 것이지만, 부모 본인의 불안감이나 고통을 해소해주기 위해 배려하는 것도 담임 교사의 몫이라고 생각하기도 한다. 특히 자기 아이가 피해학생이 되었다는 이유로 담임 교사를 죄인 취급하는 부모도 있다.

물론 대부분의 부모는 교사와 소통하며 현명하게 아이들 문제를 해결하려 할 것이다. 하지만 성숙하지 못한 부모들이 교사를 부당하게 대우하거나 심지어 폭행까지 하는 경우가 다수 발생하고 있다. 이들은 교사에게 모욕적 언사를 하거나 의혹에 불과한 나쁜 소문을 퍼뜨리는 행위, 허위 사실로 신고하는 행위 등을 서슴지 않는데, 사안의 경중에 따라 다르지만 그러한 행위들은 모욕죄, 명예훼손죄, 무고죄 등의 죄명으로 형사처분을 받을 수도 있는 행위들이다.

하지만 여러 사정상 교사는 부모의 과도한 요구 앞에 무력할 수밖에 없다. 언론에서 학교 측의 부실 대응을 보도한 이래 학교 폭력 문제에 관하여 담임 및 담당 교사에게 가장 비판적인 시선이 쏟아지고 있기 때문이다. 학교의 관리자들 또한 문제가 확대되는 것을 원치 않기 때문에 부모들이 잘못을 하더라도 제대로 신고할 수 있는 처지가 못 된다. 그렇다 보니 과도한 요구를 하는 부모들에게 학교 측은 신경을 더 써줄 수밖에 없다. 그래서 담임 교사를 보호하는 차원에서 학교 폭력 문제 발생 시 아예 담임 교사를 모든 상황에서 배제하는 학교도 있다. 그렇지만 이때에도 부모들은 담임 교사가 전혀 나서지 않으면 매우 서운해하고, 담임 교사의 소극적인 태도를 문제 삼기도 한다.

학교 폭력 문제 발생 시 아이들에 대한 보호조치를 하고 교육을 할 시간도 턱없이 부족한데, 부모들과의 관계까지 문제가 되면 교사들은 물론 학교 관리자들까지도 매우 곤혹스러운 처지가 된다. 특히 각종 민원과 진정에 휘말리거나 민형사상 책임을 묻는 데까지 이르게 되면 교육이란 본질적인 문제는 뒷전이 되고 면책과 방어에만 힘을 쏟게 되는 불합리한 일이 벌어지기도 한다.

그렇다면 큰소리를 치며 협박하거나 과도한 요구를 반복하며 사정하는 부모에게 대응하는 좋은 방법은 없을까? 교사로, 변호사로 그러한 부모들을 경험하면서 알게 된 바가 하나 있다면, 과도한 요구나 본질적이지 않은 불만 사항을 반복적으로 표현하는 것은 대부분 불안감의 발로라는 것이다. 물론 개인적 성향이나 정황에 따라 다를 수 있겠지만, 문제 상황에서 자신의 불안감을 제어하지 못해 그것이 공격성으로 나타나는 경우를 수없이 보아왔다. 그럴 때에는 요구하는 그대로를 들어주는 것보다 불안감의 요인을 분석하여 좀 더 적절한 방법을 제시하는 편이 훨씬 효과가 좋다.

예컨대 전화를 10초 내에 받아야지 왜 이렇게 오래 걸리느냐며 자신을 무시하느냐고 격분하는 상대방에게는 "앞으로 10초 내에 받겠습니다"라고 대답해봤자 전혀 소용이 없다. 또다시 비슷한 문제로 불만을 나타내기 때문이다. 이런 사람들은 갑자기 궁금하거나 염려스러운 점이 생겨 변호사와 통화하고 싶은데 자신의 급한 마음과 달리 전화를 바로 받지 않자 순간적으로 자신의 일이 제대로 처리되지 않고 있고 불이익을 당하고 있다는 생각이 엄습한 것이다. 이럴 때에는 '업무를 성실하게 처리하고 있으며 전혀 불이익을 당할 일은 없다'는 측면을 강조하는 것이 바람직하다. 즉, 상대방이 궁금해하고 염려하는 사항을 물어 차분히 설명해주고, 모든 중요한 사항에 대해 이후에도 적절히 안내할 것이라는 확신을 주는 것이 더 나은 방법이다. 이런 과정을 반복하다 보면 어느 순간 상대방과 신뢰 관계가 형성되어 이후에는 큰 문제가 발생하지 않게 된다.

마찬가지로 학교 폭력 문제에서도 부모들이 진심으로 원하는 바를 포착하는 것과 신뢰 관계를 형성하는 것이 무엇보다 중요하다. 물론 가장 바람직한 것은 문제 발생 이전에 여러 경로를 통해 교사와 부모 간의 신뢰 관계를 형성하는 것이지만, 학교 폭력 문제가 발생한 이후라도 신뢰 관계를 형성하는 절차를 간과해서는 안 된다.

학교 폭력 문제 발생 후 부모와의 신뢰 관계 형성 방법

- 학교 폭력 문제 발생 시 교육청 지침을 참고하여 부모에게 사건 해결 절차와 흐름을 상세히 설명해준다. 미리 고지를 받은 상대방은 불필요한 의혹을 갖지 않을 가능성이 높다. 또한 교사가 이미 학교 폭력 문제에 대응할 전문적인 지식을 가지고 있다는 점과 문제 해결 과정이 객관적이라는 점을 부모가 알게 되어 불이익을 당할지 모른다는 걱정에서 해방될 수 있다.

- 가해학생 부모와 피해학생 부모가 해야 할 일과 법령상 권리까지 초

기에 안내하는 것이 좋다. 학교 폭력 문제를 예상하는 부모는 아무도 없기 때문에 막상 문제가 발생하면 아이를 위해 자신이 무엇을 해야 하는지 매우 궁금해할 수밖에 없다. 이 부분을 초기에 해소해주지 않으면 각종 비전문가의 의견이나 주변 학부모의 조언을 들어 문제를 왜곡할 수 있다.

하지만 자녀에게 돌아갈 불이익을 방지하기 위하여 부모가 할 수 있는 권리적 측면을 고지하는 것에 학교 측이 소극적인 것은 사실이다. 이것은 여러 권리를 실현하고자 불필요한 요구를 할 가능성이 높다는 편견 때문인데, 실제로는 자신의 권리를 모두 알고 있는 사람일수록 정해진 절차를 따르는 경향을 보인다. 그 절차 내에서 언제든지 자신의 권리를 실현할 가능성이 있다는 점을 명확히 알기 때문이다.

- 교사 간의 역할 분담 등에 대하여도 미리 안내하면 도움이 된다. 부모들이 생활 지도 부장 교사나 상담 교사 등과 알고 지내는 경우는 거의 없기 때문에 담임 교사가 학교에 대한 의견을 진술할 유일한 통로라고 생각하는 경우가 많다. 그러나 사안 조사나 학교 폭력 위원회 심의, 결정 등의 절차에서 담임 교사가 실질적인 결정권을 행사하는 경우는 거의 없기 때문에 부모의 문의에 적절한 답을 주기 어려울 수 있다. 이럴 때에는 전문 기구와 학교 폭력 위원회의 구성과 역할을 설명해주고, 그 안에서 담임 교사의 역할을 안내해줘야 한다. 이 과정을 생략하면 부모는 어떤 경로로 의견을 전달하고 필요한 사항을 문의해야 하는지 알 수 없기에 오로지 담임 교사에게만 매달릴 수밖에 없기 때문이다.

- 한편 교사가 법령을 제대로 숙지하지 않아 부모의 정당한 요구를 부당

하게 거절한다면 아무리 합리적인 부모라도 매우 거칠게 대응할 수 있다. 특히 피해학생 측에서 가해학생에 대한 우선 출석 정지 등의 보호 조치를 요구한다면 학교폭력예방법 및 그 시행령의 요건을 파악하여 학교장에게 보고하고, 피해학생 측의 요청을 거부하게 될 때에는 법령의 요건에 해당하지 않는다는 점을 정확히 설명하는 것이 좋다.

하지만 이러한 모든 과정에도 불구하고 부모와 교사 간에 신뢰 관계가 형성되지 않을 수도 있고, 신뢰 관계의 형성과는 무관하게 문제가 발생할 수도 있다. 이럴 때 교사는 법령과 지침을 참고하여 자신의 의무나 권한이 아닌 사항에 관해서는 답을 주거나 예견하는 것을 피해야 한다. 부모들의 과도한 요구에 무조건 부정적인 태도로 일관하거나 근거 없이 수용해주는 것 모두 이후 더 큰 문제를 낳을 수 있다.

특히 학부모가 다른 이야기를 듣고 와서 매우 흥분한 상태라면 혹시 모를 불상사에 대비하기 위해 최대한 빨리 진정시키는 것이 필요하다. 이럴 때에는 시시비비를 가리기보다는 부모의 분노와 걱정에 대해 묻고 합리적인 대안을 논의할 것을 약속하며 일단 조용한 장소로 이동하도록 유도하는 것이 좋다. 교무실이나 아이들이 왕래하는 곳에는 각종 소음이나 사람들의 시선이 복잡하게 오가기 때문에 감정이 격앙될 수 있기 때문이다.

또한 반복해서 사정을 호소하며 지나치게 시간을 허비하게 하는 부모에 대해서는 적절한 방법으로 한계선을 표현하는 것이 좋다. 예컨대 이야기하는 도중이라도 "아버님, 죄송하지만 20분 후에 수업이 시작돼서 교실에 들어가 봐야 합니다. 일단 우선 해야 할 일부터 먼저 말씀드려도 될까요?"라고 미리 양해를 구하는 형식으로 '앞으로 20분만 대화가 가능하다'는 점과 '대화가 무한정 허용되는 것은 아니다'라는 사실을 밝히는 편이 좋다.

한편 무조건적인 의혹과 의심으로 교사를 공격하는 경우에는 '사실이 아니다'라는 말을 정확히 전달하고, 가능한 반증이 있다면 즉시 제시하는 것이 좋다. 즉 "왜 담임이 되어서 가해학생 편만 드나? 아이가 울고 온다. 도대체 선생이라는 사람이 뭐하는 건가?"라는 식의 근거 없는 공격을 한다면 적절한 선에서 피해학생 측 상담 일지 등을 제시할 필요가 있다. 이때에는 피해학생에 대한 상담과 교육, 조치를 위한 회의 등에 소요한 시간과 세심하게 진행되는 여러 사항을 강조하여 설명하는 것이 좋다.

부모들이 위에서 예로 든 것과 같은 소동을 벌이는 것은 대부분 자신의 불안감 때문이라는 점을 잊지 말아야 한다. 또한 부모들은 큰소리를 내고 계속해서 요청해야 자신은 물론 자녀에게 불이익이 없을 것이라고 생각하는 경향이 있으므로 부모들의 행동 하나하나에 동요하며 진을 뺄 것이 아니라 신뢰 관계를 형성하기 위한 노력을 계속해나가는 것이 필요하다.

교권 침해에 해당할 경우의 대응 방법

학생의 아버지가 수업 중 교실 앞문으로 들어와 교사에게 폭언을 하고, 교사의 옆구리를 발로 차 넘어뜨리고 플라스틱 우유 박스를 집어던지는 등의 폭행을 하여 공무집행방해죄로 징역 1년에 집행유예 1년 6개월을 선고받은 사건이 있었다.[10] 이처럼 학부모의 행위가 교권 침해는 물론 범죄 행위에 이를 때에는 적절한 대응을 통하여 보호받을 방법을 모색해야 한다. 다음은 교권 침해 사안 발생 시 처리 절차이다.[11]

---

10 서울시교육청·성북교육지원청, 《학습권과 교육권 보호를 위한 교권 존중 길라잡이》, 2013, 81쪽.
11 앞의 책, 25쪽.

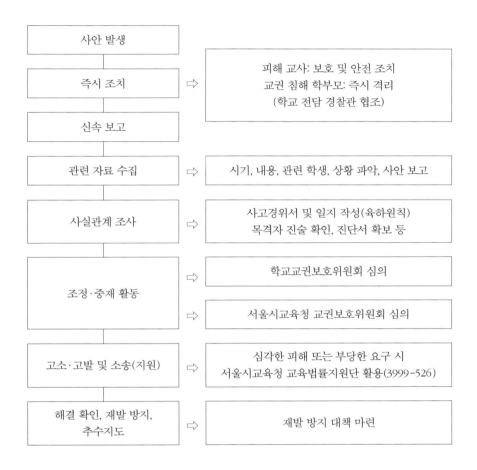

사안 발생		
즉시 조치	⇨	피해 교사: 보호 및 안전 조치 교권 침해 학부모: 즉시 격리 (학교 전담 경찰관 협조)
신속 보고		
관련 자료 수집	⇨	시기, 내용, 관련 학생, 상황 파악, 사안 보고
사실관계 조사	⇨	사고경위서 및 일지 작성(육하원칙) 목격자 진술 확인, 진단서 확보 등
조정·중재 활동	⇨	학교교권보호위원회 심의
	⇨	서울시교육청 교권보호위원회 심의
고소·고발 및 소송(지원)	⇨	심각한 피해 또는 부당한 요구 시 서울시교육청 교육법률지원단 활용(3999-526)
해결 확인, 재발 방지, 추수지도	⇨	재발 방지 대책 마련

악의적인 **험담**을 하는 **부모**

부모들은 여러 방법으로 서로 교류하며 정보를 주고받는다. 특히 같은 반 부모들 중 뜻이 맞는 사람들은 스마트폰 앱을 이용해 단체 채팅창에서 상시적으로 대화하며 정보를 수집하기도 한다. 그래서 학급 내에 학교 폭력 사건이 발생했을 때 교사보다 부모들이 먼저 알게 되는 경우도 많다. 학급에서 발생한 작은 문제도 예민하게 감지하는 아이들은 자신의 부모에게 어떤 사건이 벌어지고 있는지 이야기하기 때문이다. 학교 폭력 문제를 알게 된 부모들은 여러 경로로 정보를 수집하고자 마음먹게 되는데, 이때 정보가 왜곡되어 전달되는 문제가 발생하기도 한다.

학교 폭력 문제에 관한 소식을 전해들은 부모들은 '담임 교사는 이 문제를 알고 있는지', '담임 교사는 왜 이런 일을 방치하는지' 하는 의혹을 품기 쉽다. 학교 폭력 발생 초기부터 시작된 의심과 의혹은 학생 면담, 사안 조사, 학교 폭력 위원회의 개최 및 결정, 이후 추수지도 과정에까지 영향을 끼칠 수 있다.

Episode 023

서너 명의 학생이 같은 반 아이를 폭행한 사건이 벌어졌다. 피해학생이 먼저 한 학생에게 욕을 했고, 이에 화가 난 상대 학생이 피해학생을 때리자 주변의 학생들도 함께 때린 것이다. 피해학생은 물론 가해학생들도 상처를 입고 멍이 드는 정도의 상해를 입었으므로 문제 발생 초기에는 부모들 간에도 화해하려는 움직임이 있었다.

그러나 가해학생 측 부모 한 명이 피해학생의 가정 환경을 다른 부모들에게 소문내면서 문제가 커졌다. 피해학생이 편부모 슬하에 있고 성적이 좋지 않으며 평소에도 다른 아이들에게 욕을 하고 다니니 이런 문제가 발생할 수밖에 없었다는 내용이었다. 곧 다른 부모들도 이에 호응했다.

이러한 소식을 전해들은 피해학생의 부모는 자신에 대한 정보를 담임 교사가 알려주었기 때문에 가해학생 부모가 소문을 내고 다녔다고 생각했다.

피해학생 부모는 즉시 학교에 찾아와 거세게 항의하는 한편 담임 교사가 학교 폭력을 방치하다가 개인 정보를 유출한 것으로 다른 학부모들에게 소문을 내기 시작했다.

문제는 이 사건에서 담임 교사는 피해학생에 대한 정보를 전혀 유출한 사실이 없다는 것이다. 만일 담임 교사가 고소하여 수사가 진행되었다면 담임 교사가 해당 정보를 발설한 사실이 없다는 점이 밝혀졌을지도 모른다. 그렇지만 학교 폭력 사건에서 교사가 피해학생의 부모를 고소하면, 피해자인 해당 교사에게도 직업의 영위에 있어서나 사회적 지위와 관련해서나 유무형의 추가적인 피해가 있을 수밖에 없다는 것을 많은 교사들이 잘 알고 있다. 그렇기 때문에 교사 입장에서는 위와 같은 사례에서도 속수무책으로 당하는 일이 많다.

그렇지만 학부모의 악의적인 허위 사실 유포는 분명 간과할 수 없는 문제다. 그런데 허위 사실이 유포되는 이유와 과정을 살펴보면 예방책을 세우는 것이 그리 어려운 일이 아님을 알 수 있다. 허위 사실 유포는 정보 접근을 차단당하면서 시작되는 경우가 많다. 즉, 학교 폭력 문제 해결 절차가 어떻게 진행되고 있는지, 그 절차는 공정하게 진행되는지 투명하게 공개되지 않고 무언가 숨긴다는 느낌이 들 때 허위 사실이 급속도로 유포되고, 악의적인 험담으로 학교 측에 압박을 가하려는 움직임이 생기는 것이다.

위 사례에서도 가해학생의 학부모가 피해학생 측을 비방한 것은, 부모 간의 분쟁 국면에서 유리한 고지를 점하려는 마음이 강했다고 본다. 또한 자기 자녀의 잘못에 비해 과도한 책임을 지게 되었다고 오해했을 수 있다. 반면 이 이야기를 전해들은 피해학생 측 입장에서는 알리고 싶지 않은 자신의 정보가 담임 교사를 통하여 유출되었을 것이라 생각하기 쉽다. 그런데 실제로 가정 환경에 대한 이야기는 친한 친구들 사이에서 얼마든 할 수 있고, 그 이야기가 아이들의 부모를 통해 퍼질 수도 있다. 그럼에도 별다른 근거 없이 피해학생의 부모가 담임 교사에게 무조건적인 원망의 화살을 돌린 데에는 다른 이유가 있을 수 있다. 즉, 가정 환경에 대한 편견으로 피해학생 측이 학교에서 부당한 대우를 받거나 공정하지 않은 절차로 추가적인 피해를 입진 않을까 하는 두려움이 담임 교사란 애꿎은 상대에 대한 원망으로 이어졌을 가능성이 있다는 것이다.

그러므로 학급에 학교 폭력 문제가 발생했을 때에는 절차의 투명성과 공정성에 관하여 학부모들의 신뢰를 얻는 과정이 필요하다. 이는 악의적인 험담이나 허위 사실의 유포로 학교 폭력 문제 해결의 본질적 측면이 흐려지는 것을 예방하는 대책이기도 하다. 하지만 학급에 학교 폭력 문제가 발생했을 때 이 사실을 다른 학생이나 그 부모에게 따로 고지하는 것은 여러 면에서 꺼려지기 마련이다. 당사자인 가해학생 측과 피해학생 측의 개인 정보 보호 및 교육에 관한 문제 때문이기도 하고, 학급 내에 문제가 있다는 사실을 밝히면 오히려 학부모들의 불신이 커질 수 있다는 우려 때문이기도 하다.

그런데 학급에 학교 폭력 문제가 발생하면 학생들은 그 신고 사실부터 사안 조사 등 모든 과정에 큰 관심을 가지며 세부 내용까지 알게 되는 것이 통상적이다. 또한 학생들은 신고가 되기 전부터 학교 폭력 문제를 알고 있는 경우가 많으며 그 해결 과정에 큰 관심을 두고 있다. 그리고 집에 돌아가서 자신의 학급에서 발생한 학교 폭력 사건을 대화의 주제로 삼기 쉽다. 그러면 몇몇 학생만이 가족에게 이야기를 했다고 해도 자연스럽게 학부모들 사이에서 소문이 확산되기 마련이다.

이렇게 소문으로 학교 폭력 문제를 접하게 되면 학교 폭력의 당사자가 아닌 부모들의 마음속에도 필연적으로 아이가 받을 영향과 향후 대응에 대한 막연한 불안감이 생기게 된다. 그리고 학교에서 어떻게 문제를 해결하는지에 지대한 관심을 갖게 된다. 때에 따라서는 피해학생 측 부모 혹은 가해학생 측 부모 일방에게 직접 사건에 관한 정보를 묻기도 한다. 그러면서 사건에 대한 정보를 제공하지 않는 학교 및 담임 교사에 대해 각종 의혹을 제기하기도 한다.

따라서 학급에 학교 폭력 문제가 발생하면 우선 가해학생 부모와 피해학생 부모에게 그 사실을 통보해야 하며, 그 과정에서 학교폭력예방법에 규정된 절차를 설명하고 각 절차가 공정하게 진행할 것이라는 신뢰를 주는 것이 중요하다. 특히 당사자의 개인 정보를 보호할 것이며 법령에 정해진 대로 절차를 진행하여 교육적 관점에서 온당한 방법으로 문제를 해결할 것이라는 믿음을 심어주도록 노력해야 한다. 이와 더불어 담임 교사가 학교 폭력 문제의 심각성을 충분히 인지하고 있으며 최대한 당사자들을 배려하고 공정성을 유지하기 위해 신경 쓰고 있다는 점을 자연스럽게 알리는 것도 좋은 방법이다.

만일 예방의 측면을 간과했거나 예방책에 만전을 다했는데도 이미 뒷말이 난무하고 악의적인 비방이 이어지고 있다면 그에 대한 대책을 세우는 것이 필요하다. 우선 이와 같은 문제가 가해학생 측 또는 피해학생 측 부모로부터 발생한 것이라면 앞서 조언한 바와 같이 부모의 분노와 걱정에 대해 묻고 합리적인 대안을 논의할 것을 약속함으로써 일단 격앙된 감정을 진정하도록 돕는 것이 좋다. 이러한 노력에도 불구하고 계속하여 무조건적인 의혹과 의심으로 교사를 공격한다면 '사실이 아니다'라는 말을 정확히 전달하고, 가능한 반증이 있다면 즉시 제시하도록 한다.

피해나 가해 당사자의 부모가 아니라 제3자의 입장인 학부모가 일방의 편을 들어 해결사를 자처할 때에는 그 부모의 불만에 일일이 대응하기보다는 그 불만 속에 들어 있는 요구 사항을 파악하여 이를 주제로 대화를 나누는 것이 필요하다. 실제로 제3자가 다른 사람의 일에 나서서 교육 기관 등 행정 기관에 그 처리에 대해 세세하게 요구할 권리는 법적으로나 사회 통념으로나 모두 보장되는 것이 아니다. 일단 이 같은 학부모에 대응할 때에는 그 부모가 가지고 있는 우려와 불안이 자연스러운 감정이라는 점을 인정하는 태도가 필요하다. 그러므로 상대방이 아무런 근거도 없이 교사의 부당한 처사를 이야기하며 공격하더라도 이에 대해 일일이 시비를 가리기보다는 그 속에 담겨 있는 불안을 제거하고 교사에 대한 신뢰를 갖도록 유도하는 것이 현명한 방법이다.

다음은 허위 사실이나 험담을 유포하고 있는 부모 혹은 이를 전해들은 부모와의 전화 통화를 가정해본 것이다.

학부모: 안녕하세요, 선생님. 잘 지내시죠?

담임 교사: 네, 안녕하세요? 어머님도 잘 지내셨지요?

학부모: 네. 다름이 아니라 제가 이상한 소리를 들어서요. 반에 홍○○ 하고 최○○가 박○○를 계속 때려서 학교 폭력 신고가 됐다고 저희 아이가 그러더라고요. 그런데 제가 그 피해를 당한 박○○ 엄마랑 고등학교 동창이에요. 그래서 저번에 만나서 물었더니 처리가 너무 늦어서 괴롭다고 하더라고요. 혹시 홍○○ 엄마가 선생님께 따로 어떤

부탁을 드려서 그런 건지 궁금해요. 사실 저도 홍○○네 부모가 학교에서 운영위원인가를 하고 있다고 들었어요. 그것 때문에 학교에서 처벌하기 힘들어하는 건 아무래도 부당한 것 같아서요.

이런 상황이라면 담임 교사는 "지금 가해자 부모가 운영위원이라서 제가 가해자 편을 든다는 겁니까?"라고 언성을 높여 반문하고 싶은 심정이 굴뚝 같을 것이다. 만일 신고 이후 빠르게 전담 기구 협의회를 진행하고 사안 조사를 시작해 적절한 조치를 취하고 있는 경우라면, 그리고 이러한 사정을 피해학생 부모도 다 알고 있는 경우라면 더욱 화가 날 수 있는 상황이다.

하지만 이럴 때일수록 무엇보다 차분하게 상황을 장악하여 전문가의 자질을 보여주는 것이 중요하다. 담임 교사가 당혹감이나 분노를 표출한다면 문제를 제기한 부모 입장에서는 아직 준비가 되지 않은 교사의 모습을 목격하게 되어 교사의 해결 능력을 더욱 불신할 수 있다. 따라서 위와 같은 사례에서는 다음과 같은 정도의 응대가 적절하다.

"아, 저도 박○○ 어머님께서 걱정하고 계신 부분을 잘 알고 있습니다. 아이가 피해를 당하여 마음 아파하시는 것도 정말 잘 알고 있고요. 그래서 이미 학교 폭력 신고 후의 절차와 소요될 수 있는 기간에 대해 제가 할 수 있는 한 최대한 자세하게 설명해드렸습니다. 사실 학교폭력예방법은 피해학생 측에 대한 여러 보호 조치나 피해학생 측의 권리를 상세히 규정하고 있어서 이런 부분들을 모두 안내해드렸고, 일부 보호조치는 현재 진행 중이기도 합니다. 상세한 내용도 궁금하시겠지만, 당사자인 학생들이나 부모님들에 관한 사항이라 모두 알려드릴 수 없음을 양해 바랍니다."

이처럼 문제 해결 절차를 적절히 진행하고 있으며 이 절차 속에서 당사자를 배려하고 있다는 점을 학부모에게 객관적으로 설명할 필요가 있다. 학교 측의 부당한 대우에 관해 의혹을 제기하는 부모로서는 진행 과정에 대한 최소한의 객관적 정보만으로도 의혹의 바탕이 된 불안감을 지우는 데 다소 도움이 되기 때문이다. 단, 당사자만 알고 있는 절차나 개인 정보에 관한 내용을 제3자인 다른 부모에게 고지하는 것은 원칙적으로 허용되지 않는다.

나아가 "부모님들 마음이 얼마나 불안하고 힘드실지 잘 알고 있습니다. 또 절차가 많아 답답한 마음도 이해합니다. 걱정하시는 점 충분히 참고하여 세심하고 공정하게 처리하고 있습니다"와 같이 당연한 것이라도 정확하게 언급하여 상대방의 불안감을 최소화할 필요가 있다.

악의적으로 험담을 하거나 사실을 왜곡하여 담임 교사 등을 공격하는 문제는 학교 폭력 문제에 대한 부당한 절차 진행이나 추가적인 피해에 대한 불안감에서 비롯된다. 따라서 공정한 절차 진행을 통하여 최선의 해결을 도모하는 데 교사가 모든 노력을 경주하고 있음을 학부모들에게 잘 전달하여 교사에 대한 신뢰를 갖도록 해야 한다.

무관심하고 무기력한 부모

부모들의 지나친 관심과 개입으로 곤혹스러웠던 경험이 있는 교사라면 '무관심한 부모들이 있어 힘들다'는 다른 교사의 하소연에 부러움마저 느낄지도 모르겠다. 하지만 그 '무관심한 부모'의 사례를 들어보면 관심이 지나친 부모와는 차원이 다른, 아이의 성장 과정 전반에 걸쳐 전혀 부모로서의 책임을 다하지 않는 부모들에 놀라움과 우려를 감출 수 없을 것이다.

Episode 024

학생이 학교 주변 점포에서 물건을 훔치려는 것을 적발한 점포 주인은 학생을 배려하여 경찰에 신고하지는 않고 학교로 전화를 했다. 아직 퇴근 전이었던 담임 교사는 즉시 그 가게로 가서 대신 머리를 조아리며 재발 방지를 약속하고 아이를 학교로 데리고 왔다. 그럼에도 학생은 무엇이 불만인지 담임 교사에게 매우 불손한 태도로 일관했다. 그냥 벌을 받을 테니 부모에게 전화하지 말라는 것이었다.

담임 교사는 부모와의 상담이 필요한 상황이라고 판단하여 전화를 걸었는데 30여 분 만에 겨우 연결이 된 학생의 어머니는 아이의 상황에 별 관심이 없어 보였다. 그러다가 학교에 직접 와서 설명을 듣고 아이를 데려가라는 교사의 말에 짜증이 났는지 "저, 걔 낳고 싶어서 낳은 거 아니거든요. 애 아빠한테 전화하세요. 아무튼 저는 지금 못 가요"라며 일방적으로 전화를 끊어버렸다. 당시 교사도 당혹감을 감출 수 없었지만 이러한 상황을 보고 있던 아이의 표정은 정말 말이 아니었다. 오히려 교사가 아이에게 미안한 마음이 들 정도였다.

교육열이 높고 자녀에 대한 사랑이 큰 우리 사회에서 벌어진 일이라고는 믿기지 않을지도 모른다. 혹은 극히 일부에 불과한 이야기일 뿐이라고 생각하는 사람도 많을 것이다. 하지만 학생을 가르치는 교사라면 다소 문제가 있는 행동을 하는 학생 뒤에는 과도하게 무관심한 학부모가 있을 수 있다는 점을 잘 알고 있을 것이다. 물론 대부분의 부모에게 '가르치고 먹이기 위해 돈 버는 것' 자체만 해도 감당하기 힘든 부담이며, 아이들의 보호와 양육에 대한 부담을 거의 전적으로 부모에게만 맡기는 사회 현실을 고려하면 그 부모들을 무조건 비난할 수만도 없다. 하지만 무관심하고 무기력한 부모의 문제를 해결하지 못하면 결국 고통받는 것은 아이들이기 때문에 이를 간과할 수는 없다.

학교 폭력 문제에서 가해학생 또는 피해학생의 부모 중 이와 같이 무관심한 부모가 있다면 절차 진행에 매우 큰 어려움이 있을 수 있다. 특히 양육 부담을 홀로 감당해야 하는 편부모 가정의 경우 적절한 시기에 학교 폭력으로부터 아이를 보호하기 어려울 수 있다. 일률적으로 말할 수는 없지만, 부모와의 소통이 원활하지 않은 경우 아이들이 학교 폭력 피해를 당하더라도 조기에 발견하기 어렵다. 또한 이를 발견하더라도 적절한 치료와 상담을 통해 아이를 치유하는 데에도 큰 어려움이 따른다.

한편 교사로서는 이러한 부모들의 상황과 성향을 해당 학생에게 큰 문제가 발생하지 않는 한 파악하기 어렵다. 가정 환경에 대해 민감한 태도를 보이는 아동·청소년기 학생들은 특별한 필요성이 없는 한 자신의 가정 형편을 담임 교사에게 이야기하기를 꺼린다. 그러다 보니 등록금이나 급식비 지원 대상 신청을 받을 때 외에는 학생의 가정 형편을 교사가 정확히 알 수 있는 기회가 없다. 이러한 상황에서 학교 폭력 문제가 발생하여 해당 학생의 부모가 보호자 역할을 제대로 수행하지 못한다는 점을 알게 되면 교사로서는 당혹스럽기 마련이다. 간혹 학교 폭력 위원회에도 출석하지 않겠다는 부모도 있는데, 교사가 아무리 의견 진술 기회의 중요성을 설명해도 그들 부모는 아이 문제를 심각하게 여기지 않는다.

이런 상황일수록 교사의 역할이 더욱 중시되어야 한다. 물론 부모의 역할이 제대로 수행되지 않을 때 학생의 교육과 보호에 관한 문제를 개별 교사의 역할 강화로만 해결할 수는 없다. 장기적으로는 부모에 대한 교육을 강화하고, 최소한의 생활을 위한 지원을 넘어 자녀 교육에 적당한 수준으로까지 지원을 강화해야 하지만 실제로 이와 관련한 복지 예산은 크게 증가하고 있지 않다.

그런데 더욱 큰 문제는 학교폭력예방법과 그 관련 지침에서 담임 교사를 예전과 같이 '어버이와 같은 존재'로 상정하고 있지 않다는 점이다. 담임 교사를 학교 폭력 문제를 다룰 권한이 있는 주체로 여기지 않고, 주로 부수적인 업무만 담당하게 하는 현실에서는 담임 교사가 아이를 위하여 적극적으로 나서기가 쉽지 않다.

그렇다고 해도 부모에게 제대로 된 보호를 받지 못하는 학생에게는 교사의 특별한 관심과 조치가 필요하다. 다음 사례를 통해서 적절한 방법을 알아보자.

Episode 025

A는 말투가 어눌하고 항상 눈치를 보는데, 같은 반 아이들은 이러한 특성을 금방 알아차린다. 그래서 아이들이 계속 놀리고 함께 어울려주지 않아 A는 거의 한 학기 동안 밥도 혼자 먹고 등하교도 혼자하며 외롭게 지냈다.

그러던 어느 날 영어 시간에 A가 필기체를 칠판에 쓰게 되었는데, 평소에 내성적인 A를 눈여겨보던 영어 교사가 크게 칭찬해주었다. 그날 점심시간에 몇몇 학생이 그 이야기를 하며 A를 또다시 놀리기 시작했다. 그중 한 아이가 "그래도 영어(영어 선생님)는 재 좋아하네. 재 냄새나는데"라고 말했는데, 그 날따라 A는 참지 못하고 그 아이의 뺨을 때렸다.

뺨을 맞은 아이가 담임 교사에게 이 일을 알렸고, 그 교사는 A에게 왜 그랬는지 대답해보라고 했으나 A는 묵묵부답이었다. 보호자인 이혼한 아버지는 전화번호가 바뀌었는지 연락이 되질 않았다. A에게 아버지 전화번호를 알려달라고 해도 A는 싫다고만 했다.

그런데 아무런 얘기도 안 하려 하던 A가 갑자기 "근데 저 냄새 안 나요. 초등학교 때 애들이 냄새난다고 해서 매일 진짜 열심히 씻어요"라고 처음으로 이야기를 꺼냈다. 다른 이야기는 다 참아도 냄새난다는 이야기는 싫다는 것이었다. 어릴 때부터 어머니 품에서 자라지 못한 아이는 그 말에 크게 상처를 입었다고 했다. 그리고 현재 함께 살고 있는 아버지는 거의 매일 술을 마시고 들어와 잠을 자거나 아예 들어오지 않는 경우도 많아 대부분 혼자 생활을 하고 있다고 했다.

잘못을 한 학생에게 이러한 딱한 사정이 있다 하더라도 이미 뺨을 맞은 피해학생의 부모는 가해학생에게 불이익한 조치를 내리기를 원한다. 여기에서 A의 가정 형편을 들어 학교 폭력 신고를 무시하고 절차를 진행하지 않으면 피해학생 부모에게 항의를 받는 것은 물론 각종 이의 제기 등으로 크게 문제가 될 수 있다. 따라서 이때에는 법령이 정한 바대로 절차를 진행하되 적절히 보고함으로써 문제를 해결해나가는 것이 좋다.

먼저 학생과 상담한 사항에 대해 학교 폭력 전담 기구와 학교장에게 보고

하고, 학생의 특수한 상황과 아동 학대 가능성에 대해서도 보고하는 것이 바람직하다. 현행 〈아동복지법〉은 18세 미만을 '아동'으로 규정하고 있으며, 보호자를 포함한 성인이 아동의 건강 또는 복지를 해치거나 정상적 발달을 저해할 수 있는 신체적·정신적·성적 폭력이나 가혹 행위를 하는 것과 아동의 보호자가 아동을 유기하거나 방임하는 것을 '아동 학대'로 규정하고 있다. 특히 자신의 보호·감독을 받는 아동을 유기하거나 의식주를 포함한 기본적 보호·양육·치료 및 교육을 소홀히 하는 것을 '방임 행위'로 규정하고 이를 금지하고 있다는 점을 주목할 필요가 있다. 또한 초중등 교원은 직무상 아동 학대를 알게 된 경우 즉시 아동 보호 전문 기관 또는 수사 기관에게 신고할 의무가 있다는 점도 알아둬야 할 사항이다. 따라서 보호자가 아이를 보호할 책임을 학교에만 떠넘기고 자신의 역할을 전혀 하지 않으며, 학교 폭력 문제가 발생했는데도 아이에 대한 기본적인 보호와 치료, 교육을 방임한다면 이를 적절히 보고하고 해당 학생에 대한 보호를 취할 수 있도록 신고하는 것이 필요하다.

하지만 우리 사회에서는 가정 문제에 다른 기관이 개입하는 것을 소극적으로 해석하고 있기 때문에 폭행이나 물리적 억압이 아닌 방임 행위에 대해서는 적절히 조치를 취하기 어려운 측면이 있다. 이럴 때 담임 교사는 개인적 차원에서 학교 폭력 문제는 물론이고 학생의 생활과 고민에 대해 상담해 주거나 외부 기관에서 상담을 받을 수 있도록 안내하는 등의 조치를 취할 수 있다.[12]

---

12 이와 관련된 기관으로는 다음과 같은 곳들이 있다.
- 청소년 전화 1388
- 청소년 사이버 상담센터(http://www.cyber1388.kr)
- 청소년폭력예방재단(http://ww.jikim.net)

학교 관리자,
재단에 대응하는 방법

적절한 **절차를** 미리 **파악**하고 **적시**에 **보고**하라

학교 폭력에 대한 교사 연수도 많고 학교 폭력을 예방하기 위한 교육도 시행되고 있지만, 막상 학교 폭력 문제가 발생하면 담임 교사는 물론이고 관련 교사들 모두가 그 처리 방법과 절차를 논의하며 당혹감을 느끼게 된다. 다른 연중행사나 반복되는 업무와는 달리 학교 폭력 문제는 매주 혹은 매 학기 정기적으로 발생하는 사건이 아니고, 학교에 따라서는 학교 폭력 문제를 담당하여 해결해본 경험이 있는 교사가 한 명도 없을 수 있다.

그렇기 때문에 학교 폭력 사건이 발생하면 담임 교사는 물론이고 부장 교사, 교감, 교장 또한 당황하게 되어 사건 처리를 위한 보고를 독촉할 수 있다. 이때 담임 교사가 사안의 실체를 전혀 모르고 있고 그와 관련하여 직무상 과실이 있다면 이후 크게 문책을 당할 위험이 있다. 또한 직무상 과실이 없다 하더라도 보고 절차를 자의적으로 생략한다면 여러 면에서 오해를 사기 쉽다.

따라서 학교 폭력 문제가 발생하면 다음을 참고하여 학교 관리자 등에게 보고하고 대응할 준비를 해야 한다.

1) 학교 폭력 문제 해결에 관련한 보고 서식을 미리 파악하라

각급 교육청 홈페이지에 가면 학교 폭력 문제를 처리하는 절차별로 교사가 작성하고 보고해야 하는 서식을 모두 내려받을 수 있다. 우선 '학교 폭력 신고 접수 대장'에는 접수 번호, 일시, 신고자 또는 신고 기관, 신고자 신분 및 전화번호, 신고 내용 사실 여부, 사실 통보 여부(피해자 및 가해자), 화해 여부, 조치 사항, 구호 조치 여부에 관하여 책임 교사, 담임 교사, 교감이 작성하고 서명 날인해야 하며, '학교 폭력 사안 접수 보고서'에는 접수 일자, 보고 일자, 피해학생 및 가해학생의 반 번호, 사안 유형 분류, 사안 내용(육하원칙으로 기재), 피해학생과 가해학생의 현재 상태(신체, 심리, 정서), 책임 교사 및 그 소견, 담당자 등을 기재해야 한다.

서식을 작성해야 하는 주체와 서식에 기재해야 하는 내용이 절차마다 미리 정해져 있는 경우가 많으므로 맡은 책임에 따라 적절히 작성해두는 것이 좋다. 학교생활을 하다 보면 갑자기 보고를 요구하는 경우가 있으므로 절차별로 제때에 보고를 준비하는 편이 좋고, 시간이 지날수록 기억이 왜곡되어 정확히 기재하기 어려울 수 있으므로 단계별로 서식을 작성해놓도록 한다. 이러한 서식을 미리 파악해놓으면 담임 교사나 책임 교사가 절차별로 우선해야 할 일을 염두에 두고 학생 면담 등 실체적인 절차를 진행할 수 있다.

학교 폭력 사건이 처음 발생한 학교이거나 관련 경험이 많은 교사가 없는 경우에는 담임 교사가 학교 폭력 진행 절차에 대한 매뉴얼을 출력하여 부장 교사나 교감에게 보고하는 것도 신속한 해결을 위해 좋은 방법이다. 학교 폭력의 심각성과 대응 방법에 대해서는 추상적으로나마 모두 알고 있지만, 세부적인 절차나 기구 구성, 학교 폭력 위원회 개최 등에 대해서는 정확한 지침을 따를 필요가 있기 때문이다.

이렇게 학교 폭력 발생 시 담임 교사가 먼저 절차를 숙지하여 보고하고, 각 절차에 따른 서식을 맡은 역할에 맞게 작성하여 보고한다면 학교 폭력 문제에 관련된 학생들을 보호하고 교육하는 데 보다 수월하게 자신의 소임을 다할 수 있을 것이다.

2) 간단명료하게 작성한 문서로 보고하라

공무원이나 교사 모두 문서 형태의 보고와 지시에 익숙한 직업인데, 복잡하고 어려운 문제일수록 구두보다는 서면으로 보고하는 편이 훨씬 유리하다. 학교 폭력 사안을 접하는 학교 관리자 입장에서도 각 절차가 모두 문서 형식으로 작성돼 보관되고 있다면 한결 안심하게 된다. 또한 사건의 발생 배경 및 신고 경위, 그 후의 조치까지 일목요연하게 정리된 보고서에 대해서는 훨씬 더 관대한 입장을 보인다.

학교 관리자에게는 학교를 별 탈 없이 운영하는 것이 가장 큰 관심사이므로 학교 폭력 사건이 발생했다는 것 자체만으로도 민감하게 반응할 수 있다. 이럴 때에는 학교 관리자의 감정에 치우친 지시나 부당한 의사 표현을 귀담아듣지 말고 법령과 지침에 따라 교육적으로 온당한 조치에 대해 보고하도록 한다.

3) 보고 체계와 학내 특수 상황을 고려하라

보통 담임 교사는 학교 폭력 문제에 관하여 학년 부장 교사와 생활 지도 부장 교사 등 부장급 교사에게 가장 먼저 보고하게 된다. 학년부가 따로 구성돼 있지 않은 경우에는 담임 교사가 소속된 부서의 부장 교사에게 보고하기도 한다. 학교에 따라서는 담임 교사가 교감과 교장에게 바로 보고하거나 상담 교사에게 직접 알리기도 하지만, 대부분의 경우 담임 교사는 상급 직위에 있는 교사에게 보고하고 학교장 등의 지시로 책임 교사가 선정되거나 담임 교사의 역할이 정해진다.

이렇게 학교마다 정해진 보고 체계를 따르지 않으면 신속히 처리해야 할 학교 폭력 사건에서 혼선이 빚어질 뿐 아니라 일처리를 제대로 못 한다는 불필요한 평가를 받을 수 있다. 물론 교사 입장에서는 학생의 보호와 교육이라는 본질적인 문제가 훨씬 중요하며, 이를 비난할 사람은 없다. 하지만 조직 체계가 분명한 교직 사회에서는 형식적인 절차를 준수하는 것이 오히려 사건을 해결하는 데 도움이 될 때가 많다. 특히 학교 폭력 문제가 발생할 경우 전담 기구 협의회에서 사안 조사 방법을 정하고 학교 폭력 위원회를 개최하는 등 실무적인 절차를 진행해야 하므로 정해진 보고 체계를 존중할 필요가 있다.

4) 타이밍을 잘 맞춰 보고하라

학교 폭력이 신고되었는데 담임 교사가 이를 하루 이틀 방치했다면 학부모 입장에서는 급한 마음에 이전 학년 담임 교사나 생활 지도 부장 교사에게 직접 찾아가 다시 신고할 수도 있다. 또한 담임 교사가 신고를 받고도 미온적인 태도를 보일 때에는 117에 바로 신고하는 경우도 많다. 학교 폭력 관련 법령에 담임 교사를 통해서만 신고하도록 되어 있는 것이 아니므로 얼마든지 일어날 수 있는 일이다. 하지만 담임 교사가 이미 신고를 받고도 적시에 보고하지 않아 문제를 키웠다는 평가를 받게 될 가능성이 있다. 교사들이 격무에 시달리는 점이나 교사들의 업무 진행 관행을 고려하면 '하루 이틀' 동안 처리 방법을 고심하면서 보고를 하지 않은 것은 보통의 경우 크게 문제 되지 않을 수 있다. 하지만 학교 폭력 문제에서는 늘 학교가 언론의 질타를 받기 마련이고, 부모들 입장에서는 피해를 당하는 아이를 보호하지 않는 학교를 불신할 수밖에 없다는 점을 고려할 필요가 있다.

따라서 아무리 다른 업무나 수업 때문에 바쁘더라도 학교 폭력 신고를 받으면 그 즉시 접수·보고하는 것이 중요하다. 적시에 보고하면 학교 폭력 문제의 해결에 있어 담임 교사로서 학생들을 보호하는 목적을 달성하기 쉬울 뿐 아니라 학부모와의 불필요한 분쟁도 미연에 방지할 수 있다. 또한 이후 긴급 보호의 필요성이나 학부모의 요청 사항 등 학교폭력예방법이 정한 사안에 관해서도 지체 없이 학교장에게 보고하고, 부모의 정당한 요청이 거부되는 일이 없도록 조력하는 것도 중요하다.

비교육적이고 부당한 지시를 거부하는 방법

학교 폭력 문제를 겪은 교사들은 학생들의 교육에도 큰 어려움을 느끼지만 학교 측의 부당한 지시 사항 때문에 고민에 빠지기도 한다. 현재는 학교 폭력 처리 절차에 대한 객관적 기준이 마련되어 있기 때문에 그런 경우가 대폭 줄긴 했지만, 교사들이 비교육적이고 부당한 지시의 위험에서 완전히 벗어날 수 없다는 점은 안타까운 일이다.

1) 학교 폭력 문제를 축소하라는 취지의 지시를 받은 경우

학교 폭력 문제를 은폐하거나 축소하는 여러 관행 때문에 현행의 수많은 제도가 생겼다고 볼 수 있을 만큼 학교 폭력 문제를 축소·은폐하라는 지시는 위험한 지시이기 때문에 노골적으로 이러한 지시를 하는 학교 관리자는 사실 많지 않다. 그런데 피해학생 측 부모의 이야기를 들어보면 아직도 이러한 지시가 의심되는 경우가 간혹 있다.

Episode **026**

피해학생 측이 담임 교사에게 학교 폭력을 신고했으나 담임 교사는 이를 경미한 사안으로 규정하고 가해학생들을 학급의 다른 학생들 앞에서 사과하게 했다. 그 후 따로 학교 폭력에 관한 사안 조사를 하거나 학교 폭력 위원회를 열어 가해학생에 대한 조치를 하지 않았다.

당시 피해학생 측은 어떠한 화해 의사도 없었고 가해학생들이 중한 처분을 받기를 원했기에 여러 차례 담임 교사에게 의사를 전달했지만 담임 교사는 "이미 보고했지만 경미한 사건으로 처리하기로 했다"며 말을 아꼈다. 또한 담임 교사가 아이와 부모에게 미안하다고 사정하며 학교의 처리를 기다려달라고 하는 통에 부모는 선뜻 다른 조치를 취하기 어려웠다.

물론 부모 측의 진술만 듣고 그 담임 교사가 부당한 지시를 받아 문제를 축소한 것이라고 단정하기는 어렵다. 하지만 해당 학교의 경우 바로 직전에 같은 반에서 학교 폭력 문제가 발생하여 피해학생이 전학을 가는 문제가 있었기 때문에 부모의 의혹은 매우 커질 수밖에 없었다.

만일 부모의 의혹대로 교사가 학교 폭력 문제를 축소하라는 취지의 지시를 받았다면 그 담임 교사는 어떻게 행동해야 했을까? 위와 같은 경우라면 부모는 교육청에 민원을 넣거나 117에 신고하는 방법으로 교사에게 적정한 절차를 밟을 것을 충분히 요구할 수 있다. 또한 담임 교사의 부적절한 처리를 문제 삼아 담임 교사를 곤경에 빠뜨릴 수도 있다. 이것이 법령이 정한 절차에 위배되는 부당한 지시에 따르는 교사들이 감수해야 할 위험인 것이다.

따라서 학교 폭력 문제를 축소하라는 취지의 지시를 받았다면 지시를 거부하는 것이 좋다. 다만 관리자의 지위에 있는 선배 교사에게 '당신이 틀렸으니 나는 거부하겠다'라고 말하기는 어려운 일이다. 이때에는 이미 피해학생 측 부모가 관련 법령과 신고 절차를 모두 알고 있어 설득하기 어려울 뿐 아니라 다른 추가적인 신고나 민원 제기로 인해 오히려 문제 해결이 어려울 수 있다는 측면을 충분히 설명하여 법령이 정한 절차대로 진행하는 것이 학교 관리자 입장에서도 훨씬 적절한 방식이라고 설득하는 것이 좋다.

하지만 이런 시도에도 불구하고 계속해서 부당한 지시를 내린다면 이를 거부하는 것이 옳으며, 교권 침해 행위로 간주해 다음에 설명할 절차를 밟는 것도 하나의 방법이다.

2) 시말서나 사유서를 제출하라는 지시를 받은 경우

담임 교사가 학교 폭력 문제를 충분히 인지하지 못하고 피해를 확대시킨 경우나 신고를 받고도 이를 처리하지 않아 피해학생 측의 민원이 발생한 경

208

우에는 담임 교사가 책임을 질 수 있다. 하지만 이러한 책임이 있다 해도 의견 진술의 기회를 주는 등의 적절한 절차 없이 무조건 부당한 처분을 내릴 수 있는 것은 아니다.

　교사에게 직무상 과실이나 고의가 없음에도 학교 폭력 사건이 해당 학급에서 발생했다는 사실만으로 시말서 성격의 사유서를 제출하라고 지시하는 경우도 있다. 심지어 "피해학생이 학교 측에 대하여 법적 조치를 하는 경우 담임 교사인 제가 모든 책임을 지겠습니다"라는 내용이 포함된 사유서를 제출하라는 지시를 받아 긴급하게 상담을 요청한 교사도 있었다. 교사에게는 사실관계와 다르게 무조건 잘못을 인정하는 내용의 사유서를 제출할 의무가 없다. 더욱이 법적인 책임을 모두 떠안겠다는 내용까지 포함하여 사유서를 작성하라는 지시는 매우 부당한 처사이다. 이 지시에 응해 사유서를 작성하면 학교 폭력 사건에서 담임 교사가 잘못을 자백한 것처럼 취급될 위험이 있다. 이럴 때에는 학교폭력예방법과 교육청 지침을 준수하여 적절한 보고 양식에 학교 폭력 발생 경위 등을 작성하겠다고 정확히 밝히고, 학교 폭력 사건에 담임 교사의 책임이 없다는 점을 적절히 설명하는 것이 좋다. 그럼에도 불구하고 계속해서 부당한 지시를 할 때에는 다음에 설명할 교권 침해 대응 절차를 진행하는 것을 고려해봐야 한다.

3) 사실과 다른 보고서를 제출하라는 지시를 받은 경우

　예전에 한 학생과 그 부모를 대리하여 학교 측의 처분에 대해 행정소송을 한 적이 있었는데, 그 소송에서 갑자기 담임 교사가 해당 학생에 관해 작성한 것이라는 일지가 증거로 제출되었다. 그 일지에는 평소 자신이 가르치면서 관찰해본 결과 학생이 지도에 응하지 않고 규칙을 어기며 친구들을 놀리기를 멈추지 않는다며 전형적인 문제 학생인 것처럼 기록되어 있었다. 일지 기록일은 소송이 제기된 시점 이후가 더 많았다. 보통 학생별로 교육 일지를 작성하는 경우가 거의 없음에도 해당 학생에게 특별 교육을 한 것처럼 일지가 작성되어 있었고, 조회나 종례마다 학생의 이름을 언급하며 주의를 주었다고 기록되어 있었지만, 실제로 학생은 자신의 이름이 언급된 적은 없었다고 했다.

게다가 이전 학년에 작성된 학생의 학교생활기록부와 그 일지를 작성한 담임 교사 본인이 기재한 학교생활기록부에도 해당 학생의 문제점은 기록된 바가 없었다. 오히려 "친구들을 배려하며 봉사 정신이 있는 학생"으로 칭찬 일색이었기 때문에 위 일지는 소송에 대응하기 위한 목적으로 사후에 작성한 것이라고 생각할 수밖에 없었다. 의뢰인인 학부모는 담임 교사가 제출한 일지를 살펴보고 매우 놀란 눈치였는데, 평소에 항상 학생의 편에서 많은 도움을 주었던 담임 교사였기에 충격과 배신감이 더 큰 듯했다.

위의 사례에서 일지가 실제로 왜곡된 것이 맞는지 여부나 일지를 작성한 경위에 관한 사실관계는 파악하기 어려웠다. 하지만 학부모와 학생 모두 담임 교사가 해당 학생을 늘 칭찬하고 예뻐했다고 말한 만큼 교사의 일지 작성 배경에는 석연찮은 점이 있었다.

실제로 학교는 소송에 휘말리게 되면 이를 방어하기 위해 여러 증거를 제출해야 한다. 당연히 증거를 제출할 때에는 사실관계에 부합하는 것을 제출해야 하지만, 소송 당사자가 된 학교 입장에서는 적절하지 못한 태도를 취할 가능성도 있다. 만일 학교 폭력과 관련해 학교 측이 소송 등 법적 절차를 밟게 되었을 때 학교 측으로부터 학생에 관하여 사실관계와 다르거나 부정적인 면만을 부각시키는 증거를 만들어 제출하라는 지시를 받는다면 담임 교사는 어떻게 해야 할까?

위 사례에서는 의뢰인들 모두 담임 교사에게 평소 고마운 마음이 있었기에 큰 실망감에도 불구하고 증인으로 부르거나 해당 일지 작성에 대해 문제 삼지는 않기로 했다. 하지만 원래대로라면 해당 교사가 증인으로 신청되어 본인이 작성한 학교생활기록부 등과의 비교를 통하여 학교 측의 지시로 증거를 조작한 것이 아니냐는 신문을 받을 수도 있다. 그러한 법적 문제에 휘말리지 않더라도 자신을 존경하던 학생과 부모의 믿음을 저버린 그저 그런 교사로 전락하는 위험을 감수해야 한다는 것이 사실 더 큰 문제라고 본다.

따라서 소송 중에 학교 측에 유리한 증거를 제출하기 위해 사실관계를 왜곡하거나 과장하여 서술한 보고서 등을 만드는 것은 법적으로나 교사의 양심 측면에서나 쉽게 허용돼서는 안 되는 일이다. 또한 소송 절차를 통하여 충분히 진실이 밝혀질 수 있고, 이후 교사도 책임을 지는 일이 발생할 수 있으므로 그러한 지시는 거부하는 것이 백번 바람직하다.

4) 교권 침해에 이른 경우

학교 폭력 문제로 인한 신분 피해와 교권 침해로는 부당한 징계처분을 받게 되는 경우, 권고사직이나 직권면직, 부당한 전보, 주의, 경고 등의 불리한 처분을 받게 되는 경우 등이 있다. 이럴 때를 대비하여 경기도교육청 등에서는 다음과 같은 대응 요령을 만들어 배포하였다.

교원 및 행정 기관 교권 침해 시 대응 요령
- 구체적이고 실증적인 자료 확보 및 준비
- 해결이 어렵고 외부에 드러내기 어려운 경우 비밀이 보장되는 교육청 홈페이지나 감사 담당관 내부 고발 사이트 활용

- 상담을 통한 해결이 어려울 경우 시·도 교육청에 설치된 교육청 보통 고충 심사 위원회에 고충 심사 요구
- 고충 심사 의결 내용이 미흡하거나 부당하다고 생각될 경우 처분이 있는 것을 안 날로부터 30일 이내에 교육부에 설치된 교원 소청 심사 위원회에 재심 요구
- 교원 소청 심사 위원회 의결 내용에 만족하지 못할 경우 행정소송
- 계속 근무가 어려울 경우 교육청에 긴급 전보 요청

출처: 경기도교육청, 《2013 교권 보호 길라잡이-이럴 땐 어떻게?》, 2013, 55쪽.

언론에
대처하는 방법

언론 취재, 인터뷰 등 대처 방법

학급에 학교 폭력 문제가 발생했을 때 교사를 곤경에 빠뜨릴 수 있는 것이 언론 보도 내용이다. 특히 '학교의 부실 대응으로 학교 폭력 학생 멍들어' 등의 자극적인 표제로 보도가 되었을 경우 해당 학교는 물론 생활 지도 담당 교사, 담임 교사까지 모두 비난의 표적이 되어 사실관계와 무관하게 큰 고통을 당하기도 한다.

하지만 그러한 부작용에도 불구하고 국민의 알 권리 및 언론 보도의 자유는 헌법상 보장된 권리이기 때문에 취재나 촬영, 언론 보도 자체를 막을 방법은 없다. 그렇기 때문에 학교 폭력 문제 중 언론의 관심을 끌 만한 사건에 있어서는 미리 언론 대응책을 세우고 세부적인 사항까지 협의하는 것이 필요하다.

대부분의 교사는 언론에 노출된 경험이 없기 때문에 언론에 어떻게 대응해야 할지 미리 생각하기 어렵다. 갑자기 기자들이 들이닥쳤을 때 무조건 거부 반응을 보이거나 회피하는 모습을 보인다면, 우리가 뉴스에서 익히 보아온 무책임한 범법자의 모습과 비슷하게 편집되어 보도될 가능성도 배제할 수 없다. 이에 대비하여 언론 대응 매뉴얼을 만들거나 언론 담당자를 두고 있는 학교라면 문제를 수월하게 해결하겠지만 실상은 그렇지 못하기 때문에 교사들의 개별적인 대응이 필요하다.

다음은 교사들이 언론을 대응하는 데 도움이 될 만한 사항들이다.

1) 언론 보도의 취지와 방향 묻기

대부분 기자들은 사실을 파악한 후 기사의 방향을 정하지만, 역으로 기사의 방향을 정하고 사실관계에 해당하는 요소들을 수집하는 경우도 있다. 인터뷰를 요청하는 입장에서 기자가 "선생님께 안 좋은 방향으로 쓸 겁니다"라고 밝히지는 않겠지만, 적어도 그 질문 속에서 보도의 취지를 가늠할 단서를 포착할 수 있을 것이다. 특히 교사의 얼굴을 허락 없이 촬영할 때에는 이를 거부하고, 촬영을 하는 이유와 용도를 묻는 것이 좋다. 또한 기자들에게 언론 보도의 취지 등에 관하여 촬영 협조 공문을 요구하고 그에 따라 협조의 수위를 정하여 회신하겠다고 밝히는 것도 한 방법이다. 이렇게 파악한 정보를 부장 교사나 학교장 등에게 보고하고 지시를 받아 진행한다. 적절한 방법으로 사실관계에 관한 정보를 제공하겠다고 하는데도 불구하고 언론사에서 막무가내로 교사나 학교를 촬영하는 것은 담당 교사가 직접 해결하기 어려우므로 이 역시 부장 교사나 교감, 교장에게 보고하여 지시를 받아 해결한다.

2) 촬영보다는 보도 자료 등 객관적인 제시 방법 활용하기

보통 학교 폭력을 다룬 언론 보도는 학교 측에 부정적인 입장이다. 그러므로 부정적인 취지의 보도에 교사를 촬영한 장면과 인터뷰가 여과 없이 나가게 되면 이후 예측할 수 없는 피해를 당할 수 있다. 또한 일부분만 편집하여 취지를 곡해한 경우에는 더욱 문제가 될 수 있다. 요즘에는 인터넷에 기사가 모두 게시되기 때문에 인터뷰한 교사의 인적 사항이 드러나는 것은 시간문제다. 따라서 언론이 담당 교사를 촬영하고 싶어 하더라도 적절히 거부하고, 대신 객관적인 사실에 관해 보도 자료를 내는 등의 방법을 활용하는 것이 좋다. '아직 진행 중'이라는 말만으로는 기자들의 구체적인 질문을 피하기 어렵고, 오히려 회피하는 듯한 인상을 주어 더욱 부정적으로 보도될 위험성이 있다.

한번은 한 형사 사건에서 피고인이 무죄를 주장하고 있었는데, 기자들은 검찰이 법정에 제출하고자 하는 자료를 날것 그대로 보고 싶어 했다. 그러나 검찰 측의 자료를 사본으로 가지고 있는 변호인의 입장에서 그 자료를 소송 준비 외의 목적으로 활용하는 것은 〈형사소송법〉상 금지되어 있기 때문에 그 점을 설명해주고 요청을 거부했다. 그러자 기자들은 더 이상 무리한 요청을 하지 않았다.

마찬가지로 학교 폭력 문제에 있어서도 사안 조사 중에 교사가 자신의 의견이나 그 세부 사항을 언론에 밝히는 것은 법령의 취지상 허용되는 것이 아니다. 다만 사안 처리 과정, 긴급 보호와 관련해 결정된 사항, 학교 폭력 위원회의 개최 등의 객관적 정보에 대해서는 학교와 협의하여 적절히 공개하는 방법을 고려해볼 수도 있다. 또한 보도 자료 형태로 자료를 정리해 주겠다고 하면 미처 준비하지 못한 채 촬영이나 취재에 응하는 부담을 덜 수 있다. 그러면 무조건 취재를 거부하는 것이 아니므로 기자들도 의혹이 있다는 식의 보도를 할 수는 없게 된다.

하지만 보도 자료에 관해서도 담당 교사가 단독으로 결정해 진행하는 것은 여러 면에서 위험하다. 언론에서 요청한 취재의 내용과 이에 대한 보도 자료의 필요성을 학교장 등에게 보고하고 지시에 따라 대응하는 것이 좋다. 개별 교사가 학교 폭력 문제에 관해 결정권을 가지고 있는 것이 아니므로 자기 반에서 일어난 학교 폭력 사건이라고 해서 아무런 보고나 협의 없이 취재에 응하는 것은 위험하다. 만일 기자들의 취재 요청에 신속하게 응하는 것이 좋겠다고 판단된다면, 보도 자료의 초안까지 작성하여 보도 자료의 필요성에 대해 부장 교사나 교감, 교장에게 재빨리 보고하도록 한다.

언론 피해에 대한 구제 방법

학교 사정이나 교육 환경에 대한 이해도가 낮은 외부인이 작성한 기사에는 사실이 아닌 사항이 실릴 수 있다. 또한 거짓으로 보도한 게 아니라 하더라도 편파적이고 왜곡된 보도로 교사가 피해를 입을 수도 있다. 다행히 이런 경우를 대비해 "언론사 등의 언론 보도 또는 그 매개로 인하여 침해되는 명예 또는 권리나 그 밖의 법익에 관한 다툼이 있는 경우 이를 조정하고 중재하는 등의 실효성 있는 구제 제도를 확립함으로써 언론의 자유와 공적 책임을 조화함"을 목적으로 하는 〈언론중재 및 피해구제 등에 관한 법률〉이 시행되고 있다. 또한 언론 보도로 인한 분쟁의 조정·중재 및 침해 사항을 심의하기 위한 언론중재위원회도 두고 있다.

언론중재위원회는 홈페이지[13]를 통해 '잘못된 보도의 유형'을 소개하고 있는데, 다음 사항에 해당할 때에는 구제 방법을 모색할 필요가 있다.

잘못된 보도의 유형

- 전체 사실 중 일부분만을 부각하여 나쁜 인상을 심어준 보도
- 거짓을 사실인 것처럼 꾸민 허위 보도
- 한쪽의 주장만을 전달한 편파 보도
- 기사 내용과 관련 없는 사진을 보도하여 피해를 준 경우
- 사실을 그릇되게 과장한 보도
- 범죄 혐의자나 범인으로 보도되었으나 수사 결과 혐의가 없는 것으로 밝혀진 경우
- 승낙 또는 정당한 이유 없이 개인의 초상, 음성, 사생활, 성명을 내보낸 경우
- 필자의 허락을 받지 않고 글을 고쳐 원래의 뜻과 다르게 표현된 보도
- 인명이나 지명, 통계 수치 등을 잘못 기록한 보도

위 사항에 해당하는 보도로 피해를 입었다면 정정 보도 청구, 반론 보도 청구, 추후 보도 청구, 손해배상 청구 등의 피해자 구제 방법을 활용할 수 있다. '정정 보도'란 언론의 보도 내용의 전부 또는 일부가 진실하지 않은 경우 이를 진실에 부합하게 고쳐서 보도하는 것을 말하며, '반론 보도'란 언론의 보도 내용의 진실 여부에 관계없이 그와 대립하는 반박 주장을 보도하는 것을

---

13 http://www.pac.or.kr

말한다(〈언론중재 및 피해구제 등에 관한 법률〉 제2조).

언론사 등에 손해배상을 청구할 수 있는 권리도 보장되는데, 재산상 손해 뿐 아니라 인격권 침해 또는 그 밖의 정신적 고통에 대해서도 손해배상 청구 권이 인정된다. 위 법상 손해배상 청구권의 특이한 점은 권리를 명백히 침해 할 우려가 있는 언론사 등에 침해의 예방을 청구할 수 있도록 규정하고 있으 며, 손해배상과 함께 정정 보도의 공표 등 명예 회복에 적당한 처분을 명할 수 있다는 점이다. 다음은 이에 대한 구체적인 요건을 다룬 법 조항이다.

〈언론중재 및 피해구제 등에 관한 법률〉

제14조(정정 보도 청구의 요건)

① 사실적 주장에 관한 언론 보도 등이 진실하지 아니함으로 인하여 피해를 입은 자(이하 "피해자"라 한다)는 해당 언론 보도 등이 있음을 안 날부터 3개월 이내에 언론사, 인터넷 뉴스 서비스 사업자 및 인터넷 멀티미디어 방송 사업자(이하 "언론사 등"이라 한다)에게 그 언론 보도 등의 내용에 관 한 정정 보도를 청구할 수 있다. 다만, 해당 언론 보도 등이 있은 후 6개 월이 지났을 때에는 그러하지 아니하다.

② 제1항의 청구에는 언론사 등의 고의·과실이나 위법성을 필요로 하지 아 니한다.

③ 국가·지방자치단체, 기관 또는 단체의 장은 해당 업무에 대하여 그 기관 또는 단체를 대표하여 정정 보도를 청구할 수 있다.

④ 〈민사소송법〉상 당사자 능력이 없는 기관 또는 단체라도 하나의 생활 단 위를 구성하고 보도 내용과 직접적인 이해관계가 있을 때에는 그 대표자 가 정정 보도를 청구할 수 있다.

제16조(반론 보도 청구권)

① 사실적 주장에 관한 언론 보도 등으로 인하여 피해를 입은 자는 그 보도 내용에 관한 반론 보도를 언론사 등에 청구할 수 있다.

② 제1항의 청구에는 언론사 등의 고의·과실이나 위법성을 필요로 하지 아니하며, 보도 내용의 진실 여부와 상관없이 그 청구를 할 수 있다.

③ 반론 보도 청구에 관하여는 따로 규정된 것을 제외하고는 정정 보도 청구에 관한 이 법의 규정을 준용한다.

제30조(손해의 배상)

① 언론 등의 고의 또는 과실로 인한 위법 행위로 인하여 재산상 손해를 입거나 인격권 침해 또는 그 밖의 정신적 고통을 받은 자는 그 손해에 대한 배상을 언론사 등에 청구할 수 있다.

② 법원은 제1항에 따른 손해가 발생한 사실은 인정되나 손해액의 구체적인 금액을 산정하기 곤란한 경우에는 변론의 취지 및 증거 조사의 결과를 고려하여 그에 상당하다고 인정되는 손해액을 산정하여야 한다.

③ 제1항에 따른 피해자는 인격권을 침해하는 언론사 등에 침해의 정지를 청구할 수 있으며, 그 권리를 명백히 침해할 우려가 있는 언론사 등에 침해의 예방을 청구할 수 있다.

④ 제1항에 따른 피해자는 제3항에 따른 청구를 하는 경우 침해 행위에 제공되거나 침해 행위에 의하여 만들어진 물건의 폐기나 그 밖에 필요한 조치를 청구할 수 있다.

제31조(명예훼손의 경우의 특칙)

타인의 명예를 훼손한 자에 대하여는 법원은 피해자의 청구에 의하여 손해 배상을 갈음하여 또는 손해배상과 함께, 정정 보도의 공표 등 명예 회복에 적당한 처분을 명할 수 있다.

언론 피해 구제 절차를 밟으려면 법령이 정한 방식에 따라 청구권을 행사해야 한다. 먼저 언론사에 공문이나 서면 형식으로 정정 보도, 반론 보도 등을 청구하는 방법이 있다. 사실관계가 허위라는 점을 인식하면 언론사에서 해당 기사를 삭제하거나 정정 보도를 하기도 한다. 하지만 이를 요청해도 언론사가 제대로 된 책임을 지지 않는다면 법적인 절차를 검토해야 한다.

우선 조정 및 중재를 신청하는 방법이 있는데, 조정이 성립되면 재판상 화해의 효과가 있기 때문에 소송을 제기하지 않고도 문제를 해결할 수 있다.[14] 양측이 중재부의 종국적 결정에 따르기로 합의하고 중재를 신청했을 때 중재 결정은 확정 판결과 동일한 효력이 있다. 하지만 당사자 모두 '중재부의 종국적 결정에 따르기로 합의'해야 하기 때문에 언론사가 중재 절차를 거부하는 경우에는 실효성이 적다. 이럴 때 교사 측은 법원에 소송을 제기하여 정정 보도나 반론 보도를 청구할 수 있으며 손해배상 청구도 함께 할 수 있다. 따라서 언론사와의 협의가 원활하지 않을 때에는 소송을 진행하는 것이 시간을 허비하지 않는 방법이다.

참고로 법원은 손해배상과 관련하여 "신문의 어떤 기사가 타인의 명예를 훼손하여 불법 행위가 되는지의 여부는 일반 독자가 기사를 접하는 통상의 방법을 전제로 그 기사의 전체적인 취지와의 연관하에서 기사의 객관적인 내용, 사용된 어휘의 통상적인 의미, 문구의 연결 방법 등을 종합적으로 고려하여 그 기사가 독자에게 주는 전체적인 인상을 기준으로 판단하여야 한다"며 판단 기준을 제시하고 "언론 기관으로서는 그 보도에 앞서 사실의 진실성을 뒷받침할 적절하고도 충분한 취재를 하여야 하고, 기사의 작성

---

14 언론 중재 Eye-Net 사이트(http://people.pac.or.kr)를 통해 인터넷으로 조정 및 중재를 신청할 수 있다.

및 보도 시에도 당해 기사가 주는 전체적인 인상으로 인하여 일반 독자들이 사실을 오해하는 일이 생기지 않도록 그 내용이나 표현 방법 등에 대하여도 주의를 하여야 하는 바, 만약 이러한 주의의무를 충분히 다하지 않았다면 손해배상 책임을 져야 할 것"이라고 판단한 바 있다(2000다50213 판결, 2001다53387 판결 등).

한편 이미 보도된 기사에 대해 정정 보도 청구가 받아들여진다 해도 해당 기사가 개인 블로그 등에 이미 스크랩되어 계속해서 포털 사이트에 검색 및 게시되는 경우가 있다. 이처럼 기사 내용이 이미 삭제되었거나 정정되었음에도 다른 게시자에 의하여 인터넷상에서 피해가 지속될 수 있으므로 그에 대한 대응도 필요하다.

이와 관련해서는 〈정보통신망 이용촉진 및 정보보호 등에 관한 법률〉 제44조의 2에 따라 명예훼손 및 권리 침해에 해당할 경우 게시된 글의 삭제를 요청할 수 있다. 각 포털 서비스는 '검색 결과 제외 요청하기' 등의 서비스를 제공하고 있지만 게시글 원본이 그대로 존재하면 검색 제외 요청에도 불구하고 검색 결과에 다시 반영될 수 있기 때문에 블로그나 웹문서 등의 게시자를 상대로 우선 삭제 청구를 할 필요가 있다.

〈정보통신망 이용촉진 및 정보보호 등에 관한 법률〉

제44조의 2(정보의 삭제 요청 등)

① 정보통신망을 통하여 일반에게 공개를 목적으로 제공된 정보로 사생활 침해나 명예훼손 등 타인의 권리가 침해된 경우 그 침해를 받은 자는 해당 정보를 취급한 정보통신 서비스 제공자에게 침해 사실을 소명하여 그 정보의 삭제 또는 반박 내용의 게재(이하 "삭제 등"이라 한다)를 요청할 수

있다.

② 정보통신서비스 제공자는 제1항에 따른 해당 정보의 삭제 등을 요청받으면 지체 없이 삭제·임시 조치 등의 필요한 조치를 하고 즉시 신청인 및 정보 게재자에게 알려야 한다. 이 경우 정보통신 서비스 제공자는 필요한 조치를 한 사실을 해당 게시판에 공시하는 등의 방법으로 이용자가 알 수 있도록 하여야 한다.

사태 수습 후
학급 운영

앞서 학교 폭력 문제와 직접 연관이 없는 학생들에 대한 대처 방법을 언급한 바 있다. 이번에는 사태 수습 '후'의 학급 운영에 관해 좀 더 상세하게 살펴보자.

담임 교사는 학급 운영에 있어서 지지자, 격려자의 역할을 놓치지 말아야 한다. 만약 담임 교사가 그저 벌을 주는 존재로만 인식되면 학생들은 더 이상 담임 교사를 따르지 않는다. 아이들은 담임 교사가 항상 부드럽고 친절하게 설명해주고, 자신들의 감정에 공감해주며, 정당한 의견에 대해서는 지지해주는 보호자가 되어주길 바란다.

하지만 많은 교사들이 학급에 어떤 일이 벌어지면 '학급 분위기를 잡는다'며 사소한 일에도 엄하게 대처하곤 한다. 그러나 교사의 엄격한 태도에 계속해서 상처를 입는 학생들이 많다는 점을 명심해야 한다. 학교 폭력의 당사자가 아닌 학생들에게도 학교 폭력 사건은 뇌리에서 지우기 힘든 일종의 스트레스로 작용한다. 이를 간과하고 담임 교사가 강압적으로 학생들을 지도하려 한다면 아이들은 쉽게 등을 돌리기 마련이다.

교사가 학교 폭력 문제를 두고 반 전체가 공범인 듯 암시하는 표현을 반복하거나 학급 학생 모두에 대해 실망감을 과도하게 표현하면 학생들은 가중된 스트레스에 시달리게 된다. 당연한 말이지만, 학교 폭력을 예방하는 것은 일차적으로 교사와 학교의 책임이지 이를 목격했다는 이유만으로 학생들이 책임질 일은 아니다. 그보다는 목격자로서 직간접적으로 문제 해결 과정에 참여한 아이들이 보여준 공동체 의식과 용기를 칭찬해주는 편이 교육적으로도 훨씬 바람직하다.

물론 교사도 학교 폭력 상황에서 누구보다 큰 스트레스를 받고 때로는 비난의 대상이 되기 때문에 아이들을 향한 마음이 마냥 좋을 수만은 없다. 학교 폭력 사건을 겪고서는 교사라는 직업에 대한 회의와 염증을 호소하기도 한다. 이런 상황에서 교사에게만 책임을 떠넘기는 것은 적절치 않다. 그러나 우리 교육 환경에서는 학교 폭력 사태 이후의 학급 운영에 대하여 교사를 도와줄 인력이나 제도가 미비하기 때문에 교사들이 각자 대책을 마련해야만 한다.

학교 폭력 사태 수습 후 스트레스 상황 속에 있는 학급을 운영하는 데 도움이 될 만한 방안을 몇 가지 소개한다.

교사 스스로의 **수습**이 **먼저**

교사가 준비되어 있지 않으면 아무리 좋은 프로그램과 교육 방법이 있어도 성공할 수 없다. 학생들은 교사와의 상호 작용을 통해 학습하기 때문에 교사의 내적인 불안과 스트레스는 학생들에게도 그대로 전달되기 때문이다.

교사로 재직하던 시절에 학생이 상담을 하겠다고 찾아와서는 교사인 나를 걱정해준 적이 있었다. 오늘은 자기들끼리 청소할 테니 퇴근 시간에 곧바로 퇴근하라는 말에 갑자기 눈물이 핑 돌기도 했다. 그 당시 무슨 큰일이 있었던 것도 아니었는데 사소한 사건들이 연속으로 일어나 진이 빠져 있던 상태였다. 친한 친구에게도 얘기하지 않고 혼자만 고민하던 상황이었는데, 아이들은 내 눈빛이나 말투, 표정을 보고는 내 감정 상태를 알아차린 것이었다. 그 일 덕분에 교사가 항상 열정적이고 긍정적인 에너지를 전하기는 힘들지만 적어도 아이들에게 걱정과 불안을 심어줘서는 안 된다는 것을 배웠다. 그래서 그날은 바로 퇴근하여 내가 좋아하는 일을 했다.

학급에서 학교 폭력 사건이 발생하면 교사는 매사에 엄격한 기준으로 자신의 행동을 돌아보게 된다. 직접적으로 비난하는 사람이 없더라도 자신의 학급에서 벌어진 일이라는 이유만으로도 교사는 충분히 큰 스트레스를 받을 수밖에 없다. 그러면 겪어본 사람만이 이 기분을 이해할 수 있다는 생각이 들고, 자신이 표적이 되었다는 느낌 때문에 선배나 동료 교사의 위로도 크게 와닿지 않는다.

그렇기 때문에 학교 폭력 사건이 일단 수습된 뒤에는 교사 자신의 상태를 먼저 살펴야 할 필요가 있다. 스트레스를 낮추고, 아이들을 제대로 교육할 준비가 되었는지 살펴보는 것이 중요하다. 다른 교사의 경험이나 관련 서적을 읽으며 마음을 다잡아도 좋고, 신체 활동을 통해 활력을 찾는 것도 좋다. 다만 스스로 해결할 수 없는 마음의 상처 때문에 고통스럽다면, 아이들과 마찬가지로 교사도 전문 상담 기관의 도움을 받을 필요가 있다.

개별 상담의 중요성

교사로서의 경험이 별로 길진 않지만, 그 경험 동안 가장 감동적이었던 것은 학생들이 상담을 통해 변화해가는 모습을 보는 것이었다. 학생들이 상담을 통해 스스로의 문제를 발견하고 극복해나가는 모습을 보면서 다른 무엇보다도 큰 보람을 느꼈다. 대개 아이들은 상담하자고 하면 처음에는 잔소리를 듣거나 혼날 것이라고 예상하여 방어적인 자세를 취하는데, 시간이 갈수록 아이들 쪽에서 교사와의 일대일 상담 시간을 먼저 원할 만큼 상담을 좋아하는 듯했다. 아이들이 왜 상담하는 것을 좋아했는지 정확히는 모르겠지만, 아이들은 자신의 문제나 고민을 들어주고 자신을 지지해주는 어른과 이야기할 수 있다는 것 자체를 좋아했던 것 같다. 특히 학급 내에서 편을 나누어 싸우는 등의 친구 문제가 있거나 입시 스트레스가 극에 달한 시점에는 더욱 신경 써서 상담을 하거나 대화를 시도했는데, 그 덕분에 학급 전체의 날카로운 분위기가 수그러들고 학생들의 스트레스 정도도 낮아지는 것을 경험했다.

이처럼 학생들과 대화를 많이 나누는 것은 그 자체로 그들을 지지하는 의사 표현이 된다. 물론 교사가 상담의 기법을 배우고 소양을 높인다면 더욱 효과가 클 것이다. 또한 스스로는 인지하지 못하지만 올바르지 않은 대화 태도와 적절치 못한 어휘 사용은 아이들에게 반감을 사거나 교육적으로도 해가 될 수 있기 때문에 상담에 관한 연수나 교육을 통해 개선해나갈 필요가 있다.

그러나 현실적으로는 대부분 교사들이 격무에 시달리느라 일과 중에 학생들과 개별적으로 상담할 시간을 내기가 매우 어렵다. 게다가 학교 폭력 문제를 겪으며 이미 지칠 대로 지친 교사에게 따로 시간을 내어 초과 업무를 하라고 강요하는 것은 적절치 않다. 하지만 학교 폭력 문제만큼은 특별한 관심이 필요하다는 점, 그리고 어떤 역경이든 이를 적절히 해결해나가는 모습을 보여주는 것이 교육적으로도 온당하다는 점은 굳이 길게 설명하지 않더라도 교사라면 모두 동의할 것이다. 그러므로 학교 폭력 사건이 있은 뒤 수습하는 시기에는 꼭 학생들과 개별적으로 상담하는 시간을 갖길 권한다.

또래 상담, 집단 상담, 레크리에이션 등의 활용

또래 상담이란 "비슷한 연령과 유사한 경험 및 가치관 등을 지닌 청소년들이 일정한 훈련을 받은 후에 자신의 경험을 바탕으로 하여 주변에 있는 다른 또래들의 정상적인 발달 과정에서 일어날 수 있는 문제의 해결에 조력하여 이들이 성장, 발달할 수 있도록 생활의 제반 영역에서 지지적인 도움을 제공하는 것"이라 할 수 있다.[15] 또래 상담은 오래전부터 연구되고 여러 프로그램이 소개되기도 했지만 학교 현장에서 활용하기 어려운 한계들이 있었고, 일반 교사들이 연수나 교육 없이 상담 프로그램을 운영하기에는 어려움이 컸다.

그러던 중 2012년 한국청소년상담원에서 교사들이 학교 현장에서 활용할 수 있도록 또래 상담에 관한 운영지침서와 워크북을 발간하였다. 이 운영지침서는 또래 상담의 이해와 기획, 운영, 평가 등에 관한 지침과 더불어 참고 자료를 풍부하게 수록해 따로 상담을 교육받지 않은 일반 교사들도 쉽게 활용할 수 있도록 하였다. 이 자료는 한국청소년상담복지개발원 전자도서관에서 무료로 내려받을 수 있다.[16]

---

15 한국청소년상담원,《학교또래상담 운영지침서》, 2012, 10쪽.

또한 집단 상담 프로그램이나 레크리에이션도 학생들의 긴장을 완화하고 친구들과의 연대 의식과 공동체 의식을 키우는 데 도움이 된다. 이를 위해 활용할 수 있는 자료 또한 위의 운영지침서에 수록돼 있다.[17]

추가적으로 발생 가능한 학교 폭력에 대한 예방 교육

학교 폭력 사건이 발생한 뒤에는 그 신고 경위나 처리 과정에 따라 학생들 사이에서도 불필요한 오해가 생기곤 한다. 이에 따라 가해학생과 피해학생은 물론이고 사건에 관련된 학생들까지 다른 학생들에게 비난받는 경우가 생길 수 있고, 학생들끼리 편을 나누어 다툴 수도 있다.

학교 폭력은 일회적인 경우보다 지속적인 경우가 많으며, 아동·청소년기 학생들의 특성상 추가적인 학교 폭력이 일어날 가능성이 높다. 학교 폭력 예방 교육은 법령에서 정한 의무이므로 이를 이행하지 않거나 형식적으로만 진행하면 이후 심각한 문제가 될 수 있다. 이에 대한 구체적인 법령은 다음과 같다.

〈학교폭력예방 및 대책에 관한 법률〉

제15조(학교 폭력 예방 교육 등)

① 학교의 장은 학생의 육체적·정신적 보호와 학교 폭력의 예방을 위한 학

---

16 한국청소년상담복지개발원〉전자도서관(https://www.kyci.or.kr/usersite/lib/public_read.asp?idx=E407&Page=1&Gubun=T&orderMdate=정렬&SearchGubun=bname&SearchText=학교또래상담 운영지침서).

17 앞의 책, 86~88쪽.

생들에 대한 교육(학교 폭력의 개념·실태 및 대처방안 등을 포함하여야 한다)을 학기별로 1회 이상 실시하여야 한다.

② 학교의 장은 학교 폭력의 예방 및 대책 등을 위한 교직원 및 학부모에 대한 교육을 학기별로 1회 이상 실시하여야 한다.

〈학교폭력예방 및 대책에 관한 법률 시행령〉

제17조(학교 폭력 예방 교육)

2. 학생에 대한 학교 폭력 예방 교육은 학급 단위로 실시함을 원칙으로 하되, 학교 여건에 따라 전체 학생을 대상으로 한 장소에서 동시에 실시할 수 있다.

이처럼 학교 폭력 예방 교육은 법령에 명시된 학교와 교사의 의무이다. 특히 이미 학교 폭력이 발생한 학급에서 학교 폭력 예방 교육이 부실해 또다시 사건이 일어났다면 학교와 교사의 책임이 매우 무겁게 평가될 수 있다.

다행히 학교 폭력 예방에 관해서는 많은 프로그램이 제작·배포되고 있어서 쉽게 활용할 수 있다. 각급 교육청에도 자료가 있고, 학교 폭력 예방 종합 포털 사이트에도 수많은 자료가 있다. 그중 한국교육개발원이 개발한 학교 폭력 예방 프로그램인 '어울림'은 초등학교, 중학교, 고등학교 등 학생의 발달 과정에 맞게 개발되었으며 교사, 학부모, 학생용 자료를 각각 제공하고 있다. 또한 갈등 해결, 자기존중감, 감정 조절, 의사소통, 공감 등 주제별로 교육할 수 있다는 장점이 있다.[18]

---

18 학교폭력예방연구지원센터〉어울림프로그램〉자료실(https://stopbullying.kedi.re.kr/board.do?mode=trainingList).

〈학교폭력예방 및
대책에 관한 법률〉
해설

피해학생의
보호를 위한 법령

●
●
●

학교폭력예방법의 제정으로 피해학생을 보호하고 적절한 조치를 취할 수 있는 법적 근거가 마련되었다. 하지만 학교 폭력에 대한 안내나 교육이 모두 예방에서 신고까지의 과정에 초점이 맞춰져 있기 때문에 신고 이후 긴급 조치, 사안 조사에서부터 학교 폭력 위원회의 결정 및 학교장의 처분에 이르기까지의 과정에서 피해학생 측이 활용할 수 있는 법령이나 제도에 대해서는 제대로 안내가 이뤄지지 않고 있다. 그 결과 많은 부모들이 개별적으로 변호사를 찾아 무엇을 어떻게 해야 하는지 자문을 구하기도 하고, 부모가 잘 몰라서 자식이 또 다른 피해를 당하지는 않을까 전전긍긍하기도 한다.

실제로 법령에 명문으로 허용된 요청에 대해서도 학교 측이 근거 없이 무조건 거부하는 경우도 보았는데, 이러한 상황은 피해학생 및 그 보호자에게 또 다른 고통을 안겨줄 수 있다. 이러한 현실에 대한 안타까움을 담아 지금부터 단계별로 피해학생 측에서 활용할 수 있는 주요 법령을 소개하고자 한다.

학교 폭력 피해의 발견, 신고 단계

학교 폭력 피해를 발견해 신고하는 단계에서 담임 교사나 담당 교사가 적정한 절차를 진행하지 않으면 피해학생 부모로서는 추가로 발생할 수 있는 학교 폭력 피해를 크게 걱정하지 않을 수 없다. 또한 학생들을 보호하고 감독해야 할 학교가 학교 폭력 문제를 방관한다는 의심을 품게 될 수 있다.

특히 우리 법령에는 학교 폭력 피해학생과 그 보호자뿐 아니라 누구라도 학교 폭력을 의무적으로 신고하도록 규정하고 있으며, 심지어 학교 폭력이 아직 일어나지 않았어도 그 예비·음모(학교 폭력을 준비하고 모의, 계획하는 단계)에 관해 알게 된 자도 이를 고발할 수 있도록 규정하고 있다. 또 교사는 이미 발생한 학교 폭력 사건뿐 아니라 사전의 예비·음모 단계에 관한 것이라도 학교장에게 보고해야 하며, 보고를 받은 학교장은 학교 폭력 발생 사실에 관하여 학교 폭력 위원회와 교육감에게 지체 없이 통보해야 한다. 따라서 학교 폭력 신고를 받지 않거나 신고를 받고도 적법한 절차를 진행하지 않는 것은 교사 및 학교장의 직무상 허용되지 않는다.

이와 관련한 구체적인 법령은 다음과 같다.

〈학교폭력예방 및 대책에 관한 법률〉

제20조(학교 폭력의 신고 의무)

① 학교 폭력 현장을 보거나 그 사실을 알게 된 자는 학교 등 관계 기관에 이를 즉시 신고하여야 한다.

② 제1항에 따라 신고를 받은 기관은 이를 가해학생 및 피해학생의 보호자와 소속 학교의 장에게 통보하여야 한다. 〈개정 2009. 5. 8〉

③ 제2항에 따라 통보받은 소속 학교의 장은 이를 자치위원회에 지체 없이 통보하여야 한다. 〈신설 2009. 5. 8〉

④ 누구라도 학교 폭력의 예비·음모 등을 알게 된 자는 이를 학교의 장 또는 자치위원회에 고발할 수 있다. 다만, 교원이 이를 알게 되었을 경우에는 학교의 장에게 보고하고 해당 학부모에게 알려야 한다. 〈개정 2009. 5. 8, 2012. 1. 26〉

⑤ 누구든지 제1항부터 제4항까지에 따라 학교 폭력을 신고한 사람에게 그 신고 행위를 이유로 불이익을 주어서는 아니 된다. 〈신설 2012. 3. 21〉

제20조의 2(긴급 전화의 설치 등)

① 국가 및 지방자치단체는 학교 폭력을 수시로 신고받고 이에 대한 상담에 응할 수 있도록 긴급 전화를 설치하여야 한다.

② 국가와 지방자치단체는 제1항에 따른 긴급 전화의 설치·운영을 대통령령으로 정하는 기관 또는 단체에 위탁할 수 있다. 〈신설 2012. 1. 26〉

③ 제1항과 제2항에 따른 긴급 전화의 설치·운영·위탁에 필요한 사항은 대통령령으로 정한다. 〈개정 2012. 1. 26〉

제19조(학교의 장의 의무)

학교의 장은 교육감에게 학교 폭력이 발생한 사실 및 제16조(피해학생의 보호), 제16조의 2(장애 학생의 보호), 제17조(가해학생에 대한 조치), 제17조의 2(재심 청구) 및 제18조(분쟁 조정)에 따른 조치 및 그 결과를 보고하고, 관계 기관과 협력하여 교내 학교 폭력 단체의 결성 예방 및 해체에 노력하여야 한다.

〈학교폭력예방 및 대책에 관한 법률 시행령〉

제30조(긴급 전화의 설치·운영)

법 제20조의 2에 따른 긴급 전화는 경찰청장과 지방경찰청장이 운영하는 학교 폭력 관련 기구에 설치한다.

긴급 보호 요청 단계

학교 폭력 신고 후에도 학교 폭력 위원회의 개최와 결정 전까지 아무런 조치를 취할 수 없다면 피해학생 측은 불안할 수밖에 없다. 이러한 문제점을 해결하고자 학교폭력예방법은 피해학생이 긴급 보호를 요청할 경우 학교 폭력 위원회의 개최와 결정 전에 심리 상담 및 조언, 일시 보호 등 피해학생의 보호를 위해 필요한 조치를 할 수 있다고 규정하고 있다.

또한 학교 폭력으로 신고된 가해학생에 대하여 학교장이 우선 출석 정지 조치를 할 수도 있는데, 피해학생 부모 입장에서는 피해를 당한 자식이 다른 곳에서 일시 보호를 받는 것보다 가해학생에게 출석 정지 조치를 내리는 것을 선호한다. 다만 이는 아직 사안을 조사하고 학교 폭력 위원회에서 결정을 내리기 전에 학교장이 우선적으로 취하는 조치이며, 가해학생 입장에서는 매우 불이익한 조치일 수 있으므로 그 적용 여부를 둘러싸고 의견 대립이 있을 수 있다.

그러나 학교폭력예방법 시행령에서는 비교적 상세하게 가해학생들에 대한 우선 출석 정지 요건을 정하고 있다. 학교폭력예방법 시행령에 따르면 두 명 이상의 학생이 고의적·지속적으로 폭력을 행사한 경우, 학교 폭력을 행사하여 전치 2주 이상의 상해를 입힌 경우, 학교 폭력에 대한 신고·진술·자료 제공 등에 대한 보복을 목적으로 폭력을 행사한 경우, 학교의 장이 피해학생을 가해학생으로부터 긴급하게 보호할 필요가 있다고 판단하는 경우에 학교장이 가해학생들에 대하여 우선 출석 정지 조치를 할 수 있다. 따라서 두 명 이상의 학생이 고의적으로 폭행하여 전치 2주 이상의 진단을 받았다면 가해학생에 대한 우선 출석 정지 조치를 요청할 근거가 될 수 있다.

또한 우선 출석 정지 외에도 학교장은 가해학생에 대한 선도가 긴급하다고 인정될 경우 피해학생에 대한 서면 사과, 접촉·협박 및 보복 행위의 금지, 교내 봉사, 특별 교육 이수 또는 심리 치료 조치 등을 할 수 있으므로 피해학생 측이 이를 적절히 요청하는 것도 하나의 방법이다.

이와 관련한 구체적인 법령은 다음과 같다.

〈학교폭력예방 및 대책에 관한 법률〉

제16조(피해학생의 보호)

① 자치위원회는 피해학생의 보호를 위하여 필요하다고 인정하는 때에는 피해학생에 대하여 다음 각 호의 어느 하나에 해당하는 조치(수 개의 조치

를 병과하는 경우를 포함한다)를 할 것을 학교의 장에게 요청할 수 있다. 다만, 학교의 장은 피해학생의 보호를 위하여 긴급하다고 인정하거나 피해학생이 긴급 보호의 요청을 하는 경우에는 자치위원회의 요청 전에 제1호, 제2호 및 제6호의 조치를 할 수 있다. 이 경우 자치위원회에 즉시 보고하여야 한다. 〈개정 2012. 3. 21〉

1. 심리 상담 및 조언

2. 일시 보호

3. 치료 및 치료를 위한 요양

4. 학급 교체

5. 삭제 〈2012. 3. 21〉

6. 그 밖에 피해학생의 보호를 위하여 필요한 조치

② 자치위원회는 제1항에 따른 조치를 요청하기 전에 피해학생 및 그 보호자에게 의견 진술의 기회를 부여하는 등 적정한 절차를 거쳐야 한다. 〈신설 2012. 3. 21〉

③ 제1항에 따른 요청이 있는 때에는 학교의 장은 피해학생의 보호자의 동의를 받아 7일 이내에 해당 조치를 하여야 하고 이를 자치위원회에 보고하여야 한다. 〈개정 2012. 3. 21〉

④ 제1항의 조치 등 보호가 필요한 학생에 대하여 학교의 장이 인정하는 경우 그 조치에 필요한 결석을 출석 일수에 산입할 수 있다. 〈개정 2012. 3. 21〉

⑤ 학교의 장은 성적 등을 평가함에 있어서 제3항에 따른 조치로 인하여 학생에게 불이익을 주지 아니하도록 노력하여야 한다. 〈개정 2012. 3. 21〉

(⑥ ~⑧ 생략)

제17조(가해학생에 대한 조치)

① 자치위원회는 피해학생의 보호와 가해학생의 선도·교육을 위하여 가해
학생에 대하여 다음 각 호의 어느 하나에 해당하는 조치(수 개의 조치를 병
과하는 경우를 포함한다)를 할 것을 학교의 장에게 요청하여야 하며, 각 조
치별 적용 기준은 대통령령으로 정한다. 다만, 퇴학 처분은 의무 교육 과
정에 있는 가해학생에 대하여는 적용하지 아니한다.

1. 피해학생에 대한 서면 사과

2. 피해학생 및 신고·고발 학생에 대한 접촉, 협박 및 보복 행위의 금지

3. 학교에서의 봉사

4. 사회봉사

5. 학내외 전문가에 의한 특별 교육 이수 또는 심리 치료

6. 출석 정지

7. 학급 교체

8. 전학

9. 퇴학 처분

(② ~③ 생략)

④ 학교의 장은 가해학생에 대한 선도가 긴급하다고 인정할 경우 우선 제1
항 제1호부터 제3호까지, 제5호 및 제6호의 조치를 할 수 있으며, 제5호
와 제6호는 병과 조치할 수 있다. 이 경우 자치위원회에 즉시 보고하여
추인을 받아야 한다. 〈개정 2012. 1. 26, 2012. 3. 21〉

<〈학교폭력예방 및 대책에 관한 법률 시행령〉>

제21조(가해학생에 대한 우선 출석 정지 등)

① 법 제17조 제4항에 따라 학교의 장이 출석 정지 조치를 할 수 있는 경우
   는 다음 각 호와 같다.

   1. 2명 이상의 학생이 고의적·지속적으로 폭력을 행사한 경우

   2. 학교 폭력을 행사하여 전치 2주 이상의 상해를 입힌 경우

   3. 학교 폭력에 대한 신고, 진술, 자료 제공 등에 대한 보복을 목적으로
      폭력을 행사한 경우

   4. 학교의 장이 피해학생을 가해학생으로부터 긴급하게 보호할 필요가
      있다고 판단하는 경우

사안 조사 단계

피해학생과 그 보호자는 피해 사실의 확인을 위하여 전담 기구에 학교 폭력 발생 및 현황 등에 대한 실태 조사를 요구할 수 있다. 이때 '전담 기구'란 학교 폭력 문제를 담당하는 기구를 말하며 교감, 전문 상담 교사, 보건 교사, 책임 교사 등으로 구성된다. 또한 학교장은 학교 폭력 사태를 인지한 경우 지체 없이 전담 기구 또는 소속 교원으로 하여금 가해 및 피해 사실 여부를 확인하도록 법령에서 규정하고 있다. 따라서 학교 폭력 신고 후 명확한 사안 조사가 이루어지지 않고 있다면 직접 실태 조사를 요청할 수 있으며 학교장에게 조속한 처리를 촉구할 수 있다.

다만 학교에서 이미 사안 조사를 하고 있긴 하나 그 방법이 적정치 못한 경우가 있을 수 있는데, 이에 대한 세부 규정이 없으므로 피해학생 측이 사안 조사의 방법까지 특정하여 요청할 수 있는 근거는 없다. 대신 각 교육청의 지침을 확인하여 적정한 절차에 관해 의견을 진술하는 방법이 있다. 예컨대 충청남도교육청의 〈학교 폭력 근절 전문 변호사 초청 교육공동체 법률 연수 자료〉에서는 가해학생 측이 학교 폭력 행위를 한 사실을 부인하는 등의 경우에는 전교생에 대한 설문 조사를 적극 추천하고 있으므로 이 부분을 활용해 의견을 제시할 수 있다.

- 피해 사실을 확인하기 위한 방법으로 전교생을 대상으로 한 설문 조사를 적극 추천합니다. 예를 들어 가해학생 측이 비행 행위를 부정하는 한편 진술서의 작성을 극구 거부한다 하더라도 설문 조사서를 바탕으로 자치위원회 개최 및 선도 조치가 가능합니다.
- 나아가 설문 조사서는 객관적이고 중립적인 보강 증거로서, 가해학생의 비행 행위를 가장 명확하게 입증해줄 수 있는 자료이므로 향후 재심 및 행정심판 등에 있어서 유용한 증거 자료로 활용될 수 있습니다.

출처: 충청남도교육청, 〈학교 폭력 근절 전문 변호사 초청 교육공동체 법률 연수 자료〉, 2013.

또한 학교 폭력 조사 기준과 관련하여 다음과 같이 '폭력 유형별 중점 파악 요소'에 관한 기준도 마련되어 있으므로 이를 참고하여 의견을 제시할 수 있다.

학교 폭력 조사 기준 - 폭력 유형별 중점 파악 요소

폭력 유형		중점 파악 요소
신체적 폭력		상해의 심각성, 감금·신체적 구속 여부, 성폭력 여부
경제적 폭력		반환 여부, 손괴 여부, 협박/강요의 정도
정서적 폭력	괴롭힘	지속성 여부, 협박/강요의 정도, 성희롱 여부
	따돌림	
언어적 폭력		욕설/비속어, 허위성, 성희롱 여부
사이버 매체 폭력		명의 도용, 폭력성/음란성, 유포의 정도, 사이버 성폭력 여부

출처: 〈학교 폭력 가해학생에 대한 조치별 적용을 위한 세부 기준(고시) 제정안 행정예고〉, 교육과학기술부 공고 제2013-46호, 3쪽.

사안 조사 과정에서 피해학생 측이 참고할 만한 법령은 다음과 같다.

〈학교폭력예방 및 대책에 관한 법률〉

제14조(전문 상담 교사 배치 및 전담 기구 구성)

③ 학교의 장은 교감, 전문 상담 교사, 보건 교사 및 책임 교사(학교 폭력 문제를 담당하는 교사를 말한다) 등으로 학교 폭력 문제를 담당하는 전담 기구(이하 "전담 기구"라 한다)를 구성하며, 학교 폭력 사태를 인지한 경우 지체 없이 전담 기구 또는 소속 교원으로 하여금 가해 및 피해 사실 여부를 확인하도록 한다. 〈개정 2012. 3. 21〉

④ 전담 기구는 학교 폭력에 대한 실태 조사(이하 "실태 조사"라 한다)와 학교 폭력 예방 프로그램을 구성·실시하며, 학교의 장 및 자치위원회의 요구

가 있는 때에는 학교 폭력에 관련된 조사 결과 등 활동 결과를 보고하여
야 한다. 〈개정 2012. 3. 21〉

⑤ 피해학생 또는 피해학생의 보호자는 피해 사실 확인을 위하여 전담 기구
에 실태 조사를 요구할 수 있다. 〈신설 2009. 5. 8, 2012. 3. 21〉

학교 폭력 위원회의 개최, 결정 단계

학교 폭력 위원회는 피해학생을 보호하기 위한 조치를 결정하는 한편 가해
학생에 대한 조치도 결정한다.

학교 폭력 위원회가 피해학생을 보호하기 위해 결정하는 조치로는 심리
상담 및 조언, 일시 보호, 치료 및 치료를 위한 요양, 학급 교체 등이 있으며,
그 밖에 필요한 조치를 학교장에게 요청할 수 있다. 단, 학교 폭력 위원회는
학교장에게 해당 조치를 요청하기 전에 피해학생 및 그 보호자에게 의견 진
술의 기회를 부여하는 등 적정한 절차를 거쳐야 한다. 다시 말해 피해학생 측
은 학교 폭력 위원회에서 자신의 피해를 최소화하고 적절한 방법으로 보호
받기 위하여 원하는 바를 진술할 권리가 있다. 따라서 위의 보호조치 중 원하
지 않거나 추가적으로 원하는 조치가 있다면 아래 법령을 참조하여 학교 폭
력 위원회 절차에서 명확히 의견을 진술할 필요가 있다.

학교 폭력 위원회에서 조치 요청 사항을 결정하여 학교장에게 보호조치를
요청하면 학교장은 피해학생 보호자의 동의를 얻어 7일 이내에 해당 조치를
시행해야 한다. 만일 학교장이 보호자의 동의 없이 조치를 시행하거나 보호

자가 동의했음에도 불구하고 7일이 경과하여도 조치를 취하지 않는다면 법 조항을 근거로 하여 법적으로 보장된 사항을 요청할 수 있다.

한편 보호가 필요한 학생에 대하여 학교장이 인정하는 경우 보호조치에 필요한 결석을 출석 일수에 산입할 수 있다. 또한 학교장은 성적 등을 평가함에 있어서 보호조치로 인해 학생이 불이익을 받지 않도록 노력해야 할 의무가 있다. 따라서 피해학생 측은 이후 진학이나 수상 등에 있어 불이익이 없도록 위 사항을 학교 측에 요청할 수 있다.

가해학생에 관한 조치 역시 학교 폭력 위원회에서 결정하는데, 대부분의 학교에서 피해학생 보호조치와 가해학생에 대한 조치를 같은 날 함께 논의하는 것으로 보인다. 가해학생에 대한 조치로는 피해학생에 대한 서면 사과, 피해학생 및 신고·고발 학생에 대한 접촉·협박 및 보복 행위의 금지, 학교에서의 봉사, 사회봉사, 학내외 전문가에 의한 특별 교육 이수 또는 심리 치료, 출석 정지, 학급 교체, 전학, 퇴학 처분 등이 있다(퇴학 처분은 의무 교육 과정에 있는 가해학생에 대해서는 적용하지 않는다).

가해학생에 대한 조치는 가해학생이 행사한 학교 폭력의 심각성·지속성·고의성, 가해학생의 반성 정도, 해당 조치로 인한 가해학생의 선도 가능성, 가해학생 및 보호자와 피해학생 및 보호자 간의 화해 정도와 더불어 피해학생이 장애 학생인지, 가해학생의 폭력 행위가 피해학생이나 신고·고발 학생에 대한 협박 또는 보복 행위인지 등을 고려하여 결정한다. 이에 더해 교사 행위를 했는지, 두 명 이상의 집단 폭력을 행사했는지, 위험한 물건을 사용했는지, 폭력 행위를 주도했는지, 정신적·신체적으로 심각한 장해를 유발했는지 등도 판단의 기준이 된다.

가해학생에 대한 조치를 결정할 때는 피해 정도나 학교 폭력 발생 경위 등에 대한 피해학생 측의 진술이 중요한 판단 근거가 될 수밖에 없다. 그러므로 위의 판단 기준을 참고하여 학교 폭력 피해의 심각성과 사건 발생 경위에서 드러난 가해학생의 고의적이고 지속적인 행위 등을 피해학생 입장에서 적절히 진술하는 것이 필요하다.

학교 폭력 위원회가 조치 사항을 결정하여 학교장에게 가해학생에 대한 조치를 요청하면 학교장은 14일 이내에 해당 조치를 시행해야 한다. 만일 조치가 지연된다면 피해학생 보호자는 법령을 근거로 하여 조속히 조치를 시행할 것을 촉구할 수 있다.

가해학생에 대한 조치는 학교생활기록부에 기재되는데, 조치의 종류에 따라 학교생활기록부에 보존되거나 삭제되는 기한이 다르다. 학교생활기록부에 오래 보존되는 조치일수록 엄한 징계라고 볼 수 있는데, 학교생활기록부는 진학 등에 중요한 영향을 미칠 수 있으므로 가해학생에게는 큰 불이익이 될 수 있기 때문이다.

학교 폭력과 관련한 학교생활기록부 기재 및 보존 사항은 다음과 같다.

학교생활기록부 항목별 학교 폭력 조치 사항 기록 관리 방법

가해학생 조치 사항 〈학교폭력예방 및 대책에 관한 법률〉 제17조 제1항	학교생활기록부 영역	삭제 시기
제1호(피해학생에 대한 서면사과)	행동특성 및 종합의견	-졸업과 동시(졸업식 이후부터 2월 말 사이 졸업생 학적 반영 이전) -학업 중단자는 해당 학생이 학적을 유지하였을 경우를 가정하여 졸업할 시점
제2호(피해학생 및 신고·고발 학생에 대한 접촉, 협박 및 보복행위의 금지)		
제3호(학교에서의 봉사)		
제7호(학급교체)		
제4호(사회봉사)	출결상황 특기사항	-졸업일로부터 2년 후 -졸업 직전 학교폭력대책자치위원회의 심의를 거쳐 졸업과 동시 삭제 가능 -학업 중단자는 해당 학생이 학적을 유지하였을 경우를 가정하여 졸업하였을 시점으로부터 2년 후
제5호(학내외 전문가에 의한 특별교육 이수 또는 심리치료)		
제6호(출석정지)		
제8호(전학)	학적사항 특기사항	
제9호(퇴학처분)		-삭제 대상 아님

출처: 교육부홈페이지〉정책〉초·중·고 교육〉'2017학년도 학교생활기록부 기재요령 안내', 222쪽.

    지난해 학교 폭력 위원회 위원 중에 가해학생 학부모가 포함되어 있어 문제가 된 적이 있었는데[19] 이런 경우를 포함하여 위원에게 공정한 심의를 기대하기 어려운 사정이 있다고 인정할 만한 상당한 사유가 있을 때에는 학교 폭력 위원회에 그 사실을 서면으로 소명하고 기피 신청을 할 수 있다.

---

19 '학교 폭력이 장난?… 가해자 부모가 징계 위원',《MBN》뉴스, 2013년 11월 1일.

〈학교폭력예방 및 대책에 관한 법률〉

제16조(피해학생의 보호)

① 자치위원회는 피해학생의 보호를 위하여 필요하다고 인정하는 때에는 피해학생에 대하여 다음 각 호의 어느 하나에 해당하는 조치(수 개의 조치를 병과하는 경우를 포함한다)를 할 것을 학교의 장에게 요청할 수 있다. 다만, 학교의 장은 피해학생의 보호를 위하여 긴급하다고 인정하거나 피해학생이 긴급 보호의 요청을 하는 경우에는 자치위원회의 요청 전에 제1호, 제2호 및 제6호의 조치를 할 수 있다. 이 경우 자치위원회에 즉시 보고하여야 한다. 〈개정 2012. 3. 21〉

1. 심리 상담 및 조언

2. 일시 보호

3. 치료 및 치료를 위한 요양

4. 학급 교체

5. 삭제 〈2012. 3. 21〉

6. 그 밖에 피해학생의 보호를 위하여 필요한 조치

② 자치위원회는 제1항에 따른 조치를 요청하기 전에 피해학생 및 그 보호자에게 의견 진술의 기회를 부여하는 등 적정한 절차를 거쳐야 한다. 〈신설 2012. 3. 21〉

③ 제1항에 따른 요청이 있는 때에는 학교의 장은 피해학생의 보호자의 동의를 받아 7일 이내에 해당 조치를 하여야 하고 이를 자치위원회에 보고하여야 한다. 〈개정 2012. 3. 21〉

④ 제1항의 조치 등 보호가 필요한 학생에 대하여 학교의 장이 인정하는 경우 그 조치에 필요한 결석을 출석 일수에 산입할 수 있다. 〈개정 2012. 3. 21〉

⑤ 학교의 장은 성적 등을 평가함에 있어서 제3항에 따른 조치로 인하여 학생에게 불이익을 주지 아니하도록 노력하여야 한다. 〈개정 2012. 3. 21〉

제17조(가해학생에 대한 조치)

① 자치위원회는 피해학생의 보호와 가해학생의 선도·교육을 위하여 가해학생에 대하여 다음 각 호의 어느 하나에 해당하는 조치(수 개의 조치를 병과하는 경우를 포함한다)를 할 것을 학교의 장에게 요청하여야 하며, 각 조치별 적용 기준은 대통령령으로 정한다. 다만, 퇴학 처분은 의무 교육 과정에 있는 가해학생에 대하여는 적용하지 아니한다. 〈개정 2009. 5. 8, 2012. 1. 26, 2012. 3. 21〉

1. 피해학생에 대한 서면 사과

2. 피해학생 및 신고·고발 학생에 대한 접촉, 협박 및 보복 행위의 금지

3. 학교에서의 봉사

4. 사회봉사

5. 학내외 전문가에 의한 특별 교육 이수 또는 심리 치료

6. 출석 정지

7. 학급 교체

8. 전학

9. 퇴학 처분

② 제1항에 따라 자치위원회가 학교의 장에게 가해학생에 대한 조치를 요청할 때 그 이유가 피해학생이나 신고·고발 학생에 대한 협박 또는 보복 행위일 경우에는 같은 항 각 호의 조치를 병과하거나 조치 내용을 가중할 수 있다. 〈신설 2012. 3. 21〉

③ 제1항 제2호부터 제4호까지 및 제6호부터 제8호까지의 처분을 받은 가해학생은 교육감이 정한 기관에서 특별 교육을 이수하거나 심리 치료를

받아야 하며, 그 기간은 자치위원회에서 정한다. 〈개정 2012. 1. 26, 2012. 3. 21〉

④ 학교의 장은 가해학생에 대한 선도가 긴급하다고 인정할 경우 우선 제1항 제1호부터 제3호까지, 제5호 및 제6호의 조치를 할 수 있으며, 제5호와 제6호는 병과 조치할 수 있다. 이 경우 자치위원회에 즉시 보고하여 추인을 받아야 한다. 〈개정 2012. 1. 26, 2012. 3. 21〉

⑤ 자치위원회는 제1항 또는 제2항에 따른 조치를 요청하기 전에 가해학생 및 보호자에게 의견 진술의 기회를 부여하는 등 적정한 절차를 거쳐야 한다. 〈개정 2012. 3. 21〉

⑥ 제1항에 따른 요청이 있는 때에는 학교의 장은 14일 이내에 해당 조치를 하여야 한다. 〈개정 2012. 1. 26, 2012. 3. 21〉

〈학교폭력예방 및 대책에 관한 법률 시행령〉

제19조(가해학생에 대한 조치별 적용 기준)

법 제17조 제1항의 조치별 적용 기준은 다음 각 호의 사항을 고려하여 결정하고, 그 세부적인 기준은 교육부 장관이 정하여 고시한다. 〈개정 2013. 3. 23〉

1. 가해학생이 행사한 학교 폭력의 심각성·지속성·고의성
2. 가해학생의 반성 정도
3. 해당 조치로 인한 가해학생의 선도 가능성
4. 가해학생 및 보호자와 피해학생 및 보호자 간의 화해의 정도
5. 피해학생이 장애 학생인지 여부

제26조(자치위원회 위원의 제척·기피 및 회피)

① 자치위원회의 위원은 법 제16조, 제17조 및 제18조에 따라 피해학생과

가해학생에 대한 조치를 요청하는 경우와 분쟁을 조정하는 경우 다음 각 호의 어느 하나에 해당하면 해당 사건에서 제척된다.

1. 위원이나 그 배우자 또는 그 배우자였던 사람이 해당 사건의 피해학생 또는 가해학생의 보호자인 경우 또는 보호자였던 경우

2. 위원이 해당 사건의 피해학생 또는 가해학생과 친족이거나 친족이었 던 경우

3. 그 밖에 위원이 해당 사건의 피해학생 또는 가해학생과 친분이 있거나 관련이 있다고 인정하는 경우

② 학교 폭력과 관련하여 자치위원회를 개최하는 경우 또는 분쟁이 발생한 경우 자치위원회의 위원에게 공정한 심의를 기대하기 어려운 사정이 있 다고 인정할 만한 상당한 사유가 있을 때에는 분쟁 당사자는 자치위원회 에 그 사실을 서면으로 소명하고 기피 신청을 할 수 있다.

③ 자치위원회는 제2항에 따른 기피 신청을 받으면 의결로써 해당 위원의 기피 여부를 결정하여야 한다. 이 경우 기피 신청 대상이 된 위원은 그 의결에 참여하지 못한다.

④ 자치위원회의 위원이 제1항 또는 제2항의 사유에 해당하는 경우에는 스 스로 해당 사건을 회피할 수 있다.

폭력 행위의 경중 판단 요소(교육과학기술부 공고 제2013-46호)

〈학교폭력예방 및 대책에 관한 법률〉 제16조의 2, 제17조 제2항

• 피해학생이 장애 학생인지 여부

• 피해학생이나 신고·고발 학생에 대한 협박 또는 보복 행위인지 여부

〈학교폭력예방 및 대책에 관한 법률 시행령〉 제19조

- 가해학생이 행사한 학교 폭력의 심각성·지속성·고의성

- 가해학생의 반성의 정도

- 해당 조치로 인한 가해학생의 선도 가능성

- 가해학생 및 보호자와 피해학생 및 보호자 간의 화해의 정도

기타

- 교사敎唆 행위를 했는지 여부

- 2인 이상의 집단 폭력을 행사한 것인지 여부

- 위험한 물건을 사용했는지 여부

- 폭력 행위를 주도했는지 여부

- 폭력 서클에 속해 있는지 여부

- 정신적·신체적으로 심각한 장해를 유발했는지 여부

학교 폭력 위원회의 결정 등에 대한 불복 단계

학교 폭력 위원회의 결정 및 요청에 따라 학교장이 처분한 사항을 인정할 수 없다면 재심 등의 불복 단계를 거쳐 처분의 시정을 구할 수 있다. 이때에는 우선 학교 폭력 위원회에서 어떤 논의를 거쳐 조치 사항이 결정되었는지 알아보고, 위법하거나 부당한 측면에 관하여 불복 신청을 해야 한다. 피해학생과 그 보호자는 회의록의 열람이나 복사를 신청할 수 있으며, 피해학생 측이 회의록 공개를 신청한 때에는 학생과 그 가족의 성명, 주민등록번호 및 주소, 위원의 성명 등 개인 정보에 관한 사항을 제외하고 공개해야 한다.

회의록을 보면서 위법한 사항이나 부당한 측면을 발견한 경우 학교 폭력

위원회가 결정한 조치에 이의가 있는 피해학생과 그 보호자는 그 조치를 받은 날로부터 15일 이내, 그 조치가 있음을 안 날로부터 10일 이내에 학교 폭력 대책 지역위원회에 재심을 청구할 수 있다(회의록 신청 과정을 생략해도 재심 청구에는 제약이 없다). 이때 재심을 청구할 수 있는 대상이 되는 조치에는 가해학생에 대한 조치뿐 아니라 피해학생에 대한 조치도 포함된다.

지역위원회에 재심을 청구할 때에는 청구인의 이름, 주소 및 연락처, 가해학생, 청구의 대상이 되는 조치를 받은 날 및 조치가 있음을 안 날, 청구의 취지 및 이유에 관한 사항을 적어 서면으로 청구해야 한다. 지역위원회가 피해학생 측의 재심 청구를 받은 때에는 30일 이내에 이를 심사·결정하여 청구인에게 통보해야 하는데, 지역위원회는 청구인, 가해학생 및 보호자 또는 해당 학교에 심사에 필요한 자료 또는 정보의 제출을 요구할 수 있고, 피해학생 측은 본인이나 가해학생, 관련 교원 등이 지역위원회에 출석하여 진술하도록 신청할 수 있다. 이러한 과정을 거쳐 지역위원회는 특정 조치를 시행할 것을 해당 학교장에게 요청할 수 있으며, 재심 결과는 결정의 취지와 내용을 적어 재심 청구인인 피해학생 측과 가해학생에게 서면으로 통보한다.

이러한 재심 결정에도 이의가 있다면 그 통보를 받은 날로부터 60일 이내에 행정심판을 제기할 수 있다. 행정심판 청구는 서면으로 해야 하는데, 청구서에는 청구인의 이름과 주소, 피청구인과 위원회, 심판 청구의 대상이 되는 처분의 내용, 처분이 있음을 알게 된 날, 심판 청구의 취지와 이유, 피청구인의 행정심판 고지 유무와 그 내용이 포함되어야 한다.

위와 같은 절차를 거치지 않고도 학교장의 처분 또는 재심 결정에 대하여 바로 법원에 취소소송(행정청의 위법한 처분 등을 취소 또는 변경하는 소송)을 제기할 수도 있는데, 이는 처분 등이 있음을 안 날로부터 90일, 처분 등이 있은 날로부터 1년 내에 제기해야 한다. 처분이 위법할 경우는 물론이고, 그 처분을 시행함에 있어 재량권의 한계를 넘어서거나 재량권을 남용한 경우도 취소 사유가 될 수 있다. 또한 절차적인 위법성을 이유로 처분이 취소될 수도 있다.

만약 학교 폭력 위원회의 결정 사항이나 재심 결정 사항에 따라 조치가 진행되는 것을 정지시키길 원한다면 행정심판이나 행정소송 제기 후 집행정지를 신청하는 방법이 있다. 집행정지를 신청할 때에는 처분의 집행 등으로 인하여 중대한 손해 혹은 회복하기 어려운 손해가 생기는 것을 예방할 필요성이 긴급하다는 점을 명백히 밝혀야 한다.

〈학교폭력예방 및 대책에 관한 법률〉

제17조의 2(재심 청구)

① 자치위원회 또는 학교의 장이 제16조 제1항 및 제17조 제1항에 따라 내린 조치에 대하여 이의가 있는 피해학생 또는 그 보호자는 그 조치를 받은 날부터 15일 이내, 그 조치가 있음을 안 날부터 10일 이내에 지역위원회에 재심을 청구할 수 있다. 〈신설 2012. 3. 21〉

③ 지역위원회가 제1항에 따른 재심 청구를 받은 때에는 30일 이내에 이를 심사·결정하여 청구인에게 통보하여야 한다. 〈신설 2012. 3. 21〉

④ 제3항의 결정에 이의가 있는 청구인은 그 통보를 받은 날부터 60일 이내에 행정심판을 제기할 수 있다. 〈신설 2012. 3. 21〉

⑤ 제1항에 따른 재심 청구, 제3항에 따른 심사 절차 및 결정 통보 등에 필요한 사항은 대통령령으로 정한다. 〈신설 2012. 3. 21〉

⑥ 제2항에 따른 재심 청구, 심사 절차, 결정 통보 등은 〈초·중등교육법〉 제18조의 2 제2항부터 제4항까지의 규정을 준용한다. 〈개정 2012. 3. 21〉

[본조 신설 2012. 1. 26]

제13조(자치위원회의 구성·운영)

③ 자치위원회는 회의의 일시, 장소, 출석 위원, 토의 내용 및 의결 사항 등
   이 기록된 회의록을 작성·보존하여야 한다.

제21조(비밀 누설 금지 등)

③ 제16조, 제16조의 2, 제17조, 제17조의 2, 제18조에 따른 자치위원회의 회
   의는 공개하지 아니한다. 다만, 피해학생·가해학생 또는 그 보호자가 회
   의록의 열람·복사 등 회의록 공개를 신청한 때에는 학생과 그 가족의 성
   명, 주민등록번호 및 주소, 위원의 성명 등 개인 정보에 관한 사항을 제외
   하고 공개하여야 한다.

〈학교폭력예방 및 대책에 관한 법률 시행령〉

제24조(피해학생 재심 청구 및 심사 절차 및 결정 통보 등)

① 법 제17조의 2 제5항에 따라 피해학생 또는 보호자가 지역위원회에 재심
   을 청구할 때에는 다음 각 호의 사항을 적어 서면으로 하여야 한다.

   1. 청구인의 이름, 주소 및 연락처

   2. 가해학생

   3. 청구의 대상이 되는 조치를 받은 날 및 조치가 있음을 안 날

   4. 청구의 취지 및 이유

② 지역위원회는 청구인, 가해학생 및 보호자 또는 해당 학교에 심사에 필요
   한 자료 또는 정보의 제출을 요구할 수 있고, 청구인, 가해학생 또는 해당
   학교는 특별한 사유가 없으면 이를 즉시 제출하여야 한다.

③ 지역위원회는 직권으로 또는 신청에 따라 청구인, 가해학생 및 보호자 또

는 관련 교원 등을 지역위원회에 출석하여 진술하게 할 수 있다.

④ 지역위원회는 필요하다고 인정할 때에는 전문가 등 참고인을 출석하게 하거나 서면으로 의견을 들을 수 있다.

⑤ 지역위원회의 회의는 비공개를 원칙으로 한다.

⑥ 지역위원회는 재심사 결정 시 법 제16조 제1항 각 호와 제17조 제1항 각 호의 어느 하나에 해당하는 조치(수 개의 조치를 병과하는 경우를 포함한다)를 할 것을 해당 학교의 장에게 요청할 수 있다.

⑦ 지역위원회의 재심 결과는 결정의 취지와 내용을 적어 청구인과 가해학생에게 서면으로 통보한다.

〈행정심판법〉

제28조(심판 청구의 방식)

① 심판 청구는 서면으로 하여야 한다.

② 처분에 대한 심판 청구의 경우에는 심판 청구서에 다음 각 호의 사항이 포함되어야 한다.

　1. 청구인의 이름과 주소 또는 사무소(주소 또는 사무소 외의 장소에서 송달받기를 원하면 송달 장소를 추가로 적어야 한다.)

　2. 피청구인과 위원회

　3. 심판 청구의 대상이 되는 처분의 내용

　4. 처분이 있음을 알게 된 날

　5. 심판 청구의 취지와 이유

　6. 피청구인의 행정심판 고지 유무와 그 내용

③ 부작위에 대한 심판 청구의 경우에는 제2항 제1호·제2호·제5호의 사항과 그 부작위의 전제가 되는 신청의 내용과 날짜를 적어야 한다.

④ 청구인이 법인이거나 제14조에 따른 청구인 능력이 있는 법인이 아닌 사
단 또는 재단이거나 행정심판이 선정 대표자나 대리인에 의하여 청구되
는 것일 때에는 제2항 또는 제3항의 사항과 함께 그 대표자·관리인·선
정 대표자 또는 대리인의 이름과 주소를 적어야 한다.

⑤ 심판 청구서에는 청구인·대표자·관리인·선정 대표자 또는 대리인이 서
명하거나 날인하여야 한다.

제30조(집행정지)

① 심판 청구는 처분의 효력이나 그 집행 또는 절차의 속행續行에 영향을 주
지 아니한다.

② 위원회는 처분, 처분의 집행 또는 절차의 속행 때문에 중대한 손해가 생
기는 것을 예방할 필요성이 긴급하다고 인정할 때에는 직권으로 또는 당
사자의 신청에 의하여 처분의 효력, 처분의 집행 또는 절차의 속행의 전
부 또는 일부의 정지(이하 "집행정지"라 한다)를 결정할 수 있다. 다만, 처
분의 효력 정지는 처분의 집행 또는 절차의 속행을 정지함으로써 그 목
적을 달성할 수 있을 때에는 허용되지 아니한다.

③ 집행정지는 공공복리에 중대한 영향을 미칠 우려가 있을 때에는 허용되
지 아니한다.

④ 위원회는 집행정지를 결정한 후에 집행정지가 공공복리에 중대한 영향
을 미치거나 그 정지 사유가 없어진 경우에는 직권으로 또는 당사자의
신청에 의하여 집행정지 결정을 취소할 수 있다.

⑤ 집행정지 신청은 심판 청구와 동시에 또는 심판 청구에 대한 제7조 제6
항 또는 제8조 제7항에 따른 위원회나 소위원회의 의결이 있기 전까지,
집행정지 결정의 취소 신청은 심판 청구에 대한 제7조 제6항 또는 제8조
제7항에 따른 위원회나 소위원회의 의결이 있기 전까지 신청의 취지와

원인을 적은 서면을 위원회에 제출하여야 한다. 다만, 심판 청구서를 피청구인에게 제출한 경우로서 심판 청구와 동시에 집행정지 신청을 할 때에는 심판 청구서 사본과 접수증명서를 함께 제출하여야 한다.

⑥ 제2항과 제4항에도 불구하고 위원회의 심리·결정을 기다릴 경우 중대한 손해가 생길 우려가 있다고 인정되면 위원장은 직권으로 위원회의 심리·결정을 갈음하는 결정을 할 수 있다. 이 경우 위원장은 지체 없이 위원회에 그 사실을 보고하고 추인追認을 받아야 하며, 위원회의 추인을 받지 못하면 위원장은 집행정지 또는 집행정지 취소에 관한 결정을 취소하여야 한다.

⑦ 위원회는 집행정지 또는 집행정지의 취소에 관하여 심리·결정하면 지체 없이 당사자에게 결정서 정본을 송달하여야 한다.

〈행정소송법〉

제12조(원고적격)

취소소송은 처분 등의 취소를 구할 법률상 이익이 있는 자가 제기할 수 있다. 처분 등의 효과가 기간의 경과, 처분 등의 집행 그 밖의 사유로 인하여 소멸된 뒤에도 그 처분 등의 취소로 인하여 회복되는 법률상 이익이 있는 자의 경우에는 또한 같다.

제18조(행정심판과의 관계)

① 취소소송은 법령의 규정에 의하여 당해 처분에 대한 행정심판을 제기할 수 있는 경우에도 이를 거치지 아니하고 제기할 수 있다. 다만, 다른 법률에 당해 처분에 대한 행정심판의 재결을 거치지 아니하면 취소소송을 제기할 수 없다는 규정이 있는 때에는 그러하지 아니하다.

제19조(취소소송의 대상)

취소소송은 처분 등을 대상으로 한다. 다만, 재결취소 소송의 경우에는 재결 자체에 고유한 위법이 있음을 이유로 하는 경우에 한한다.

제20조(제소 기간)

① 취소소송은 처분 등이 있음을 안 날부터 90일 이내에 제기하여야 한다. 다만, 제18조 제1항 단서에 규정한 경우와 그 밖에 행정심판 청구를 할 수 있는 경우 또는 행정청이 행정심판 청구를 할 수 있다고 잘못 알린 경우에 행정심판 청구가 있은 때의 기간은 재결서의 정본을 송달받은 날부터 기산한다.

② 취소소송은 처분 등이 있은 날부터 1년(제1항 단서의 경우는 재결이 있은 날부터 1년)을 경과하면 이를 제기하지 못한다. 다만, 정당한 사유가 있는 때에는 그러하지 아니하다.

③ 제1항의 규정에 의한 기간은 불변 기간으로 한다.

제23조(집행정지)

① 취소소송의 제기는 처분 등의 효력이나 그 집행 또는 절차의 속행에 영향을 주지 아니한다.

② 취소소송이 제기된 경우에 처분 등이나 그 집행 또는 절차의 속행으로 인하여 생길 회복하기 어려운 손해를 예방하기 위하여 긴급한 필요가 있다고 인정할 때에는 본안이 계속되고 있는 법원은 당사자의 신청 또는 직권에 의하여 처분 등의 효력이나 그 집행 또는 절차의 속행의 전부 또는 일부의 정지(이하 "집행정지"라 한다)를 결정할 수 있다. 다만, 처분의 효력 정지는 처분 등의 집행 또는 절차의 속행을 정지함으로써 목적을 달성할 수 있는 경우에는 허용되지 아니한다.

③ 집행정지는 공공복리에 중대한 영향을 미칠 우려가 있을 때에는 허용되지 아니한다.

④ 제2항의 규정에 의한 집행정지의 결정을 신청함에 있어서는 그 이유에 대한 소명이 있어야 한다.

⑤ 제2항의 규정에 의한 집행정지의 결정 또는 기각의 결정에 대하여는 즉시 항고할 수 있다. 이 경우 집행정지의 결정에 대한 즉시 항고에는 결정의 집행을 정지하는 효력이 없다.

⑥ 제30조 제1항의 규정은 제2항의 규정에 의한 집행정지의 결정에 이를 준용한다.

치료비 등을 청구하고 분쟁을 조정하는 단계

학교 폭력 피해를 입은 아이는 신체적인 치료뿐 아니라 정신과 치료, 심리 상담 등을 통하여 상처를 치유해야 한다. 그런데 그 비용을 피해학생 측이 부담하는 것은 부당한 일이다. 그래서 학교폭력예방법 등에서는 치료비는 물론이고 심리 상담, 일시 보호 및 요양에 이르기까지의 비용을 청구할 방법을 마련해놓고 있다.

우선 피해학생이 전문가의 심리 상담 및 조언, 일시 보호, 치료 및 치료를 위한 요양을 받는 데 소요되는 비용은 가해학생의 보호자가 부담하여야 하므로 피해학생 및 그 보호자는 가해학생 측에 대하여 비용을 청구할 수 있다. 다만 피해학생의 신속한 치료를 위하여 피해학생의 보호자가 원하는 경우에는 학교안전공제회 또는 시·도 교육청이 그 비용을 부담하고 이후 가해학생 측에게 청구하도록 되어 있다. 즉, 학교안전공제회 등에서 피해학생 측에게 치료비 등을 우선 지급하고 이후 가해학생 측에 그 비용을 청구하는 것이다.

학교안전공제회 또는 시·도 교육청이 부담하는 피해학생 지원 비용은 교육감이 정한 전문 심리 상담 기관에서 심리 상담 및 조언을 받는 데 드는 비용 및 일시 보호를 받는 데 드는 비용, 의료 기관, 보건소·보건의료원 및 보건지소, 보건진료소, 약국 및 한국희귀의약품센터 등에서 치료 및 치료를 위한 요양을 받거나 의약품을 공급받는 데 드는 비용 등이므로 이를 참고하여 활용하도록 한다.

또한 피해학생의 보호자는 필요한 경우 공제 급여를 학교안전공제회에 직접 청구할 수 있는데, 이러한 공제 급여에는 요양 급여는 물론 장해 급여, 간병 급여, 유족 급여, 장의비가 포함된다. 다만 각 공제 급여의 지급 기준은 시행령에 세부적으로 규정되어 있으므로 확인할 필요가 있다. 예를 들어 요양 급여 중 입원료는 통상적으로 대중적인 일반 병실 입원료를 지급하는 것이 원칙이며, 전신 화상자 등 의사 소견에 따라 부득이 상급 병실에 입원한 경우에만 그 병실의 입원료를 지급하는 식으로 규정되어 있으므로 주의가 필요하다(아래 법령 참조).

공제 급여를 받으려면 정해진 서식에 따라 공제 급여 청구서를 작성하고 청구 이유를 소명할 수 있는 증거 자료를 첨부하여 학교안전공제회 등에 제출해야 한다. 참고로 공제 급여 수급권은 3년간 행사하지 않으면 소멸된다.

가해학생 측에 직접 손해배상을 청구하고 싶거나 위 법령상 지원되는 범위 외의 손해배상(위자료, 피해학생 치료로 인해 그 부모가 입은 소극적 손해에 대한 배상 등)을 청구하고 싶다면 민사소송을 하면 된다. 민사소송 절차는 소장을 작성해 관할 법원에 접수함으로써 시작되는데, 이때 소장의 청구 취지에는 손해배상을 구하는 금액 등을 명확히 기재하고, 청구 원인에는 학교 폭력 발생 경위와 손해배상 책임 발생 사실 등을 기재한다. 그러면 상대방의 답변서 제출과 변론 및 증거 조사 등을 거쳐 판결문을 받게 된다. 이렇게 받은 판결이 확정되면 손해배상금을 지급하려 하지 않는 가해학생 측에 강제집행(경매, 압류 등)을 하여 실제 손해배상금 상당 금액을 받게 된다.

한편, 학교 폭력 위원회에 분쟁 조정을 신청하는 방법으로도 손해배상 문제를 다룰 수 있다. 이는 피해학생 측은 물론 가해학생 측도 신청인의 성명 및 주소, 보호자의 성명 및 주소, 분쟁 조정 신청의 사유를 적어 서면으로 신청할 수 있다. 다만 학교 폭력 위원회는 분쟁 당사자 중 어느 한쪽이 분쟁 조정을 거부한 경우, 이미 고소·고발하거나 민사소송을 제기한 경우에는 분쟁 조정의 개시를 거부하거나 분쟁 조정을 중지할 수 있으며, 분쟁 조정 개시일로부터 1개월이 지나도록 분쟁이 조정되지 않은 경우에는 분쟁 조정을 끝내야 한다. 그러므로 피해학생 측 입장에서 손해배상을 구하고 싶다면 이 제도를 활용하는 것도 하나의 방법이지만, 반대로 조정을 원하지 않는다면 분쟁 조정을 명확히 거부하는 의사를 표시함으로써 분쟁 조정을 중지할 수 있다.

아래는 치료비, 심리 상담 비용 등의 청구와 관련한 법령이다.

〈학교폭력예방 및 대책에 관한 법률〉

제16조(피해학생의 보호)

⑥ 피해학생이 전문 단체나 전문가로부터 제1항 제1호부터 제3호(심리 상담 및 조언, 일시 보호, 치료 및 치료를 위한 요양)까지의 규정에 따른 상담 등을 받는 데에 사용되는 비용은 가해학생의 보호자가 부담하여야 한다. 다만,

---

피해학생의 신속한 치료를 위하여 학교의 장 또는 피해학생의 보호자가 원하는 경우에는 〈학교안전사고 예방 및 보상에 관한 법률〉 제15조에 따른 학교안전공제회 또는 시·도 교육청이 부담하고 이에 대한 구상권을 행사할 수 있다. 〈개정 2012. 1. 26, 2012. 3. 21〉

⑦ 학교의 장 또는 피해학생의 보호자는 필요한 경우 〈학교안전사고 예방 및 보상에 관한 법률〉 제34조의 공제 급여를 학교안전공제회에 직접 청구할 수 있다. 〈신설 2012. 1. 26, 2012. 3. 21〉

⑧ 피해학생의 보호 및 제6항에 따른 지원 범위, 구상 범위, 지급 절차 등에 필요한 사항은 대통령령으로 정한다. 〈신설 2012. 3. 21〉

〈학교폭력예방 및 대책에 관한 법률 시행령〉

제18조(피해학생의 지원 범위 등)

① 법 제16조 제6항 단서에 따른 학교안전공제회 또는 시·도 교육청이 부담하는 피해학생의 지원 범위는 다음 각 호와 같다.

1. 교육감이 정한 전문 심리 상담 기관에서 심리 상담 및 조언을 받는 데 드는 비용

2. 교육감이 정한 기관에서 일시 보호를 받는 데 드는 비용

3. 〈의료법〉에 따라 개설된 의료 기관, 〈지역보건법〉에 따라 설치된 보건소·보건의료원 및 보건지소, 〈농어촌 등 보건의료를 위한 특별조치법〉에 따라 설치된 보건진료소, 〈약사법〉에 따라 등록된 약국 및 같은 법 제91조에 따라 설립된 한국희귀의약품센터에서 치료 및 치료를 위한 요양을 받거나 의약품을 공급받는 데 드는 비용

② 제1항의 비용을 지원받으려는 피해학생 및 보호자가 학교안전공제회 또

는 시·도 교육청에 비용을 청구하는 절차와 학교안전공제회 또는 시·도 교육청이 비용을 지급하는 절차는 〈학교안전사고 예방 및 보상에 관한 법률〉 제41조를 준용한다.

③ 학교안전공제회 또는 시·도 교육청이 법 제16조 제6항에 따라 가해학생의 보호자에게 구상하는 범위는 제2항에 따라 피해학생에게 지급하는 모든 비용으로 한다.

〈학교안전사고 예방 및 보상에 관한 법률〉

제18조(공제회의 사업)

① 공제회는 다음 각 호의 사업을 수행한다. 〈개정 2012. 3. 21〉

2의 2. 〈학교폭력예방 및 대책에 관한 법률〉 제16조 제6항에 따른 학교폭력 피해학생의 치료비 등의 지급, 구상권 행사 및 이에 관련된 업무

제34조(공제 급여의 종류)

공제회가 지급하는 공제 급여의 종류는 다음 각 호와 같다.

1. 요양 급여
2. 장해 급여
3. 간병 급여
4. 유족 급여
5. 장의비

제36조(요양 급여)

④ 제1항부터 제3항까지의 규정에도 불구하고 〈학교폭력예방 및 대책에 관한 법률〉 제2조 제1호에 따른 행위로 인한 경우에는 같은 법 제16조 제1

항 제1호부터 제3호까지의 조치를 이행하는 데 필요한 비용을 지급하여야 한다. 〈신설 2012. 3. 21〉

⑤ 제1항부터 제4항까지의 규정에 따른 요양 급여의 지급 기준 등에 관하여 필요한 사항은 대통령령으로 정한다. 〈개정 2012. 3. 21〉

제41조(공제 급여의 청구 및 지급 등)

① 제36조 내지 제40조의 규정에 따른 공제 급여를 지급받고자 하는 자는 교육부령이 정하는 절차와 방식에 따라 공제회에 공제 급여의 지급을 청구하여야 한다. 〈개정 2008. 2. 29, 2013. 3. 23〉

② 제1항의 규정에 따라 청구를 받은 공제회는 공제 급여를 청구받은 날부터 14일 이내에 공제 급여의 지급 여부를 결정하여야 한다. 다만, 제42조의 규정에 따른 조사의 필요성 등 정당한 사유가 있어 14일 이내에 공제 급여의 지급 여부 결정이 어려운 때에는 14일을 연장할 수 있다.

③ 제2항의 규정에 따라 공제 급여에 대한 지급 여부의 결정 기간을 연장한 때에는 최초 지급 여부 결정 기간이 만료되기 전까지 그 사유를 명시하여 공제 급여의 지급을 청구한 자에게 통지하여야 한다.

④ 공제회가 공제 급여를 지급하기로 결정한 경우에는 지체 없이 공제 급여의 지급을 청구한 자에게 공제 급여를 지급하여야 한다. 다만, 공제 급여의 지급을 청구한 자의 신청이 있거나 공제회가 필요하다고 인정하는 경우에는 지급 결정일 전이라도 공제 급여의 전부 또는 일부를 먼저 지급할 수 있다.

⑤ 공제회는 제43조의 규정에 따라 공제 급여의 전부 또는 일부를 지급하지 아니하기로 결정한 때에는 공제 가입자와 공제 급여의 지급을 청구한 자에게 지체 없이 그 이유를 통지하여야 한다. 이 경우 공제회는 공제 급여의 지급을 청구한 자에게 제57조의 규정에 따라 심사 청구를 할 수 있다

는 사실과 심사 청구 절차 및 기간 등을 알려야 한다.

제65조(시효)

① 공제료의 징수 및 수급권자의 공제 급여를 받을 권리는 3년간 행사하지

아니하면 소멸시효가 완성된다.

② 제1항의 규정에 따른 소멸시효에 관하여는 이 법에 정한 사항 외에는 〈민

법〉의 규정에 따른다.

〈학교안전사고 예방 및 보상에 관한 법률 시행령〉

제14조(요양 급여의 지급 기준 등)

법 제34조 제1호에 따른 요양 급여(이하 "요양 급여"라 한다)의 항목별 지급

기준 등은 다음 각 호와 같다. 〈개정 2010. 9. 27, 2012. 8. 31, 2013. 3. 23,

2015. 7. 20〉

1. 입원료는 대중적인 일반 병실의 입원료를 지급한다. 다만, 전신 화상자,

세균 감염을 예방하기 위하여 격리가 필요한 환자, 심한 정신질환자 등

의사의 소견에 따라 부득이 상급 병실(입원실에 5인 이하가 입원할 수 있는

병실을 말한다)에 입원하였을 때(병실 사정이나 환자 및 보호자의 요청에 의한

경우는 제외)에는 그 병실의 입원료를 지급한다.

2. 진찰, 검사, 처치, 수술(성형수술을 포함한다), 응급 및 재활치료, 호송 등은

치료에 소요되는 비용을 지급한다.

3. 치아 보철비는 도재전장관[사기 재료로 이 빛깔이 나도록 만든 인공치아]에

드는 비용을 지급한다. 다만, 기존의 치아 보철물이 외상으로 손상되거나

파괴되어 사용할 수 없게 된 경우에는 원상회복에 드는 비용을 지급한다.

4. 약제비는 처방전에 의한 경우에만 지급한다.

5. 한방 치료는 침과 뜸 등 〈국민건강보험법〉에서 인정하는 경우에 드는 비용만 지급한다.

6. 의지·의치·안경·보청기 등 보장구는 처방 및 구입의 경우에 드는 비용을 지급하거나 〈국민건강보험법〉 제51조 제2항을 준용하여 지급한다.

7. 요양 급여의 범위에서 제외되는 진료비 등 그 밖의 지급 기준은 교육부령으로 정한다.

〈학교안전사고 예방 및 보상에 관한 법률 시행규칙〉

제3조(공제 급여의 청구 및 지급 절차 등)

① 법 제41조 제1항에 따라 공제 급여를 받으려는 사람은 별지 제1호 서식에 따라 공제 급여 청구서를 작성하여 공제 가입자 또는 공제회에 제출하여야 한다. 이 경우 공제 급여 청구서에 청구 이유를 소명할 수 있는 증거 자료를 첨부하여야 한다. 〈개정 2012. 3. 30〉

② 공제 가입자는 제1항에 따라 공제 급여 청구서를 받으면 이를 지체 없이 공제회에 제출하여야 한다.

③ 공제회는 공제 급여를 지급하는 결정을 내린 경우 그 사실을 공제 가입자와 공제 급여의 지급을 청구한 자에게 알려야 한다.

〈민법〉

제750조(불법 행위의 내용)

고의 또는 과실로 인한 위법 행위로 타인에게 손해를 가한 자는 그 손해를 배상할 책임이 있다.

제751조(재산 이외의 손해의 배상)

① 타인의 신체, 자유 또는 명예를 해하거나 기타 정신상 고통을 가한 자는 재산 이외의 손해에 대하여도 배상할 책임이 있다.

② 법원은 전항의 손해배상을 정기금채무로 지급할 것을 명할 수 있고 그 이행을 확보하기 위하여 상당한 담보의 제공을 명할 수 있다.

제753조(미성년자의 책임 능력)

미성년자가 타인에게 손해를 가한 경우에 그 행위의 책임을 변식할 지능이 없는 때에는 배상의 책임이 없다.

제755조(감독자의 책임)

① 다른 자에게 손해를 가한 사람이 제753조 또는 제754조에 따라 책임이 없는 경우에는 그를 감독할 법정 의무가 있는 자가 그 손해를 배상할 책임이 있다. 다만, 감독 의무를 게을리하지 아니한 경우에는 그러하지 아니하다.

② 감독 의무자를 갈음하여 제753조 또는 제754조에 따라 책임이 없는 사람을 감독하는 자도 제1항의 책임이 있다.

아래는 분쟁 조정 신청과 관련한 법령이다.

〈학교폭력예방 및 대책에 관한 법률〉

제18조(분쟁 조정)

① 자치위원회는 학교 폭력과 관련하여 분쟁이 있는 경우에는 그 분쟁을 조정할 수 있다.

② 제1항에 따른 분쟁의 조정 기간은 1개월을 넘지 못한다.

③ 학교 폭력과 관련한 분쟁 조정에는 다음 각 호의 사항을 포함한다.

   1. 피해학생과 가해학생 간 또는 그 보호자 간의 손해배상에 관련된 합의 조정

   2. 그 밖에 자치위원회가 필요하다고 인정하는 사항

④ 자치위원회는 분쟁 조정을 위하여 필요하다고 인정하는 때에는 관계 기관의 협조를 얻어 학교 폭력과 관련한 사항을 조사할 수 있다.

⑤ 자치위원회가 분쟁 조정을 하고자 할 때에는 이를 피해학생·가해학생 및 그 보호자에게 통보하여야 한다.

⑥ 시·도 교육청 관할 구역 안의 소속 학교가 다른 학생 간에 분쟁이 있는 경우에는 교육감이 해당 학교의 자치위원회 위원장과의 협의를 거쳐 직접 분쟁을 조정한다. 이 경우 제2항부터 제5항까지의 규정을 준용한다.

⑦ 관할 구역을 달리하는 시·도 교육청 소속 학교의 학생 간에 분쟁이 있는 경우에는 피해학생을 감독하는 교육감이 가해학생을 감독하는 교육감 및 관련 해당 학교의 자치위원회 위원장과의 협의를 거쳐 직접 분쟁을 조정한다. 이 경우 제2항부터 제5항까지의 규정을 준용한다.

〈학교폭력예방 및 대책에 관한 법률 시행령〉

제25조(분쟁 조정의 신청)

피해학생, 가해학생 또는 그 보호자(이하 "분쟁 당사자"라 한다) 중 어느 한쪽은 법 제18조에 따라 해당 분쟁 사건에 대한 조정 권한이 있는 자치위원회 또는 교육감에게 다음 각 호의 사항을 적은 문서로 분쟁 조정을 신청할 수 있다.

1. 분쟁 조정 신청인의 성명 및 주소
2. 보호자의 성명 및 주소
3. 분쟁 조정 신청의 사유

제27조(분쟁 조정의 개시)

① 자치위원회 또는 교육감은 제25조에 따라 분쟁 조정의 신청을 받으면 그 신청을 받은 날부터 5일 이내에 분쟁 조정을 시작하여야 한다.

② 자치위원회 또는 교육감은 분쟁 당사자에게 분쟁 조정의 일시 및 장소를 통보하여야 한다.

③ 제2항에 따라 통지를 받은 분쟁 당사자 중 어느 한쪽이 불가피한 사유로 출석할 수 없는 경우에는 자치위원회 또는 교육감에게 분쟁 조정의 연기를 요청할 수 있다. 이 경우 자치위원회 또는 교육감은 분쟁 조정의 기일을 다시 정하여야 한다.

④ 자치위원회 또는 교육감은 자치위원회 위원 또는 지역위원회 위원 중에서 분쟁 조정 담당자를 지정하거나, 외부 전문 기관에 분쟁과 관련한 사항에 대한 자문 등을 할 수 있다.

제28조(분쟁 조정의 거부·중지 및 종료)

① 자치위원회 또는 교육감은 다음 각 호의 어느 하나에 해당하는 사유가

발생한 경우에는 분쟁 조정의 개시를 거부하거나 분쟁 조정을 중지할 수 있다.

1. 분쟁 당사자 중 어느 한쪽이 분쟁 조정을 거부한 경우

2. 피해학생 등이 관련된 학교 폭력에 대하여 가해학생을 고소·고발하거나 민사상 소송을 제기한 경우

3. 분쟁 조정의 신청 내용이 거짓임이 명백하거나 정당한 이유가 없다고 인정되는 경우

② 자치위원회 또는 교육감은 다음 각 호의 어느 하나에 해당하는 사유가 발생한 경우에는 분쟁 조정을 끝내야 한다.

1. 분쟁 당사자 간에 합의가 이루어지거나 자치위원회 또는 교육감이 제시한 조정안을 분쟁 당사자가 수락하는 등 분쟁 조정이 성립한 경우

2. 분쟁 조정 개시일부터 1개월이 지나도록 분쟁 조정이 성립하지 아니한 경우

③ 자치위원회 또는 교육감은 제1항에 따라 분쟁 조정의 개시를 거부하거나 분쟁 조정을 중지한 경우 또는 제2항 제2호에 따라 분쟁 조정을 끝낸 경우에는 그 사유를 분쟁 당사자에게 각각 통보하여야 한다.

제29조(분쟁 조정의 결과 처리)

① 자치위원회 또는 교육감은 분쟁 조정이 성립하면 다음 각 호의 사항을 적은 합의서를 작성하여 자치위원회는 분쟁 당사자에게, 교육감은 피해학생 및 가해학생 소속 학교 자치위원회와 분쟁 당사자에게 각각 통보하여야 한다.

1. 분쟁 당사자의 주소와 성명

2. 조정 대상 분쟁의 내용

　가. 분쟁의 경위

나. 조정의 쟁점(분쟁 당사자의 의견을 포함한다)

　　3. 조정의 결과

② 제1항에 따른 합의서에는 자치위원회가 조정한 경우에는 분쟁 당사자와 조정에 참가한 위원이, 교육감이 조정한 경우에는 분쟁 당사자와 교육감이 각각 서명, 날인하여야 한다.

③ 자치위원회의 위원장은 분쟁 조정의 결과를 교육감에게 보고하여야 한다.

억울한 가해학생의
구제를 위한 법령

●
●
●

학교폭력예방법은 제1조에서 "학교 폭력의 예방과 대책에 필요한 사항을 규정함으로써 피해학생의 보호, 가해학생의 선도·교육 및 피해학생과 가해학생 간의 분쟁 조정을 통하여 학생의 인권을 보호하고 학생을 건전한 사회 구성원으로 육성함을 목적으로 한다"고 그 목적을 선언하고 있다. 또한 제3조에서는 "이 법을 해석·적용함에 있어서 국민의 권리가 부당하게 침해되지 아니하도록 주의하여야 한다"고 명시하고 있다.

그러므로 학교폭력예방법을 적용하여 조치를 할 때에는 피해학생뿐 아니라 가해학생의 인권도 보호해야 하며, 가해학생이나 그 보호자의 권리가 부당하게 침해되는 일이 없어야 한다. 그리고 가해학생에 대한 모든 조치는 "건전한 사회 구성원으로 육성"한다는 목적에서만 시행할 수 있는 것이다.

그런데 학교폭력예방법을 홍보하고 시행하는 과정에서 학교 폭력 신고나 가해학생 처벌의 측면만 강조되다 보니 그 반대편에 있는 가해학생의 권리 및 구제 방법은 소홀하게 취급되고 있는 형편이다. 또한 부모들은 대개 자녀가 피해학생이 될 수 있다는 두려움은 있지만, 내 자식이 가해학생으로 신고당하여 부당한 일을 겪게 될 것이라고는 생각하지 못한다. 그래서 평소에는 가해학생에 대한 강력한 처벌을 주장하기도 한다. 그렇기 때문에 갑자기 학교 폭력 가해학생 측의 위치에 처하게 되면 무엇을 해야 할지 몰라 우왕좌왕하다 제때에 적절한 조치를 취하지 못하기도 한다.

특히 가해학생으로 신고를 당했을 때 억울한 측면이 있다면 더욱 큰 문제가 될 수 있는데, 이때 '억울한 측면'이란 '실제로 학교 폭력 행위를 전혀 하지 않았을 경우'뿐 아니라 '실제 행위에 비해 과도하게 큰 책임을 요구받는 경우'도 포함한다. 이럴 때에는 아이가 실제로 어떤 행위를 했는지를 파악하여 명확하게 의견을 진술하고 사안 조사가 공정하게 이뤄지도록 적절히 요청하는 것이 필요하지만, 가해학생 보호자는 자신의 행동이 오히려 아이에게 해가 될까 걱정돼 불만이 있어도 참는 경우가 많다.

상황이 이렇다 보니 가해학생과 그 보호자는 학교에서의 처리나 학교 폭력 위원회의 조치에 대해 불신하는 입장을 갖기 쉽다. 그러면 학교폭력예방법의 목적인 '가해학생의 선도·교육'을 달성하기란 요원한 일이 될 수밖에 없다. 따라서 가해학생에게 무조건 반성만 하라고 암묵적으로 지시하기보다는 가해학생에게도 자신의 입장을 소명할 권리와 기회가 있다는 점을 상세히 안내하여 절차의 부당성으로 인해 학교폭력예방법의 본질적인 목적성이 훼손되는 것을 방지할 필요가 있다. 이러한 전제하에 지금부터는 단계별로 가해학생 측에서 활용할 수 있는 주요 법령을 소개하고자 한다.

학교 폭력으로 신고된 후 학교 폭력 위원회 개최 전까지

1) 통보 및 사안 조사 단계

학교 폭력을 신고받은 기관은 가해학생 보호자에게도 이를 통보해야 하는 법적인 의무가 있다. 따라서 교사가 학교 폭력 문제를 신고받은 후 보호자에게 통보하지 않고 미성년자인 가해학생만을 불러 잘못을 실토하라고 하는 것은 원칙적으로 허용되지 않는다.

학교 폭력 신고 사실을 통보받은 가해학생 측 부모는 우선 자녀가 학교폭력예방법이 규정한 학교 폭력 행위를 한 가해학생에 해당하는지 여부를 살펴봐야 한다. 학교폭력예방법에서 '학교 폭력'이란 학교 내외에서 학생을 대상으로 발생한 상해, 폭행, 감금, 협박, 약취·유인, 명예훼손·모욕, 공갈, 강요·강제적인 심부름 및 성폭력, 따돌림, 사이버 따돌림, 정보통신망을 이용한 음란·폭력 정보 등에 의하여 신체·정신 또는 재산상의 피해를 수반하는 행위를 말하며, '가해학생'이란 가해자 중에서 학교 폭력을 행사하거나 그 행위에 가담한 학생을 의미한다. 이러한 법령에 의할 때 다른 학생에게 신체적인 상해를 입힌 경우는 물론이고 협박이나 모욕, 따돌림을 한 경우에도 학교 폭력 행위로 인정될 수 있으며, 직접 학교 폭력을 행사한 학생뿐 아니라 그 행위에 가담한 학생도 가해학생 범위에 포함된다.

문제는 위에서 나열한 행위의 대부분이 아이들의 학교생활에서 빈번하게 발생하는 사건 사고와 구별하기 매우 어렵다는 것이다. 아이들끼리는 신체 접촉이 많을 뿐 아니라 친구에 대하여 평가하고 의견을 나누는 일이 빈번하기 때문이다.

따라서 가해학생 측 입장에서는 '가해학생으로 신고를 당하였지만 실제로는 학교폭력예방법이 금지하는 학교 폭력 행위를 한 것이 아니다'라는 주장과 적절한 소명(입증)을 하는 것이 필요하다. 예컨대 아이들이 동등한 지위에서 장난을 치다가 한 아이를 실수로 쳐서 넘어뜨린 경우라면, 학교폭력예방법의 목적이나 취지를 고려할 때 '실수로 쳐서 넘어뜨린 행위' 자체를 폭행으로 해석할 수 없다는 주장을 검토해볼 수 있다.[20] 즉, 학교 폭력에서의 '폭행'에는 과실로 인한 폭행이나 정당방위로서의 폭행은 포함되지 않는다고 해석하는 것이 바람직하다는 논리인 것이다.

한편 사안 조사 단계에서는 가해학생이 어떠한 잘못을 한 것이 사실일지라도 아이에게 이를 자백하도록 하는 것은 올바른 방식이 아니다. 물론 잘못을 했다면 이를 인정하고 반성하는 것이 바람직하지만, 아이들 사이에서 벌어진 일에는 사후에 어른들이 판단하여 일방의 잘못으로 몰아붙이면 안 될 만한 사정이 있을 수 있다. 따라서 가해학생으로 지목되었다고 해서 무조건 잘못을 시인하라고 종용해서는 안 된다. 또한 사안 조사나 진술서 작성 등을 위하여 수업을 빠지게 한다면 교육권 침해에 해당할 수 있다. 담당 교사가 사안 조사 과정에서 자백을 종용하거나 수업에 참여하지 못하게 하는 것은 학생의 인권 보호를 목적으로 하는 학교폭력예방법에도 위배되는 것이므로, 가해학생의 보호자는 이에 대해 이의를 제기할 수 있으며 적정한 방법으로 사안 조사를 실행할 것을 요청할 수 있다.

사안 조사 단계에서는 대부분 정확한 물증이 없고 목격한 학생들의 진술이 사실관계 파악의 전부가 될 수 있다. 그런데 기억이 왜곡될 수도 있고 자신에게 유리하게 진술할 수 있기 때문에 학생들의 진술은 오히려 혼란을 가

---

[20] 단, 위와 같은 상황에서 '실수'로 행위를 한 것인지 여부에 대하여 엄격하게 판단되고 있다.

중시킬 수 있다. 그러므로 가해학생 측에서는 실체적 사실관계에 부합하는 조사 방식에 대해 적절히 의견을 제시하고 객관적인 조사를 요청할 필요가 있다.

가령 피해학생이 한 명이고 가해학생으로 지목된 학생이 여러 명인 상황에서 단순히 방조한 학생임에도 불구하고 모든 학교 폭력 행위를 주도한 것처럼 몰리는 경우도 있다. 심지어 가장 심하게 괴롭힌 학생은 신고조차 되지 않고 모든 책임을 다른 학생이 떠안게 되는 경우도 있다. 이는 아이들이 가장 힘이 센 친구를 두려워하기 때문에 발생하는 문제일 확률이 크다. 또한 가해학생들 중 일부가 자신의 책임을 면피하기 위해 다른 학생의 잘못이 더 큰 것처럼 진술하기 때문이기도 하다. 이렇게 되면 단순히 방조한 학생이 가장 심각한 학교 폭력 행위를 한 것으로 평가되어 엄한 처분을 받는 한편 심각하게 학교 폭력 행위를 주도한 학생은 아예 처벌을 받지 않거나 가벼운 처분으로 끝날 수 있다.

이처럼 다수 학생이 연관된 학교 폭력 문제는 당사자들의 진술만으로는 정확한 사실관계를 파악하기 어려울 수 있다. 그런데 개별 학생 또는 학부모 입장에서 자신에게 유리한 진술이나 증거를 스스로 수집하는 것은 매우 어렵기 때문에 보통 자신의 행위에 대해 변명할 근거를 마련하지 못한다. 따라서 단순히 방조하거나 경미하게 가담한 가해학생이라면 사안 조사 단계에서 학교 측에 해당 학급 전체에 대한 익명 설문 조사를 요청하여 다른 아이들이 목격한 바나 평소 아이들이 포착한 행위 등을 파악하도록 할 필요가 있다.

실제로 익명 설문 조사 방식은 교사들에게 안내되는 지침에서도 적절한 신고나 사안 조사 방법으로 안내되고 있으므로, 학교 측이 설문 조사 요청을 거부한다면 아래의 지침을 제시하여 설득해보는 것이 도움이 될 것이다.

- 학생들이 설문지를 편안히 작성할 수 있도록 한다.
  - 설문지 작성 시 학생들을 시험 대형으로 앉게 하고, 가림판 등으로 서로 적는 것을 보지 못하도록 한다. 설문지 작성 후에는 설문지를 반으로 접어서 내게 하고, 교사가 직접 회수하면 학생들이 좀 더 편안한 마음으로 설문에 응할 수 있다.
- 비밀을 보장한다.
  - 설문 결과가 피해·가해학생과 다른 학생들에게 유출되지 않도록 한다.
  - 설문지를 통해 알게 된 사실에 대해서 교사는 비밀을 꼭 지킨다.

출처: 교육부,《학교 폭력 사안 처리 가이드북》, 2014, 22쪽.

또한 학교 폭력 조사 기준과 관련해서는 규정이 마련되어 있으므로 이를 참고하여 객관적으로 조사하도록 의견을 제시할 수 있다.

폭력 유형		중점 파악 요소
신체적 폭력		상해의 심각성, 감금·신체적 구속 여부, 성폭력 여부
경제적 폭력		반환 여부, 손괴 여부, 협박/강요의 정도
정서적 폭력	괴롭힘	지속성 여부, 협박/강요의 정도, 성희롱 여부
	따돌림	
언어적 폭력		욕설/비속어, 허위성, 성희롱 여부
사이버 매체 폭력		명의 도용, 폭력성/음란성, 유포의 정도, 사이버 성폭력 여부

출처: 〈학교 폭력 가해학생에 대한 조치별 적용을 위한 세부 기준(고시) 제정안 행정예고〉, 교육과학기술부 공고 제2013-46호, 3쪽.

자녀가 학교 폭력 가해학생으로 신고되었다는 통보를 받았다면 당황하지 말고 학교에서 진행하는 사안 조사 과정에 적절히 의견을 제시함으로써 아이의 행위에 대해 올바른 평가를 받고 잘못한 정도에 상응하는 조치를 받도록 할 필요가 있다.

아래는 사안 조사 단계에서 가해학생 측이 참조할 법령이다.

〈학교폭력예방 및 대책에 관한 법률〉

제1조(목적)

이 법은 학교 폭력의 예방과 대책에 필요한 사항을 규정함으로써 피해학생의 보호, 가해학생의 선도·교육 및 피해학생과 가해학생 간의 분쟁 조정을 통하여 학생의 인권을 보호하고 학생을 건전한 사회 구성원으로 육성함을 목적으로 한다.

제2조(정의)

이 법에서 사용하는 용어의 정의는 다음 각 호와 같다.

1. "학교 폭력"이란 학교 내외에서 학생을 대상으로 발생한 상해, 폭행, 감금, 협박, 약취·유인, 명예훼손·모욕, 공갈, 강요·강제적인 심부름 및 성폭력, 따돌림, 사이버 따돌림, 정보통신망을 이용한 음란·폭력 정보 등에 의하여 신체·정신 또는 재산상의 피해를 수반하는 행위를 말한다.

1의 2. "따돌림"이란 학교 내외에서 2명 이상의 학생들이 특정인이나 특정 집단의 학생들을 대상으로 지속적이거나 반복적으로 신체적 또는 심리적 공격을 가하여 상대방이 고통을 느끼도록 하는 일체의 행위를 말한다.

1의 3. "사이버 따돌림"이란 인터넷, 휴대전화 등 정보통신기기를 이용하여

학생들이 특정 학생들을 대상으로 지속적, 반복적으로 심리적 공격을 가하거나, 특정 학생과 관련된 개인 정보 또는 허위 사실을 유포하여 상대방이 고통을 느끼도록 하는 일체의 행위를 말한다.

3. "가해학생"이란 가해자 중에서 학교 폭력을 행사하거나 그 행위에 가담한 학생을 말한다.

제3조(해석·적용의 주의의무)

이 법을 해석·적용함에 있어서 국민의 권리가 부당하게 침해되지 아니하도록 주의하여야 한다.

제14조(전문 상담 교사 배치 및 전담 기구 구성)

③ 학교의 장은 교감, 전문 상담 교사, 보건 교사 및 책임 교사(학교 폭력 문제를 담당하는 교사를 말한다) 등으로 학교 폭력 문제를 담당하는 전담 기구(이하 "전담 기구"라 한다)를 구성하며, 학교 폭력 사태를 인지한 경우 지체 없이 전담 기구 또는 소속 교원으로 하여금 가해 및 피해 사실 여부를 확인하도록 한다. 〈개정 2012. 3. 21〉

제20조(학교 폭력의 신고 의무)

① 학교 폭력 현장을 보거나 그 사실을 알게 된 자는 학교 등 관계 기관에 이를 즉시 신고하여야 한다.

② 제1항에 따라 신고를 받은 기관은 이를 가해학생 및 피해학생의 보호자와 소속 학교의 장에게 통보하여야 한다. 〈개정 2009. 5. 8〉

③ 누구라도 학교 폭력의 예비·음모 등을 알게 된 자는 이를 학교의 장 또는 자치위원회에 고발할 수 있다. 다만, 교원이 이를 알게 되었을 경우에는 학교의 장에게 보고하고 해당 학부모에게 알려야 한다. 〈개정 2009. 5. 8, 2012. 1. 26〉

2) 합의, 분쟁 조정의 신청 단계

피해학생에게 신체·정신 또는 재산상의 피해가 있었다고 볼 객관적인 증거가 없고, 즉시 잘못을 인정하여 상호간에 화해가 이루어진 경우 등은 담임교사나 학교장이 자체 해결할 수 있는 사안이 된다.

담임교사 또는 학교장이 자체 해결할 수 있는 사안

- 피해학생에게 신체·정신 또는 재산상의 피해가 있었다고 볼 객관적 증거가 없고, 즉시 잘못을 인정하여 상호간 화해가 이루어진 경우
- 제3자가 신고한 사안에 대한 사안조사 결과, 오인신고였던 경우
- 학교 폭력 의심사안(담임 교사 관찰로 인한 학교 폭력 징후 발견 등)에 대한 사안조사 결과, 학교 폭력이 아니었던 경우

※위의 경우에도 학생(학부모)이 자치위원회 개최를 요청할 경우 반드시 자치위원회를 개최하여 처리해야 함(단, 자치위원회에서 '학교 폭력 아님'으로 결정할 경우 '조치 없음'으로 처리할 수 있음)

출처: 교육부,《학교 폭력 사안 처리 가이드북》개정판, 2014, 52쪽.

따라서 위와 같은 상황에서 복잡한 절차를 원하지 않는 가해학생 측 입장에서는 조속히 피해학생 측과의 화해를 이끌어내는 것이 좋다. 또한 가해학생 및 보호자와 피해학생 및 보호자 간의 화해의 정도는 가해학생에 대한 조치를 결정하는 기준이 되므로 신고 직후 화해에 이르지 못하더라도 계속해서 화해의 노력을 할 필요가 있다.

그런데 담임 교사는 일방적으로 화해를 종용하거나 화해 과정에 깊이 개입하지 못하도록 규정돼 있으므로 무리하게 담임 교사에게 중재를 요구하는

것은 전혀 도움이 되지 않는다. 대신 학교 폭력 위원회에 분쟁 조정을 신청하는 방법을 활용할 수 있다. 학교 폭력 위원회의 분쟁 조정은 피해학생과 가해학생 간 또는 그 보호자 간의 손해배상에 관련된 합의 조정을 포함한다.

분쟁 조정은 신청인의 성명 및 주소, 보호자의 성명 및 주소, 분쟁 조정 신청의 사유를 적은 서면으로 학교 폭력 위원회에 신청해야 한다. 학교 폭력 위원회는 분쟁 당사자 중 어느 한쪽이 분쟁 조정을 거부한 경우나, 이미 고소·고발하거나 민사소송을 제기한 경우에는 분쟁 조정의 개시를 거부하거나 분쟁 조정을 중지할 수 있다. 또한 분쟁 조정을 개시한 날로부터 1개월이 지나도록 분쟁이 조정되지 않으면 분쟁 조정을 끝내야 한다. 즉, 피해학생 측이 분쟁 조정에 응하지 않는다면 이때에도 화해에 이를 수 없게 되는 것이다. 다만 가해학생 측에서는 화해의 노력을 했다는 점이나 이미 반성하고 있다는 점을 입증할 수 있는 절차가 되기도 하므로 분쟁 조정 제도를 잘 활용하는 편이 좋다.

〈학교폭력예방 및 대책에 관한 법률〉

제18조(분쟁 조정)

① 자치위원회는 학교 폭력과 관련하여 분쟁이 있는 경우에는 그 분쟁을 조정할 수 있다.

② 제1항에 따른 분쟁의 조정 기간은 1개월을 넘지 못한다.

③ 학교 폭력과 관련한 분쟁 조정에는 다음 각 호의 사항을 포함한다.

    1. 피해학생과 가해학생 간 또는 그 보호자 간의 손해배상에 관련된 합의 조정

2. 그 밖에 자치위원회가 필요하다고 인정하는 사항

④ 자치위원회는 분쟁 조정을 위하여 필요하다고 인정하는 때에는 관계 기관의 협조를 얻어 학교 폭력과 관련한 사항을 조사할 수 있다.

⑤ 자치위원회가 분쟁 조정을 하고자 할 때에는 이를 피해학생·가해학생 및 그 보호자에게 통보하여야 한다.

⑥ 시·도 교육청 관할 구역 안의 소속 학교가 다른 학생 간에 분쟁이 있는 경우에는 교육감이 해당 학교의 자치위원회 위원장과의 협의를 거쳐 직접 분쟁을 조정한다. 이 경우 제2항부터 제5항까지의 규정을 준용한다.

⑦ 관할 구역을 달리하는 시·도 교육청 소속 학교의 학생 간에 분쟁이 있는 경우에는 피해학생을 감독하는 교육감이 가해학생을 감독하는 교육감 및 관련 해당 학교의 자치위원회 위원장과의 협의를 거쳐 직접 분쟁을 조정한다. 이 경우 제2항부터 제5항까지의 규정을 준용한다.

〈학교폭력예방 및 대책에 관한 법률 시행령〉

제25조(분쟁 조정의 신청)

피해학생, 가해학생 또는 그 보호자(이하 "분쟁 당사자"라 한다) 중 어느 한쪽은 법 제18조에 따라 해당 분쟁 사건에 대한 조정 권한이 있는 자치위원회 또는 교육감에게 다음 각 호의 사항을 적은 문서로 분쟁 조정을 신청할 수 있다.

1. 분쟁 조정 신청인의 성명 및 주소

2. 보호자의 성명 및 주소

3. 분쟁 조정 신청의 사유

제27조(분쟁 조정의 개시)

① 자치위원회 또는 교육감은 제25조에 따라 분쟁 조정의 신청을 받으면 그 신청을 받은 날부터 5일 이내에 분쟁 조정을 시작하여야 한다.

② 자치위원회 또는 교육감은 분쟁 당사자에게 분쟁 조정의 일시 및 장소를 통보하여야 한다.

③ 제2항에 따라 통지를 받은 분쟁 당사자 중 어느 한쪽이 불가피한 사유로 출석할 수 없는 경우에는 자치위원회 또는 교육감에게 분쟁 조정의 연기를 요청할 수 있다. 이 경우 자치위원회 또는 교육감은 분쟁 조정의 기일을 다시 정하여야 한다.

④ 자치위원회 또는 교육감은 자치위원회 위원 또는 지역위원회 위원 중에서 분쟁 조정 담당자를 지정하거나, 외부 전문 기관에 분쟁과 관련한 사항에 대한 자문 등을 할 수 있다.

제28조(분쟁 조정의 거부·중지 및 종료)

① 자치위원회 또는 교육감은 다음 각 호의 어느 하나에 해당하는 사유가 발생한 경우에는 분쟁 조정의 개시를 거부하거나 분쟁 조정을 중지할 수 있다.

　1. 분쟁 당사자 중 어느 한쪽이 분쟁 조정을 거부한 경우

　2. 피해학생 등이 관련된 학교 폭력에 대하여 가해학생을 고소·고발하거나 민사상 소송을 제기한 경우

　3. 분쟁 조정의 신청 내용이 거짓임이 명백하거나 정당한 이유가 없다고 인정되는 경우

② 자치위원회 또는 교육감은 다음 각 호의 어느 하나에 해당하는 사유가 발생한 경우에는 분쟁 조정을 끝내야 한다.

　1. 분쟁 당사자 간에 합의가 이루어지거나 자치위원회 또는 교육감이 제시한 조정안을 분쟁 당사자가 수락하는 등 분쟁 조정이 성립한 경우

2. 분쟁 조정 개시일부터 1개월이 지나도록 분쟁 조정이 성립하지 아니한 경우

③ 자치위원회 또는 교육감은 제1항에 따라 분쟁 조정의 개시를 거부하거나 분쟁 조정을 중지한 경우 또는 제2항 제2호에 따라 분쟁 조정을 끝낸 경우에는 그 사유를 분쟁 당사자에게 각각 통보하여야 한다.

제29조(분쟁 조정의 결과 처리)

① 자치위원회 또는 교육감은 분쟁 조정이 성립하면 다음 각 호의 사항을 적은 합의서를 작성하여 자치위원회는 분쟁 당사자에게, 교육감은 피해학생 및 가해학생 소속 학교 자치위원회와 분쟁 당사자에게 각각 통보하여야 한다.

1. 분쟁 당사자의 주소와 성명

2. 조정 대상 분쟁의 내용

　가. 분쟁의 경위

　나. 조정의 쟁점(분쟁 당사자의 의견을 포함한다)

3. 조정의 결과

② 제1항에 따른 합의서에는 자치위원회가 조정한 경우에는 분쟁 당사자와 조정에 참가한 위원이, 교육감이 조정한 경우에는 분쟁 당사자와 교육감이 각각 서명 날인하여야 한다.

③ 자치위원회의 위원장은 분쟁 조정의 결과를 교육감에게 보고하여야 한다.

3) 우선 출석 정지 등 학교장의 긴급 조치 시행 단계

학교 폭력 문제로 가해학생에 대한 조치를 하기 위해서는 원칙적으로 사안 조사를 거친 후 학교 폭력 위원회의 결정 및 요청이 있어야 한다. 그러나

사안 조사나 학교 폭력 위원회를 개최하기 전에도 학교장은 가해학생에 대한 우선 조치를 결정할 수 있다. 우선 조치의 내용은 피해학생에 대한 서면 사과, 피해학생 및 신고·고발 학생에 대한 접촉·협박 및 보복 행위의 금지, 학교에서의 봉사, 학내외 전문가에 의한 특별 교육 이수 또는 심리 치료 등이다.

또한 두 명 이상의 학생이 고의적·지속적으로 폭력을 행사한 경우, 학교 폭력을 행사하여 전치 2주 이상의 상해를 입힌 경우, 학교 폭력에 대한 신고·진술·자료 제공 등에 대한 보복을 목적으로 폭력을 행사한 경우, 학교장이 피해학생을 가해학생으로부터 긴급하게 보호할 필요가 있다고 판단하는 경우에는 학교장이 가해학생에 대한 우선 출석 정지를 결정할 수 있다. 우선 출석 정지 조치에 관하여는 다음과 같이 처리한다.

가해학생 우선 출석정지 시 조치사항

- 출석정지 기간은 학교 실정에 맞게 기준을 정한다(기간의 제한은 없음).
- 우선 출석정지 시 가해학생 및 학부모에게 의견제시 기회를 주어야 한다.
- 출석정지 기간 중 Wee클래스 상담, 자율학습 등 적절한 교육적 조치를 한다.

출처: 교육부, 《학교 폭력 사안 처리 가이드북 개정판》, 2014, 40쪽.

그런데 이러한 우선 출석 정지 등의 우선 조치는 사안 조사가 완료되지 않은 단계 혹은 미비한 단계에서도 진행될 수 있다는 점에서 문제가 될 수 있다. 특히 우선 조치의 요건에 대한 사안 조사는 단순히 피해학생이나 가해학생의 진술만으로 완료될 수 있는 성질의 것이 아니다. 가령 폭력 행위의 고의성, 지속성 및 상해와의 인과관계 등은 각 학생의 주관적 요소에 대한 객관적 판단이 필요한 사항이기 때문에 우선 조치에는 속단의 위험성이 내재돼 있다고 볼 수 있다.

따라서 가해학생 본인이 학교 폭력 행위 자체를 부인하거나 위 요건에 부합하는 행위에 가담한 적이 없다면 우선 출석 정지 처분의 이유를 제시할 것을 요청하고, 이를 검토하여 처분의 위법·부당성에 관한 의견을 명확히 진술하는 것이 필요하다.

〈학교폭력예방 및 대책에 관한 법률〉

제17조(가해학생에 대한 조치)

① 자치위원회는 피해학생의 보호와 가해학생의 선도·교육을 위하여 가해학생에 대하여 다음 각 호의 어느 하나에 해당하는 조치(수 개의 조치를 병과하는 경우를 포함한다)를 할 것을 학교의 장에게 요청하여야 하며, 각 조치별 적용 기준은 대통령령으로 정한다. 다만, 퇴학 처분은 의무 교육 과정에 있는 가해학생에 대하여는 적용하지 아니한다.

1. 피해학생에 대한 서면 사과
2. 피해학생 및 신고·고발 학생에 대한 접촉, 협박 및 보복 행위의 금지
3. 학교에서의 봉사
4. 사회봉사
5. 학내외 전문가에 의한 특별 교육 이수 또는 심리 치료
6. 출석 정지

---

7. 학급 교체

8. 전학

9. 퇴학 처분

(②~③ 생략)

④ 학교의 장은 가해학생에 대한 선도가 긴급하다고 인정할 경우 우선 제1항 제1호부터 제3호까지, 제5호 및 제6호의 조치를 할 수 있으며, 제5호와 제6호는 병과 조치할 수 있다. 이 경우 자치위원회에 즉시 보고하여 추인을 받아야 한다. 〈개정 2012. 1. 26, 2012. 3. 21〉

⑤ 자치위원회는 제1항 또는 제2항에 따른 조치를 요청하기 전에 가해학생 및 보호자에게 의견 진술의 기회를 부여하는 등 적정한 절차를 거쳐야 한다.

〈학교폭력예방 및 대책에 관한 법률 시행령〉

제21조(가해학생에 대한 우선 출석 정지 등)

① 법 제17조 제4항에 따라 학교의 장이 출석 정지 조치를 할 수 있는 경우는 다음 각 호와 같다.

1. 2명 이상의 학생이 고의적·지속적으로 폭력을 행사한 경우

2. 학교 폭력을 행사하여 전치 2주 이상의 상해를 입힌 경우

3. 학교 폭력에 대한 신고, 진술, 자료 제공 등에 대한 보복을 목적으로 폭력을 행사한 경우

4. 학교의 장이 피해학생을 가해학생으로부터 긴급하게 보호할 필요가 있다고 판단하는 경우

학교 폭력 위원회에서의
의견 진술 및 결정 등에 대한 불복 단계

학교 폭력 위원회가 개최되면 위원회는 가해학생의 부모에게 그 결정 사항 (학교장에게 요청할 사항)에 대하여 의견을 진술할 기회를 부여할 의무가 있다. 이에 따라 가해학생 측의 부모는 학교폭력예방법 시행령 등의 '가해학생에 대한 조치별 적용 기준'에 따라 학교 폭력 사건의 발생 경위와 행위의 특성 등에 대해 적극적으로 소명할 필요가 있다. 또한 교육부 고시인 '학교폭력 가해학생 조치별 적용 세부 기준 고시'가 2016년 9월 1일 자로 시행되었으므로 이를 잘 알아두는 것이 필요하다. 세부 내용은 아래와 같다.

학교폭력 가해학생 조치별 적용 세부 기준

			기본 판단 요소					부가적 판단요소	
			학교 폭력의 심각성	학교 폭력의 지속성	학교 폭력의 고의성	가해 학생의 반성 정도	화해 정도	해당 조치로 인한 가해학생의 선도가능성	피해학생이 장애학생인 지 여부
판정 점수		4점	매우 높음	매우 높음	매우 높음	없음	없음	해당점수에 따른 조치에도 불구하고 가해학생의 선도가능성 및 피해학생의 보호를 고려하여 시행령 14조제5항에 따라 학교폭력대책 자치위원회 출석위원 과반수의 찬성으로 가해학생에 대한 조치를 가중 또는 경감할 수 있음	피해학생이 장애학생인 경우 가해학생에 대한 조치를 가중할 수 있음
		3점	높음	높음	높음	낮음	낮음		
		2점	보통	보통	보통	보통	보통		
		1점	낮음	낮음	낮음	높음	높음		
		0점	없음	없음	없음	매우 높음	매우 높음		
가해학생에 대한 조치	교내 선도	1호	피해학생에 대한 서면사과	1~3점						
		2호	피해학생 및 신고·고발 학생에 대한 접촉, 협박 및 보복행위의 금지	피해학생 및 신고·고발학생의 보호에 필요하다고 자치위원회가 의결할 경우						

가 해 학 생 에 대 한 조 치	교내 선도	3호	학교에서의 봉사	4~6점	해당점수에 따른 조치에도 불구하고 가해학생의 선도가능성 및 피해학생의 보호를 고려하여 시행령 14조제5항에 따라 학교폭력대책 자치위원회 출석위원 과반수의 찬성으로 가해학생에 대한 조치를 가중 또는 경감할 수 있음	피해학생이 장애학생인 경우 가해학생에 대한 조치를 가중할 수 있음
		4호	사회봉사	7~9점		
	외부 기관 연계 선도	5호	학내외 전문가에 의한 특별 교육이수 또는 심리치료	가해학생 선도·교육에 필요하다고 자치위원회가 의결할 경우		
	교 육 환 경 변 화	교 내	6호	출석정지	10~12점		
			7호	학급교체	13~15점		
		교 외	8호	전학	16~20점		
			9호	퇴학처분	16~20점		

※ 법 제17조제2항에 따라 피해학생이나 신고·고발 학생에 대한 협박 또는 보복 행위일 경우에는 제17조제 1항 각호의 조치를 병과하거나 조치를 가중할 수 있음.
출처: 학교폭력 가해학생 조치별 적용 세부기준 고시[교육부고시 제2016-99호, 2016.8.31.제정 2016.9.1.시행].

예컨대 가해학생의 행위는 학교 폭력에 해당하지 않는다는 점을 설득하거나 해당하더라도 경미하며 일회적인 행위였다는 점을 근거를 들어 설명할 수 있다. 또한 가해학생이 진심으로 반성하고 있으며 피해학생 측과의 화해 노력을 지속적으로 해온 점, 경미한 조치만으로도 선도 가능성이 충분하다는 점을 들어 학교 폭력 위원회 위원들을 설득하는 것이 필요하다.

가해학생에 관한 조치는 피해학생에 대한 서면 사과, 피해학생 및 신고·고발 학생에 대한 접촉·협박 및 보복 행위의 금지, 학교에서의 봉사, 사회봉사, 학내외 전문가에 의한 특별 교육 이수 또는 심리 치료, 출석 정지, 학급 교체, 전학, 퇴학 처분 등으로 다양하며 그 경중이 각기 다르다. 통상 전학과 퇴학 처분이 가장 중하고, 사회봉사와 특별 교육 이수, 그리고 출석 정지 등이 나머지 처분에 비해 중한 것으로 평가된다. 또한 학교생활기록부에 조치 사항이 기재되는 연한이 각기 다르다는 점도 참조할 필요가 있다. 그렇기 때문에 가해학생이 실제로 잘못한 부분을 검토하여 그에 맞는 처분을 받도록 적절하게 의견을 진술해야 한다.

만일 적절한 의견 진술에도 불구하고 부당한 조치가 결정되었다면 그에 대하여 불복하는 절차를 검토할 필요가 있다. 이때 조치가 부당한지 여부는 '실제 하지 않은 행위로 인해 불리한 조치가 결정되었는지'와 '실제 행한 것은 맞더라도 그 행위에 비해 과도하게 중한 처분이 결정되었는지'를 살펴봐야 정확히 판단할 수 있다. 이렇게 판단해봤을 때 적정한 처분이라 생각되면 그에 따라야 하겠지만, 그렇지 않다면 재심 청구 등 불복 절차를 밟는 방법을 생각해볼 수 있다.

그런데 학교폭력예방법에서는 전학이나 퇴학 조치를 받은 가해학생의 불복 절차만 규정하고 있으며, 그마저도 〈초·중등교육법〉의 재심 청구 절차를 따르도록 하고 있어 나머지 처분에 대해서는 어떤 불복 방법을 거쳐 구제받아야 하는지 정확히 파악하기 어렵다. 이러한 상황에서 가해학생의 불복 방법을 찾아내려면 학교폭력예방법뿐 아니라 〈초·중등교육법〉, 〈행정심판법〉, 〈행정소송법〉 등 광범위한 법령을 검토해야 하는 번거로움이 있어 가해학생 측 보호자는 큰 혼란을 겪곤 한다. 실무적으로는 학생들의 조치 사항을 통보할 때 다음과 같은 절차가 안내되고 있다.

재심 안내	가해학생	전학 또는 퇴학조치에 대하여 이의가 있는 학생 또는 그 보호자는 그 조치를 받은 날부터 15일 이내, 그 조치가 있음을 안 날로부터 10일 이내에 〈초·중등교육법〉제18조의3에 따른 시·도 학생징계조정위원회에 재심을 청구할 수 있음(법률 제17조의2 제2항)

재심 안내	피해학생	조치에 대하여 이의가 있는 피해학생 또는 그 보호자는 그 조치를 받은 날부터 15일 이내, 그 조치가 있음을 안 날부터 10일 이내에 지역위원회에 재심을 청구할 수 있음(법률 제17조의2 제1항)
불복절차 안내	국공립학교	학교장의 조치에 대하여 이의가 있는 경우에는 처분이 있음을 알게 된 날부터 90일 이내, 처분이 있었던 날부터 180일 이내에 행정심판을 청구하거나(행정심판법 제27조), 처분이 있음을 알게 된 날부터 90일 이내, 처분이 있은 날로부터 1년 이내에 행정소송을 청구할 수 있음(행정소송법 20조)
	사립학교	학교장의 조치에 대하여 민사소송을 제기할 수 있음

출처: 교육부, 《학교 폭력 사안 처리 가이드북》 개정판, 2014, 109쪽.

각 조치에 대한 불복 방법을 자세히 알아보기 위해서는 위 법령을 모두 살펴봐야 하지만 핵심적인 사항만 서술하면 다음과 같다.

우선 전학과 퇴학 조치를 받은 경우에 학생 또는 그 보호자는 조치를 받은 날로부터 15일 이내, 조치가 있음을 안 날로부터 10일 이내에 청구인의 이름, 주소 및 연락처, 피청구인, 퇴학 조치가 있음을 안 날, 청구의 취지 및 이유 등을 적어 서면으로 시·도 학생 징계 조정위원회에 재심을 청구할 수 있고, 재심 결정에도 이의가 있다면 그 통보를 받은 날로부터 60일 이내에 행정심판을 제기할 수 있다.

다른 처분의 경우에는 〈행정심판법〉에 따라 행정청의 위법 또는 부당한 처분을 취소하거나 변경하는 행정심판인 취소심판을 청구할 수 있는데, 취소심판은 처분이 있음을 알게 된 날로부터 90일, 처분이 있었던 날로부터 180일 이내에 청구해야 한다. 행정심판의 청구는 서면으로 해야 하며, 청구서에는 청구인의 이름과 주소 또는 사무소, 피청구인과 위원회, 심판 청구의 대상이 되는 처분의 내용, 처분이 있음을 알게 된 날, 심판 청구의 취지와 이유, 피청구인의 행정심판 고지 유무와 그 내용 등이 포함돼야 한다. 이때 행정심판 위원회는 취소심판의 청구가 타당하다고 인정하면 처분을 취소 또는 다른 처분으로 변경하거나 처분을 다른 처분으로 변경할 것을 피청구인(학교장)에게 명한다. 원칙적으로 재결은 심판 청구서를 받은 날로부터 60일 이내에 해야 한다.

그런데 위와 같은 행정심판은 처분의 취소 또는 변경을 구할 법률상 이익이 있는 자가 청구할 수 있으므로 이미 가해학생에 대한 조치 사항을 이행한 뒤라면 행정심판을 제기해도 받아들여질 가능성이 낮다. 따라서 각 조치를 이행하기 전에 행정심판을 청구해야 하며, 학교 측에서 조치 이행을 촉구하거나 그대로 진행하려 한다면 집행정지를 신청하여 중단시키는 방법이 있다. 집행정지를 신청할 때는 집행 또는 절차의 속행 때문에 중대한 손해가 생기는 것을 예방할 필요성이 긴급하다는 점과 공공복리에 중대한 영향을 미칠 우려가 없다는 점을 소명해야 한다.

한편 학교 폭력 가해학생에 대한 모든 조치에 관하여 행정법원에 취소소송을 제기하는 것도 가능한데, 취소소송은 처분 등의 취소를 구할 법률상 이익이 있는 자가 제기할 수 있다는 점에서 행정심판과 크게 다르지 않으므로 원칙적으로 조치 사항을 이행하기 전에 제기해야 하며, 집행정지 신청도 가능하다. 단, 취소소송은 처분 등이 있음을 안 날로부터 90일, 처분 등이 있은 날로부터 1년 이내에 제기해야 한다.

〈학교폭력예방 및 대책에 관한 법률〉

제17조(가해학생에 대한 조치)

① 자치위원회는 피해학생의 보호와 가해학생의 선도·교육을 위하여 가해학생에 대하여 다음 각 호의 어느 하나에 해당하는 조치(수 개의 조치를 병과하는 경우를 포함한다)를 할 것을 학교의 장에게 요청하여야 하며, 각 조치별 적용 기준은 대통령령으로 정한다. 다만, 퇴학 처분은 의무 교육 과정에 있는 가해학생에 대하여는 적용하지 아니한다. 〈개정 2009. 5. 8, 2012. 1. 26, 2012. 3. 21〉

1. 피해학생에 대한 서면 사과

2. 피해학생 및 신고·고발 학생에 대한 접촉, 협박 및 보복 행위의 금지

3. 학교에서의 봉사

4. 사회봉사

5. 학내외 전문가에 의한 특별 교육 이수 또는 심리 치료

6. 출석 정지

7. 학급 교체

8. 전학

9. 퇴학 처분

② 제1항에 따라 자치위원회가 학교의 장에게 가해학생에 대한 조치를 요청할 때 그 이유가 피해학생이나 신고·고발 학생에 대한 협박 또는 보복 행위일 경우에는 같은 항 각 호의 조치를 병과하거나 조치 내용을 가중할 수 있다. 〈신설 2012. 3. 21〉

③ 제1항 제2호부터 제4호까지 및 제6호부터 제8호까지의 처분을 받은 가해학생은 교육감이 정한 기관에서 특별 교육을 이수하거나 심리 치료를 받아야 하며, 그 기간은 자치위원회에서 정한다. 〈개정 2012. 1. 26, 2012.

3. 21〉

⑤ 자치위원회는 제1항 또는 제2항에 따른 조치를 요청하기 전에 가해학생 및 보호자에게 의견 진술의 기회를 부여하는 등 적정한 절차를 거쳐야 한다. 〈개정 2012. 3. 21〉

⑥ 제1항에 따른 요청이 있는 때에는 학교의 장은 14일 이내에 해당 조치를 하여야 한다. 〈개정 2012. 1. 26, 2012. 3. 21〉

⑦ 학교의 장이 제4항에 따른 조치를 한 때에는 가해학생과 그 보호자에게 이를 통지하여야 하며, 가해학생이 이를 거부하거나 회피하는 때에는 〈초·중등교육법〉 제18조에 따라 징계하여야 한다. 〈개정 2012. 3. 21〉

⑧ 가해학생이 제1항 제3호부터 제5호까지의 규정에 따른 조치를 받은 경우 이와 관련된 결석은 학교의 장이 인정하는 때에는 이를 출석 일수에 산입할 수 있다. 〈개정 2012. 1. 26, 2012. 3. 21〉

⑨ 자치위원회는 가해학생이 특별 교육을 이수할 경우 해당 학생의 보호자도 함께 교육을 받게 하여야 한다. 〈개정 2012. 3. 21〉

⑩ 가해학생이 다른 학교로 전학을 간 이후에는 전학 전의 피해학생 소속 학교로 다시 전학 올 수 없도록 하여야 한다. 〈신설 2012. 1. 26, 2012. 3. 21〉

⑪ 제1항 제2호부터 제9호까지의 처분을 받은 학생이 해당 조치를 거부하거나 기피하는 경우 자치위원회는 제7항에도 불구하고 대통령령으로 정하는 바에 따라 추가로 다른 조치를 할 것을 학교의 장에게 요청할 수 있다. 〈신설 2012. 3. 21〉

⑫ 가해학생에 대한 조치 및 제11조 제6항에 따른 재입학 등에 관하여 필요한 사항은 대통령령으로 정한다. 〈신설 2012. 3. 21〉

제17조의 2(재심 청구)

② 자치위원회가 제17조 제1항 제8호와 제9호(전학, 퇴학 처분)에 따라 내린

조치에 대하여 이의가 있는 학생 또는 그 보호자는 그 조치를 받은 날부터 15일 이내, 그 조치가 있음을 안 날로부터 10일 이내에 〈초·중등교육법〉 제18조의 3에 따른 시·도 학생 징계 조정위원회에 재심을 청구할 수 있다. 〈개정 2012. 3. 21〉

⑥ 제2항에 따른 재심 청구, 심사 절차, 결정 통보 등은 〈초·중등교육법〉 제18조의 2 제2항부터 제4항까지의 규정을 준용한다.

〈학교폭력예방 및 대책에 관한 법률 시행령〉

제19조(가해학생에 대한 조치별 적용 기준)

법 제17조 제1항의 조치별 적용 기준은 다음 각 호의 사항을 고려하여 결정하고, 그 세부적인 기준은 교육부 장관이 정하여 고시한다. 〈개정 2013. 3. 23〉

1. 가해학생이 행사한 학교 폭력의 심각성·지속성·고의성

2. 가해학생의 반성 정도

3. 해당 조치로 인한 가해학생의 선도 가능성

4. 가해학생 및 보호자와 피해학생 및 보호자 간의 화해의 정도

5. 피해학생이 장애 학생인지 여부

[참고] 교육과학기술부 공고 제2013-46호

• 교사敎唆 행위를 했는지 여부

• 2인 이상의 집단 폭력을 행사한 것인지 여부

• 위험한 물건을 사용했는지 여부

• 폭력 행위를 주도했는지 여부

• 폭력 서클에 속해 있는지 여부

• 정신적·신체적으로 심각한 장해를 유발했는지 여부

제20조(가해학생에 대한 전학 조치)

① 초등학교·중학교·고등학교의 장은 자치위원회가 법 제17조 제1항에 따라 가해학생에 대한 전학 조치를 요청하는 경우에는 초등학교·중학교의 장은 교육장에게, 고등학교의 장은 교육감에게 해당 학생이 전학할 학교의 배정을 지체 없이 요청하여야 한다.

② 교육감 또는 교육장은 가해학생이 전학할 학교를 배정할 때 피해학생의 보호에 충분한 거리 등을 고려하여야 하며, 관할 구역 외의 학교를 배정하려는 경우에는 해당 교육감 또는 교육장에게 이를 통보하여야 한다.

③ 제2항에 따른 통보를 받은 교육감 또는 교육장은 해당 가해학생이 전학할 학교를 배정하여야 한다.

④ 교육감 또는 교육장은 제2항과 제3항에 따라 전학 조치된 가해학생과 피해학생이 상급 학교에 진학할 때에는 각각 다른 학교를 배정하여야 한다. 이 경우 피해학생이 입학할 학교를 우선적으로 배정한다.

〈초·중등교육법〉

제18조의 2(재심 청구)

② 제18조의 3에 따른 시·도 학생 징계 조정위원회는 제1항에 따른 재심 청구를 받으면 30일 이내에 심사·결정하여 청구인에게 통보하여야 한다.

③ 제2항의 심사 결정에 이의가 있는 청구인은 통보를 받은 날부터 60일 이내에 행정심판을 제기할 수 있다.

④ 제1항에 따른 재심 청구, 제2항에 따른 심사 절차와 결정 통보 등에 필요한 사항은 대통령령으로 정한다.

제18조의 3(시·도 학생 징계 조정위원회의 설치)

① 제18조의 2 제1항에 따른 재심 청구를 심사·결정하기 위하여 교육감 소속으로 시·도 학생 징계 조정위원회(이하 "징계조정위원회"라 한다)를 둔다.

② 징계조정위원회의 조직·운영 등에 필요한 사항은 대통령령으로 정한다.

〈초·중등교육법 시행령〉

제31조의 2(퇴학 조치된 자의 재심 청구 등)

① 법 제18조의 2 제1항에 따라 학생 또는 그 보호자가 법 제18조의 3에 따른 시·도 학생 징계 조정위원회(이하 "징계조정위원회"라 한다)에 재심을 청구할 때에는 다음 각 호의 사항을 적어 서면으로 하여야 한다.

1. 청구인의 이름, 주소 및 연락처

2. 피청구인

3. 퇴학 조치가 있음을 안 날

4. 청구의 취지 및 이유

② 징계조정위원회는 청구인이나 피청구인에게 심사에 필요한 자료 또는 정보의 제출을 요구할 수 있고, 청구인이나 피청구인은 특별한 사유가 없는 한 이를 즉시 제출하여야 한다.

③ 징계조정위원회는 직권 또는 신청에 따라 청구인, 피청구인 또는 관련 교원 등을 징계조정위원회에 출석하여 진술하게 할 수 있다.

④ 징계조정위원회는 필요하다고 인정하는 때에는 전문가 등 참고인을 출석하게 하거나 서면으로 의견을 들을 수 있다.

⑤ 징계조정위원회의 회의는 비공개를 원칙으로 한다.

⑥ 징계조정위원회는 재심 청구에 대하여 결정을 하였을 경우 지체 없이 다음 각 호의 사항을 적은 결정서의 정본을 청구인 및 피청구인에게 송부

하여야 한다.

1. 사건 번호 및 사건명

2. 청구인의 이름과 주소

3. 퇴학 조치의 원인

4. 결정 내용

5. 결정의 이유

6. 결정한 날짜

[본조 신설 2008. 2. 22]

〈행정심판법〉

제3조(행정심판의 대상)

① 행정청의 처분 또는 부작위에 대하여는 다른 법률에 특별한 규정이 있는 경우 외에는 이 법에 따라 행정심판을 청구할 수 있다.

② 대통령의 처분 또는 부작위에 대하여는 다른 법률에서 행정심판을 청구할 수 있도록 정한 경우 외에는 행정심판을 청구할 수 없다.

제5조(행정심판의 종류)

행정심판의 종류는 다음 각 호와 같다.

1. 취소심판: 행정청의 위법 또는 부당한 처분을 취소하거나 변경하는 행정심판

제13조(청구인 적격)

① 취소심판은 처분의 취소 또는 변경을 구할 법률상 이익이 있는 자가 청구할 수 있다. 처분의 효과가 기간의 경과, 처분의 집행, 그 밖의 사유로

소멸된 뒤에도 그 처분의 취소로 회복되는 법률상 이익이 있는 자의 경우에도 또한 같다.

제27조(심판 청구의 기간)

① 행정심판은 처분이 있음을 알게 된 날부터 90일 이내에 청구하여야 한다.

② 청구인이 천재지변, 전쟁, 사변事變, 그 밖의 불가항력으로 인하여 제1항에서 정한 기간에 심판 청구를 할 수 없었을 때에는 그 사유가 소멸한 날부터 14일 이내에 행정심판을 청구할 수 있다. 다만, 국외에서 행정심판을 청구하는 경우에는 그 기간을 30일로 한다.

③ 행정심판은 처분이 있었던 날부터 180일이 지나면 청구하지 못한다. 다만, 정당한 사유가 있는 경우에는 그러하지 아니하다.

④ 제1항과 제2항의 기간은 불변 기간으로 한다.

⑤ 행정청이 심판 청구 기간을 제1항에 규정된 기간보다 긴 기간으로 잘못 알린 경우 그 잘못 알린 기간에 심판 청구가 있으면 그 행정심판은 제1항에 규정된 기간에 청구된 것으로 본다.

⑥ 행정청이 심판 청구 기간을 알리지 아니한 경우에는 제3항에 규정된 기간에 심판 청구를 할 수 있다.

⑦ 제1항부터 제6항까지의 규정은 무효 등 확인 심판 청구와 부작위에 대한 의무 이행 심판 청구에는 적용하지 아니한다.

제28조(심판 청구의 방식)

① 심판 청구는 서면으로 하여야 한다.

② 처분에 대한 심판 청구의 경우에는 심판 청구서에 다음 각 호의 사항이 포함되어야 한다.

1. 청구인의 이름과 주소 또는 사무소(주소 또는 사무소 외의 장소에서 송달

받기를 원하면 송달 장소를 추가로 적어야 한다.)

2. 피청구인과 위원회

3. 심판 청구의 대상이 되는 처분의 내용

4. 처분이 있음을 알게 된 날

5. 심판 청구의 취지와 이유

6. 피청구인의 행정심판 고지 유무와 그 내용

③ 부작위에 대한 심판 청구의 경우에는 제2항 제1호·제2호·제5호의 사항 과 그 부작위의 전제가 되는 신청의 내용과 날짜를 적어야 한다.

④ 청구인이 법인이거나 제14조에 따른 청구인 능력이 있는 법인이 아닌 사 단 또는 재단이거나 행정심판이 선정 대표자나 대리인에 의하여 청구되 는 것일 때에는 제2항 또는 제3항의 사항과 함께 그 대표자·관리인·선 정 대표자 또는 대리인의 이름과 주소를 적어야 한다.

⑤ 심판 청구서에는 청구인·대표자·관리인·선정 대표자 또는 대리인이 서 명하거나 날인하여야 한다.

제30조(집행정지)

① 심판 청구는 처분의 효력이나 그 집행 또는 절차의 속행에 영향을 주지 아니한다.

② 위원회는 처분, 처분의 집행 또는 절차의 속행 때문에 중대한 손해가 생 기는 것을 예방할 필요성이 긴급하다고 인정할 때에는 직권으로 또는 당 사자의 신청에 의하여 처분의 효력, 처분의 집행 또는 절차의 속행의 전 부 또는 일부의 정지(이하 "집행정지"라 한다)를 결정할 수 있다. 다만, 처 분의 효력 정지는 처분의 집행 또는 절차의 속행을 정지함으로써 그 목 적을 달성할 수 있을 때에는 허용되지 아니한다.

③ 집행정지는 공공복리에 중대한 영향을 미칠 우려가 있을 때에는 허용되

지 아니한다.

④ 위원회는 집행정지를 결정한 후에 집행정지가 공공복리에 중대한 영향을 미치거나 그 정지 사유가 없어진 경우에는 직권으로 또는 당사자의 신청에 의하여 집행정지 결정을 취소할 수 있다.

⑤ 집행정지 신청은 심판 청구와 동시에 또는 심판 청구에 대한 제7조 제6항 또는 제8조 제7항에 따른 위원회나 소위원회의 의결이 있기 전까지, 집행정지 결정의 취소 신청은 심판 청구에 대한 제7조 제6항 또는 제8조 제7항에 따른 위원회나 소위원회의 의결이 있기 전까지 신청의 취지와 원인을 적은 서면을 위원회에 제출하여야 한다. 다만, 심판 청구서를 피청구인에게 제출한 경우로서 심판 청구와 동시에 집행정지 신청을 할 때에는 심판 청구서 사본과 접수증명서를 함께 제출하여야 한다.

⑥ 제2항과 제4항에도 불구하고 위원회의 심리·결정을 기다릴 경우 중대한 손해가 생길 우려가 있다고 인정되면 위원장은 직권으로 위원회의 심리·결정을 갈음하는 결정을 할 수 있다. 이 경우 위원장은 지체 없이 위원회에 그 사실을 보고하고 추인을 받아야 하며, 위원회의 추인을 받지 못하면 위원장은 집행정지 또는 집행정지 취소에 관한 결정을 취소하여야 한다.

⑦ 위원회는 집행정지 또는 집행정지의 취소에 관하여 심리·결정하면 지체 없이 당사자에게 결정서 정본을 송달하여야 한다.

제43조(재결의 구분)

① 위원회는 심판 청구가 적법하지 아니하면 그 심판 청구를 각하한다.

② 위원회는 심판 청구가 이유가 없다고 인정하면 그 심판 청구를 기각한다.

③ 위원회는 취소 심판의 청구가 이유가 있다고 인정하면 처분을 취소 또는 다른 처분으로 변경하거나 처분을 다른 처분으로 변경할 것을 피청구인

에게 명한다.

④ 위원회는 무효 등 확인 심판의 청구가 이유가 있다고 인정하면 처분의 효력 유무 또는 처분의 존재 여부를 확인한다.

⑤ 위원회는 의무 이행 심판의 청구가 이유가 있다고 인정하면 지체 없이 신청에 따른 처분을 하거나 처분을 할 것을 피청구인에게 명한다.

제45조(재결 기간)

① 재결은 제23조에 따라 피청구인 또는 위원회가 심판 청구서를 받은 날부터 60일 이내에 하여야 한다. 다만, 부득이한 사정이 있는 경우에는 위원장이 직권으로 30일을 연장할 수 있다.

② 위원장은 제1항 단서에 따라 재결 기간을 연장할 경우에는 재결 기간이 끝나기 7일 전까지 당사자에게 알려야 한다.

〈행정소송법〉

제12조(원고적격)

취소소송은 처분 등의 취소를 구할 법률상 이익이 있는 자가 제기할 수 있다. 처분 등의 효과가 기간의 경과, 처분 등의 집행 그 밖의 사유로 인하여 소멸된 뒤에도 그 처분 등의 취소로 인하여 회복되는 법률상 이익이 있는 자의 경우에는 또한 같다.

제18조(행정심판과의 관계)

① 취소소송은 법령의 규정에 의하여 당해 처분에 대한 행정심판을 제기할 수 있는 경우에도 이를 거치지 아니하고 제기할 수 있다. 다만, 다른 법률에 당해 처분에 대한 행정심판의 재결을 거치지 아니하면 취소소송을

제기할 수 없다는 규정이 있는 때에는 그러하지 아니하다. 〈개정 1994. 7. 27〉

제19조(취소소송의 대상)

취소소송은 처분 등을 대상으로 한다. 다만, 재결 취소소송의 경우에는 재결 자체에 고유한 위법이 있음을 이유로 하는 경우에 한한다.

제20조(제소 기간)

① 취소소송은 처분 등이 있음을 안 날부터 90일 이내에 제기하여야 한다. 다만, 제18조 제1항 단서에 규정한 경우와 그 밖에 행정심판 청구를 할 수 있는 경우 또는 행정청이 행정심판 청구를 할 수 있다고 잘못 알린 경우에 행정심판 청구가 있은 때의 기간은 재결서의 정본을 송달받은 날부터 기산한다.

② 취소소송은 처분 등이 있은 날부터 1년(제1항 단서의 경우는 재결이 있은 날부터 1년)을 경과하면 이를 제기하지 못한다. 다만, 정당한 사유가 있는 때에는 그러하지 아니하다.

③ 제1항의 규정에 의한 기간은 불변 기간으로 한다.

제23조(집행정지)

① 취소소송의 제기는 처분 등의 효력이나 그 집행 또는 절차의 속행에 영향을 주지 아니한다.

② 취소소송이 제기된 경우에 처분 등이나 그 집행 또는 절차의 속행으로 인하여 생길 회복하기 어려운 손해를 예방하기 위하여 긴급한 필요가 있다고 인정할 때에는 본안이 계속되고 있는 법원은 당사자의 신청 또는 직권에 의하여 처분 등의 효력이나 그 집행 또는 절차의 속행의 전부 또

는 일부의 정지(이하 "집행정지"라 한다)를 결정할 수 있다. 다만, 처분의 효력 정지는 처분 등의 집행 또는 절차의 속행을 정지함으로써 목적을 달성할 수 있는 경우에는 허용되지 아니한다.

③ 집행정지는 공공복리에 중대한 영향을 미칠 우려가 있을 때에는 허용되지 아니한다.

④ 제2항의 규정에 의한 집행정지의 결정을 신청함에 있어서는 그 이유에 대한 소명이 있어야 한다.

⑤ 제2항의 규정에 의한 집행정지의 결정 또는 기각의 결정에 대하여는 즉시 항고할 수 있다. 이 경우 집행정지의 결정에 대한 즉시 항고에는 결정의 집행을 정지하는 효력이 없다.

⑥ 제30조 제1항의 규정은 제2항의 규정에 의한 집행정지의 결정에 이를 준용한다.

학교생활기록부 기재 단계

학교 폭력 가해학생에 관한 조치 사항을 학교생활기록부에 기재하는 것은 지속적으로 많은 논란이 있어왔다. 특히 법령에 명확히 규정되어 있지 않은 기본권 제한은 허용되지 않는다는 문제 제기나 이중 처벌에 해당한다는 주장은 설득력 있어 보인다.

이러한 논쟁의 결과로 2014년 1월 16일 일부 개정되어 시행된 〈학교생활기록 작성 및 관리 지침(교육부 훈령)〉은 경미한 조치에 대해서는 졸업 즉시 학교생활기록부에서 삭제하는 것으로 수정되었다.[21] 또한, 2015년 3월 5일 제정되어 교육부령 제131호로 2017년 4월 25일 자로 시행된 초·중등교육법 시행규칙 또한 이와 같은 사항을 반영하고 있다.

〈학교생활기록부 항목별 학교 폭력 조치 사항 기록 관리 방법〉

항목	가해학생 조치 사항	졸업 시 조치	보존 및 삭제
학적 사항 '특기 사항'	8호(전학)	학교 폭력 대책 자치 위원회에서 심의 후 졸업과 동시에 삭제 가능 ☞ 해당 학생의 반성 정도와 긍정적 행동 변화 정도 등 고려	졸업 시 미삭제 된 학생의 기록 은 졸업 2년 후 삭제 처리
	9호(퇴학 처분)	-	계속 보존
출결 상황 '특기 사항'	4호(사회봉사) 5호(특별 교육 이수 또는 심리 치료) 6호(출석 정지)	학교 폭력 대책 자치 위원회에서 심의 후 졸업과 동시에 삭제 가능 ☞ 해당 학생의 반성 정도와 긍정적 행동 변화 정도 등 고려	졸업 시 미삭제 된 학생의 기록 은 졸업 2년 후 삭제 처리
'행동 특성 및 종합 의견'	1호(서면 사과) 2호(접촉, 협박 및 보복 행위 금지) 3호(학교에서의 봉사) 7호(학급 교체)	해당 학생 졸업과 동시에 삭제 처리	-

출처: 경기도교육청 교육과정지원과, 〈학생부 학교 폭력 조치 사항 관리(삭제) 절차 안내〉, 2014, 2쪽.

---

21 2017년 7월 기준으로 현재는 2017년 3월 1일 자로 시행된 교육부훈령 제195호가 적용되고 있다.

개정된 지침에서는 졸업 2년 후에 삭제 처리되는 사회봉사와 같은 처분에 대한 기록이 학교 폭력 위원회에서의 심의를 거쳐 졸업과 동시에 삭제가 가능하도록 변경되었다는 점을 주목할 필요가 있다. 위 지침에서는 즉시 삭제의 기준을 명확히 밝히고 있지 않으나 교육청 교육과정지원과 안내문 등을 통하여 안내되는 절차와 기준은 다음과 같다.

〈심의 절차〉

단계	처리 내용	주관
심의 대상 선정	학교 폭력 전담 기구는 졸업 직전 학교생활기록부에 기재된 학교 폭력 조치 사항 삭제 여부 심의를 위한 대상자 선정 • 학교 폭력 가해학생 조치 사항(제4·5·6·8호)이 기재된 모든 졸업 예정 학생(학부모)에게 삭제 대상임을 안내(서면 통보)한 후, 기재 삭제를 신청한 학생 중 신청 요건을 충족하는 학생을 대상자로 선정(학교장에게 보고)	학교 폭력 전담 기구 (담임 협조)
↓		
심의 자료 수집	학교 폭력 전담 기구는 담임 교사 등의 협조를 받아 학교 폭력 대책 자치위원회 심의를 위한 근거 자료 수집 • 필수 자료 및 참고 자료(선택): 후술	학교 폭력 전담 기구 (담임 협조)
↓		
심의 보고서 작성	학교 폭력 전담 기구는 조사 및 수집된 자료를 토대로 심의보고서 작성(붙임 서식 참조) • 학생의 반성 및 긍정적 행동 변화 정도에 관하여 종합적으로 정리한 심의보고서 작성	학교 폭력 전담 기구
↓		

심의	학교 폭력 대책 자치위원회 심의	학교 폭력 대책 자치위원회

↓

보고 및 통보	학교 폭력 전담 기구는 심의 결과를 학교장에게 보고하고, 학업성적관리위원회 및 해당 학부모에 통보	학교 폭력 전담 기구

〈심의 관점 및 기준〉

항목	관점 및 기준
조치 사항 이행의 성실성 및 진실성	학교 폭력 가해 행위에 대해 진심으로 뉘우치고 반성했는가?
	학교 폭력 가해학생 조치 사항을 성실하게 이행했는가?
학교생활의 성실성	충실한 학교생활을 위해 노력하고 있는가?
	학교 또는 학급의 규칙을 잘 지키는가?
	교사의 지도를 잘 따르는가?
	교우 관계가 원만한가?
피해학생과의 관계 (선택)	피해학생의 피해 회복을 위해 노력한 사실이 있는가?
	가해학생과 피해학생의 관계는 회복되었는가?
기타 고려 사항	조치 이후 특별한 선행이나 유공 사례가 있는가?
	학교 폭력 예방을 위해 노력한 사실이 있는가?

출처: 앞의 자료, 6~8쪽.

해당 학생의 반성 정도와 긍정적 행동변화 정도를 고려하여 졸업하기 직전에 학교폭력대책자치위원회의 심의를 거쳐 학생의 졸업과 동시에 삭제할 수 있으나 재학 기간 동안 2건 이상(제1호·제2호·제3호·제7호 포함)의 학교 폭력 사안으로 학교폭력대책자치위원회의 가해학생 조치사항을 받았거나, 학교폭력 조치 결정 통보일로부터 6개월이 경과되지 않은 학생은 심의 대상자로 신청할 수 없음.

학교폭력대책자치위원회를 통해 조치를 받은 가해학생에 대해서는 이후 지속적으로 관찰하여 긍정적인 행동 특성의 변화 내용이 있는 경우 '창의적 체험활동상황', '행동특성 및 종합의견'란에 입력해줌으로써 낙인을 예방한다.

*출처: 교육부, '2017학년도 학교생활기록부 기재요령 안내', 2017, 222~223면

자녀가 이미 학교 폭력 가해학생으로 조치를 받은 사실이 있다면 졸업 시에 학교생활기록부에서 그 기록이 즉시 삭제될 수 있도록 위 기준을 참조하여 아이를 지도하고, 심의 시에 아이의 반성 및 긍정적 행동 변화 정도에 관하여 적절히 의견을 진술하여 유리한 결정이 나도록 노력할 필요가 있다.

〈학교생활기록 작성 및 관리 지침〉

[시행 2017. 3. 1] [교육부 훈령 제195호, 2016. 12. 27 일부 개정]

제7조(학적 사항)

③ '특기 사항'란에는 학적 변동의 사유를 입력한다. 특기 사항 중 학교 폭력과 관련된 사항은 〈학교폭력예방 및 대책에 관한 법률〉 제17조에 규정된 가해학생에 대한 조치 사항을 입력한다.

제8조(출결 상황)

④ '특기 사항'란에는 결석 사유 또는 개근 등 특기 사항이 있는 경우 학급 담임 교사가 입력한다. 특기 사항 중 학교 폭력과 관련된 사항은 〈학교폭력예방 및 대책에 관한 법률〉 제17조에 규정된 가해학생에 대한 조치 사항을 입력한다.

제16조(행동 특성 및 종합 의견)

② 행동 특성 중 학교 폭력과 관련된 사항은 〈학교폭력예방 및 대책에 관한 법률〉 제17조에 규정된 가해학생에 대한 조치 사항을 입력한다.

제18조(자료의 보존)

④ 학교의 장은 학교생활세부사항기록부(학교생활기록부Ⅱ)의 학적 사항의 '특기 사항'란에 입력된 〈학교폭력예방 및 대책에 관한 법률〉 제17조 제1항 제8호의 조치 사항과 출결 상황의 '특기 사항'란에 입력된 〈학교폭력예방 및 대책에 관한 법률〉 제17조 제1항 제4호·제5호·제6호의 조치 사항을 학생이 졸업한 날로부터 2년이 지난 후에는 삭제하여야 한다. 다만, 해당 학생의 반성 정도와 긍정적 행동 변화 정도를 고려하여 졸업하기 직전에 〈학교폭력예방 및 대책에 관한 법률〉 제12조 제1항에 따른 학교폭력 대책 자치위원회의 심의를 거쳐 학생의 졸업과 동시에 삭제할 수 있다.

⑤ 학교의 장은 학교생활세부사항기록부(학교생활기록부Ⅱ)의 '행동 특성 및 종합 의견'란에 입력된 〈학교폭력예방 및 대책에 관한 법률〉 제17조 제1항 제1호·제2호·제3호·제7호의 조치 사항을 학생의 졸업과 동시에 삭제하여야 한다.

〈초·중등교육법 시행규칙〉

[시행 2017. 4. 25.] [교육부령 제131호, 2017. 4. 25., 일부개정]

제21조(학교생활기록의 작성기준)

① 법 제25조제1항에 따라 법 제2조에 따른 학교(이하 "학교"라 한다)의 장은 다음 각 호의 작성기준에 따라 학교생활기록을 작성하여야 한다.

1. 인적사항: 학생의 성명·주민등록번호·주소와 부모의 성명·생년월일 및 가족의 변동사항 등

2. 학적사항: 학생의 입학 전 학교의 이름 및 졸업 연월일, 재학 중 학적 변동이 있는 경우 그 날짜 및 내용 등. 이 경우 학적 변동이 〈학교폭력 예방 및 대책에 관한 법률〉 제17조의 조치사항에 따른 것인 경우에는 그 내용을 기록하여야 한다.

3. 출결상황: 학생의 학년별 출결상황 등. 이 경우 출결상황이 〈학교폭력 예방 및 대책에 관한 법률〉 제17조의 조치사항에 따른 것인 경우에는 그 내용을 기록하여야 한다.

4. 자격증 및 인증 취득상황: 학생이 취득한 자격증의 명칭, 번호, 취득 연월일 및 발급기관과 인증의 종류, 내용, 취득 연월일 및 인증기관 등

5. 교과학습 발달상황: 학생의 재학 중 이수 교과 및 과목명, 평가 결과, 학습활동의 발전 여부 등

6. 행동특성 및 종합의견: 학교교육 이수 중 학생의 행동특성과 학생의 학교교육 이수 상황을 종합적으로 이해할 수 있는 의견 등. 이 경우 해당 학생에 대하여 〈학교폭력 예방 및 대책에 관한 법률〉 제17조에 따른 조치사항이 있는 경우에는 그 내용을 기록하여야 한다.

제24조(학교생활기록의 보존 등)

① 학교의 장은 〈공공기록물 관리에 관한 법률〉 및 같은 법 시행령에 따라 학교생활기록부 및 학교생활 세부사항기록부를 보존하여야 한다.

② 학교의 장은 학교생활기록의 행동특성으로 기록된 〈학교폭력예방 및 대책에 관한 법률〉 제17조제1항제1호·제2호·제3호 및 제7호의 조치사항을 해당 학생의 졸업과 동시에 삭제하여야 한다.

③ 학교의 장은 학교생활기록의 기록 사항 중 다음 각 호의 사항을 학생이 졸업한 날부터 2년이 지난 후에 지체 없이 삭제하여야 한다. 다만, 교육부장관이 정하는 바에 따라 해당 학생이 졸업하기 직전에 〈학교폭력 예방 및 대책에 관한 법률〉 제12조제1항에 따른 학교폭력대책자치위원회의 심의를 거쳐 해당 학생의 졸업과 동시에 삭제할 수 있다.

1. 학적사항으로 기록된 〈학교폭력예방 및 대책에 관한 법률〉 제17조제1항 제8호의 조치사항

2. 출결상황으로 기록된 〈학교폭력예방 및 대책에 관한 법률〉 제17조제1항 제4호·제5호 및 제6호의 조치사항

④ 학년도별 학교생활기록의 작성이 종료된 이후에는 해당 학교생활기록의 내용을 정정할 수 없다. 다만, 정정을 위한 객관적인 증명자료가 있는 경우에는 정정할 수 있다.

⑤ 학교생활기록의 보존, 정정 및 제공 등에 필요한 세부 사항은 교육부장관이 정한다.

법률 용어 해설

법령에 등장하는 용어가 생소하고, 일반적으로 사용하는 의미와 다소 달라 혼란스러울 수 있다. 다음은 학교 폭력 관련 법령이나 실제 사건에서 접할 수 있는 핵심적 용어에 관한 해설이다.

학교 폭력

학교폭력예방법에서는 '학교 폭력'이란 학교 내외에서 학생을 대상으로 발생한 상해, 폭행, 감금, 협박, 약취·유인, 명예훼손·모욕, 공갈, 강요·강제적인 심부름 및 성폭력, 따돌림, 사이버 따돌림, 정보통신망을 이용한 음란·폭력 정보 등에 의하여 신체·정신 또는 재산상의 피해를 수반하는 행위를 말한다고 규정하고 있다.

여기서 학교폭력예방법은 학교 안에서 발생한 행위뿐 아니라 학생을 대상으로 '학교 밖'에서 발생한 행위도 학교 폭력으로 규정하고 있다는 점에 주목할 필요가 있다. 교사가 직접 지도·감독할 수 없는 학교 밖의 일에 대해서도 이 법을 적용해 처리해야 한다는 결론에 이를 수 있기 때문이다.

한편 학교 폭력에 해당하는 행위에 대해서는 다양하게 규정돼 있는 데 반해 각 용어에 대한 상세한 설명은 학교폭력예방법에 규정돼 있지 않다. 따라서 학교 폭력에 어떤 행위가 포함되는지 파악하려면 우선 상해, 폭행, 감금 등의 행위가 정확히 무엇을 말하는지 법원의 판단을 바탕으로 검토해봐야 한다.

상해

상해란 신체의 완전성을 훼손하거나 생리적 기능에 장애를 초래하는 것으로, 반드시 외부적인 상처가 있어야만 하는 것은 아니며 여기서의 생리적 기능에는 육체적 기능뿐만 아니라 정신적 기능도 포함된다(대법원 1999. 1. 26 선고 98도3732).

따라서 직접 상처를 입히는 경우뿐 아니라 학교 폭력으로 인해 정신적 장애 등을 야기했다면 상해에 해당할 수 있다.

폭행

피해자의 신체에 공간적으로 근접하여 고성으로 폭언이나 욕설을 하거나 동시에 손발이나 물건을 휘두르거나 던지는 행위는 직접 피해자의 신체에 접촉하지 아니하였다 하더라도 피해자에 대한 불법한 유형력有形力의 행사로서 폭행에 해당될 수 있다(대법원 2003. 1. 10 선고 2000도5716).

즉, 직접적으로 때리거나 신체에 접촉하여 유형력을 행사하는 경우뿐 아니라 접촉이 없는 경우에도 그와 비슷한 유형력의 행사로 인정될 때에는 폭행으로 인정될 여지가 있다.

감금

감금죄에 있어서의 감금 행위는 사람으로 하여금 일정한 장소 밖으로 나가지 못하도록 하여 신체의 자유를 제한하는 행위를 가리키는 것이고, 그 방법은 반드시 물리적·유형적 장애를 사용하는 경우뿐만 아니라 심리적·무형적 장애에 의하는 경우도 포함되는 것인바 설사 피해자가 경찰서 안에서 직장 동료인 피의자들과 같이 식사도 하고 사무실 안팎을 내왕하였다 하여도 피해자를 경찰서 밖으로 나가지 못하도록 그 신체의 자유를 제한하는 유형·무형의 억압이 있었다면 이는 감금 행위에 해당한다(대법원 1991. 12. 30 선고 91모5).

즉, 한 학생이 다른 학생을 화장실에 가두어두는 행위 등은 감금에 해당할 수 있다.

협박

협박이라 함은 사람으로 하여금 공포심을 일으킬 수 있을 정도의 해악을 고지하는 것을 의미한다(대법원 2006. 8. 25 선고 2006도546 판결).

이때 행위자가 직접 해악을 가하겠다고 고지하는 것은 물론, 제3자로 하여금 해악을 가하도록 하겠다는 방식으로도 해악의 고지는 가능하다. 이 경우 고지자(협박을 하는 사람)가 제3자의 행위를 사실상 지배하거나 제3자에게 영향을 미칠 수 있는 지위에 있는 것으로 믿게 하는 명시적·묵시적 언동을 한 경우 등에는 고지자가 직접 해악을 가하겠다고 고지한 것과 마찬가지의 행위로 평가할 수 있다(대법원 2006. 12. 8 선고 2006도6155 판결).

명예훼손, 모욕

명예훼손은 사람의 명예에 대한 사회적 가치 판단을 저하케 하는 행위로서 사람의 사회적 가치를 침해하는 것이며(대법원 1970. 5. 26 선고 70도704), 모욕이란 사실을 적시하지 아니하고 사람의 사회적 평가를 저하시킬 만한 추상적 판단이나 경멸적 감정을 표현하는 것이다(대법원 2003. 11. 28 선고 2003도3972).

명예훼손과 모욕은 모두 사람의 가치에 대한 사회적 평가인 이른바 외부적 명예에 관한 것이란 점에서는 차이가 없다. 그러나 명예훼손과 달리 구체적 사실이 아닌 단순한 추상적 판단이나 경멸적 감정의 표현으로써 사회적 평가를 저하시키는 것을 모욕이라 하는 것이다(대법원 1987. 5. 12 선고 87도739).

학생들은 SNS 등에서 공개적으로 몇몇 학생을 질타하거나 그들에게 욕설을 하는 등의 행위를 쉽게 하는데, 이와 같은 행위는 모욕이나 명예훼손에 해당하므로 학교폭력예방법은 물론 일반 형사법상으로도 위법한 행위가 되어 처벌 등 불이익을 당할 수 있다.

공갈

공갈이란 재물을 교부받거나 재산상의 이익을 취득하기 위하여 폭행 또는 협박으로 외포심(공포심)을 일으키게 하는 것을 말한다(이재상, 《형법각론》 제5판, 박영사, 2004, 371쪽).

따라서 한 학생이 다른 학생을 때리거나 협박하여 돈을 빼앗았다면 이에 해당될 수 있다.

강요

강요는 폭행 또는 협박으로 사람의 권리 행사를 방해하거나 의무 없는 일을 하게 하는 것을 말하며, 여기에서 협박은 객관적으로 사람의 의사 결정의 자유를 제한하거나 의사 실행의 자유를 방해할 정도로 겁을 먹게 할 만한 해악을 고지하는 것을 말한다(대법원 2003. 9. 26 선고 2003도763).

가령 다른 학생을 상대로 협박을 하며 강제로 심부름을 시키는 행위 등이 이에 해당할 수 있다.

다만 위의 용어들을 해석하는 데 있어서 가해학생의 선도·교육, 학생의 인권 보호, 건전한 사회 구성원으로의 육성 등을 목적으로 하는 학교폭력예방법의 취지를 고려할 필요가 있다. 같은 행위라도 아직 발달 단계에 있는 아동·청소년의 특성을 고려하여 그 경위와 배경을 살펴 가해학생의 의도를 구체적으로 보아 선도의 필요성 및 가능성을 파악하는 과정을 거쳐야 한다는 것이다. 즉, 어떤 학생의 행위가 폭행 등에 해당하는 것처럼 보여도 폭행에 고의가 없었고 아이들 사이에서 발생할 수 있는 생활상의 과실 범위에 해당한다면 함부로 학교 폭력 가해학생으로 다뤄서는 안 된다.

한편 학교폭력예방법에서는 '따돌림'과 '사이버 따돌림'을 명시하여 규정하고 있다. '따돌림'이란 학교 내외에서 두 명 이상의 학생들이 특정인이나 특정 집단의 학생들을 대상으로 지속적·반복적으로 신체적 또는 심리적 공격을 가하여 상대방이 고통을 느끼도록 하는 일체의 행위를 말한다. 그리고 '사이버 따돌림'이란 인터넷, 휴대전화 등 정보통신기기를 이용하여 학생들이 특정 학생들을 대상으로 지속적·반복적으로 심리적 공격을 가하거나 특정 학생과 관련된 개인 정보 또는 허위 사실을 유포하여 상대방이 고통을 느끼도록 하는 일체의 행위를 말한다.

대법원은 "집단 따돌림이란 학교 또는 학급 등 집단에서 복수의 학생들이 한 명 또는 소수의 학생들을 대상으로 의도와 적극성을 가지고, 지속적이면서도 반복적으로 관계에서 소외시키거나 괴롭히는 현상을 의미한다"고 판단한 바 있다(대법원 2007. 11. 15 선고 2005다16034 판결).

가해학생, 피해학생

'가해학생'이란 가해자 중에서 학교 폭력을 행사하거나 그 행위에 가담한 학생을 말하며, '피해학생'이란 학교 폭력으로 피해를 입은 학생을 말한다. 여기에서 유의할 점은 직접 학교 폭력 행위를 한 학생뿐 아니라 그에 가담한 학생도 가해학생에 포함되기 때문에 가해학생의 범위가 다양하게 해석될 수 있다는 것이다. '가담'한다는 것이 어떤 행위를 말하는 것인지 명확치 않은데, 학교폭력예방법의 취지나 신고 의무 조항을 고려해볼 때 학교 폭력 행위의 모의에 참여한 경우, 다른 학생을 시켜 학교 폭력 행위를 하게 한 경우, 학교 폭력 행위를 하는 것을 보며 함께 웃거나 동조하여 모욕감을 준 경우 등을 포함하는 것이라고 해석할 수 있다.

따라서 위의 행동에까지 이르지 않고 단순히 옆에 있었던 경우 등에는 그 경위와 의도를 고려하여 학교폭력예방법상의 가해학생에 해당하지 않는다고 보는 것이 불이익한 조치가 예상되는 학교 폭력 사안 처리 절차에서 보다 학생 인권 보장에 적합한 해석일 것이다.

학교 폭력 위원회

통상 '학교 폭력 위원회', '학폭위'로 약칭되는 이 기구의 정식 명칭은 '학교 폭력 대책 자치위원회'이며 법령에서는 '자치위원회'라고 약칭한다. 학교 폭력 대책 자치위원회는 학교 폭력의 예방 및 대책에 관련된 사항을 심의하기 위하여 '교내'에 설치된다는 점에서 국무총리 소속의 '학교 폭력 대책 위원회'나 시·도에 설치되는 '학교 폭력 대책 지역위원회'와는 다르다.

학교 폭력 위원회는 학교 폭력에 관한 조치 요청 사항을 결정하는 일차적 기관이라는 점에서 학교 폭력 피해·가해학생 및 보호자 입장에서 볼 때 위력적인 지위에 있다고 할 수 있다. 이러한 학교 폭력 위원회는 학교 폭력의 예방 및 대책 수립을 위한 학교 체제 구축, 피해학생의 보호, 가해학생에 대한 선도 및 징계, 피해학생과 가해학생 간의 분쟁 조정, 그 밖에 대통령령으로 정하는 사항을 심의하게 된다.

학교 폭력 위원회는 위원장 1인을 포함하여 5인 이상 10인 이하의 위원으로 구성하되 전체 위원의 과반수를 학부모 전체 회의에서 직접 선출한 학부모 대표에게 위촉해야 한다. 단, 학부모 전체 회의에서 학부모 대표를 선출하기 곤란한 사유가 있는 경우에는 학급별 대표로 구성된 학부모 대표 회의에서 선출한 학부모 대표에게 위촉할 수 있다.

학교 폭력 위원회는 분기별 1회 이상 회의를 개최하고, 피해학생 또는 그 보호자가 요청하는 경우나 학교 폭력이 발생한 사실을 신고받거나 보고받은 경우에 회의를 소집한다.

학교 폭력 전담 기구

학교장은 학교에 상담실을 설치하고, 전문 상담 교사를 두어야 하며 교감, 전문 상담 교사, 보건 교사 및 책임 교사(학교 폭력 문제 담당 교사) 등으로 학교 폭력 문제를 담당하는 전담 기구를 구성하도록 되어 있다.

또한 학교장은 학교 폭력 사태를 인지한 경우 지체 없이 전담 기구 또는 소속 교원으로 하여금 가해 및 피해 사실 여부를 확인하도록 해야 하며, 피해 학생 또는 피해학생의 보호자는 피해 사실 확인을 위하여 전담 기구에 실태 조사를 요구할 수 있다.

즉, 학교 폭력 전담 기구는 전문 상담 교사를 포함한 교사들로 구성되는 교내 기구로서 학교 폭력 문제에 대한 사안 조사 등의 기능을 담당한다(담임 교사는 전담 기구에 속하지 않을 수 있다). 이러한 사안 조사의 결과는 학교 폭력 위원회가 개최되어 징계 사항 등을 결정할 때 판단의 기초 자료가 된다.

학교 폭력 실태 조사

교육감은 학교 폭력의 실태를 파악하고 학교 폭력에 대한 효율적인 예방 대책을 수립하기 위하여 학교 폭력 실태 조사를 연 2회 이상 실시해야 한다.

이러한 실태 조사는 학교폭력실태조사 홈페이지(http://survey.eduro.go.kr)에 접속해 본인 확인 후 참여하는 방식으로 진행되는데, 설문은 기본 문항 14개, 심층 문항 7개, 주관식 문항 등으로 구성되어 있고 학교 폭력 피해나 가해 목격 사례, 예방 교육 효과, 학교 폭력의 이유 등에 대한 문항이 포함되어 있다.[22] 이는 '학교알리미' 서비스 등을 통해 공시된다.

---

22 전수조사로 이루어지던 실태조사는 향후 표본조사로의 변경이 논의되고 있다. 《머니투데이》 2017년 7월 10일자 〈'학교폭력 실태조사'…전수조사서 표본조사로 바뀐다〉 참조.

나오는 말

〈학교폭력예방 및 대책에 관한 법률〉의 한계와 제언

학교폭력예방법이 제정될 때 많은 이들이 학교 폭력 예방 및 대책에 관한 활용도 높은 지침이 될 것이라고 기대했으며, 실제로 학교폭력예방법은 어느 정도 그 기대에 부응했다.

우선 '학교 폭력' 행위를 자세히 규정하고 '따돌림'과 '사이버 따돌림'에 대해서도 현실의 학교 폭력 양태에 맞게 규정한 점만 봐도 학교폭력예방법이 여타의 법에 비해 구체적이고 실질적인 내용을 담고 있다고 평가할 만하다. 또한 학교 폭력 문제에서 전문적인 상담의 중요성을 전제하여 교내에 전문 상담 교사를 배치할 것을 명시한 점, 학생은 물론 교직원 및 학부모에 대한 교육을 매 학기 실시하도록 규정한 점 등은 모두 이 법의 취지에 걸맞은 조항이다.

또한 2011년 일부 개정을 통해 학교 폭력 위원회 전체 위원의 과반수를 학부모 대표에게 위촉하도록 하고 피해학생, 가해학생 또는 그 보호자의 신청이 있는 경우에는 학교 폭력 위원회의 회의록을 공개할 수 있도록 하였다.[23] 이러한 개정 방향은 학교 폭력 문제의 해결에 부모들이 폭넓게 참여할 수 있도록 기회를 부여했다는 점에 그 의의가 있다.

하지만 현행 학교폭력예방법에도 한계가 있어서 개정에 관한 다양한 논의가 있어왔고 이미 여러 개정안이 발의되기도 했다. 현재 재심 청구와 관련하여 가해학생과 피해학생의 재심 절차를 일원화하자는 연구와 토론이 진행되고 있는데, 대한변호사협회는 지난 2014년 5월 학교폭력예방법 개선 방안을 위한 심포지엄을 열어 이를 논의하기도 했다.

특히 피해학생과 가해학생의 재심 절차를 담당하는 기관이 각각 학교 폭력 대책 지역위원회와 시·도 징계 조정위원회로 상이하다는 점에서 여러 부작용이 발생할 수 있다는 전문가들의 의견이 많다. 예컨대 피해학생 측이 자신에 대한 학교 폭력 위원회의 조치뿐 아니라 가해학생에 대한 조치에 대해서도 재심을 청구할 수 있는데, 이때 가해학생의 적절한 의견 진술권이 명시적으로 규정돼 있지 않아 문제가 있다. 또한 가해학생 측과 피해학생 측의 재심 청구를 판단하는 기관이 다르다 보니 서로 모순되는 결과를 도출할 수 있다는 점도 문제다.

이에 더하여 가해학생은 전학과 퇴학 조치에 대해서만 학교폭력예방법상

23　법률 제10642호, 2011. 5. 19 공포.

재심 청구를 할 수 있도록 규정돼 있고 다른 조치에 대해서는 불복 방법이 정해진 바 없어 혼란이 가중되고 있다. 따라서 학교 폭력 위원회의 심의로 결정된 모든 조치에 관해 가해학생 측이든 피해학생 측이든 불복하는 경우 하나의 재심 절차로 판단하는 것이 더욱 간편하고 합리적인 방법으로 보인다.

학교 폭력 위원회가 개최된다는 통지를 받고 상담을 요청해오는 부모들은 대부분 '과연 우리 아이의 행위가 학교 폭력에 해당하는가?' 하는 의문을 품는다. 가령 학생들끼리 다투다가 A가 먼저 모욕적인 말을 했고, 그 말을 들은 B가 격분하여 뒤를 돌아보다가 의도치 않게 A를 밀치게 된 경우 과연 B는 '학교 폭력'을 한 학생이 되는 것일까?

형법 체계에서 살펴본다면 실수로 폭행을 하게 된 B보다 고의를 가지고 모욕을 한 A가 더욱 불법한 것으로 판단될 가능성이 높다. 그러나 학교 폭력 사건에서는 A가 신고를 하면 B가 학교 폭력 위원회의 결정으로 불이익한 조치를 받게 될 수도 있다. 청소년기 학생들 사이에서 발생할 수 있는 쌍방의 과실에 의한 다툼이나 일회적이고 경미한 사건에 대해서도 화해가 성립하지 않는 한 학교 폭력으로 평가될 수 있기 때문이다. 학교 폭력은 수사 기관이 아닌 교사로 구성된 전담 기구가 사안 조사를 하며, 가해학생에 대한 조치를 결정하는 것도 법관이 아니라 학교 폭력 위원회 위원들이기 때문에 명확한 법 규정이 필요하다. 따라서 가해학생에 대한 조치를 결정할 때뿐 아니라 학교 폭력 해당성을 판단할 때부터 고의 여부를 판단할 수 있도록 명문으로 규정하는 것이 필요하다고 본다.

학부모들은 전담 기구의 사안 조사 단계와 학교 폭력 위원회 심의 단계에서 억울함과 부당함을 가장 많이 느끼는 듯하다. 변호사를 찾는 부모들은 주로 사안 조사가 미비하다는 점과 학교 폭력 위원회에 출석해 의견도 진술하고 증거도 제출했지만 전혀 참작되지 않았다는 점을 호소한다. 이 때문에 학부모들이 민원을 제기하거나 경찰에 고소하여 문제가 확대되기도 한다. 이러한 문제를 해결하기 위해서는 학교 폭력에 관한 사안 조사 절차와 학교 폭력 위원회의 심의 절차를 법령에 보다 구체적으로 규정해놓을 필요가 있다. 이러한 취지에서, 최근에 국무총리 소속의 '학교폭력대책위원회'에서 '가이드라인'을 마련해 가해학생 조치판정에 적극 활용할 수 있게 하고 '학폭위' 위원 구성 시 전체위원의 3분의 1을 외부전문가로 구성하도록 하는 개정안이 발의된 것에 주목할 필요가 있다.[24]

학교 폭력을 비롯한 청소년 문제는 병리적인 현상으로 치부하여 수술하듯 몇몇 아이들만 도려낸다고 해서 해결될 일이 아니다. 청소년 문제는 대부분 어른들이 형성했거나 방조한 사회 문제의 반영이기 때문이다. 그러므로 학교 폭력에 관계된 법령도 가해학생에 대한 불이익한 조치를 강화하는 데만 치중할 것이 아니라 적정한 절차를 통하여 학생들을 교육하고 학생들이 더욱 발전해나갈 수 있는 기회를 주는 데 기여하는 방향으로 나아가야 할 것이다.

교직을 떠난 지 여러 해 지났지만 나는 아직도 교복을 입고 등하교하는 학

---

24 《경기일보》 2017년 7월 4일 자, 〈[정가산책] 백혜련 의원, '학교폭력예방법' 대표발의〉 참조.

생들을 보면 애틋한 마음이 든다. 이 책을 쓰게 된 것도 무엇보다 이 아이들이 겪게 될지도 모르는 어려움과 고통을 덜어주고 싶은 마음에서였다. 그런데 이 책을 집필하던 중에 우리 국민 모두를 깊은 슬픔에 젖게 한 세월호 사건이 일어났다. 수학여행이나 수련회를 앞둔 아이들의 들뜬 모습이 수없이 떠올랐고, 한껏 멋 부린 모습으로 나타나 무엇이 즐거운지 연신 깔깔거리던 그 소리가 들리는 듯해서 잠을 이루지 못했다. 또한 아이들 곁을 지키느라 빠져나오지 못한 많은 선생님들을 생각하면 가슴이 찢어지는 듯했다. 절대 일어나지 말았어야 하는 일이 너무 쉽게 벌어져 무력감에 빠지기도 했다. 세월호 희생자들의 명복을 빌며, 다시는 이런 일이 없도록 모든 조치가 이뤄지길 바란다.

도움받을 수 있는 곳

학교 폭력의 예방에 관한 관심이 높아짐에 따라 도움을 받을 수 있는 곳이 늘어가는 추세이다. 특히 학교폭력예방법 제20조의 2는 학교 폭력을 수시로 신고받고 이에 대한 상담에 응할 수 있도록 긴급 전화를 설치하도록 하였으며, 학교폭력예방법 시행령 제30조에 따라 경찰청장이 운영하는 학교 폭력 관련 기구에 긴급 전화를 설치하도록 하였다. 이에 따라 학교 폭력 사건이 발생할 경우 117 신고 전화를 활용할 수 있게 되었다.

아래는 학교 폭력으로 고통받을 때 상담과 신고를 할 수 있는 기관과 학교 폭력의 기준 및 예방, 대처 방법 등에 대한 정보를 제공하는 기관들이다.

1. 상담, 신고 관련

(1) 전화 상담, 신고

- 학교 폭력 신고 전화 117
- 청소년 전화 1388
  - 청소년 심리 상담, 인권 상담, 구조 및 보호 요청, 유해 환경 신고
- 푸른나무 청소년폭력예방재단 상담치료센터 1588-9128
  - 학교 폭력 대처 및 해결 조언, 위기 상담 및 심리정서적 지원 등

(2) 인터넷 상담, 신고

- 안전 DREAM 경찰지원센터 http://www.safe182.go.kr/schoolMain.do
  - 학교 폭력 개념 및 처벌 기준 안내, 학교 폭력 신고와 상담
- 청소년 사이버 상담센터 www.cyber1388.kr
  - 여성가족부에서 주관하고 한국청소년상담복지개발원에서 위탁 운영하고 있는 청소년 대상 전문 심리 상담 센터
- 학생위기상담 종합지원서비스(WEE, 한국교육개발원) http://www.wee.go.kr
  - 학교, 교육청, 지역 사회가 연계하여 건강하고 즐거운 학교생활을 지원하는 다중의 통합 지원 서비스망

2. 학교 폭력 문제 예방 및 해결에 관한 정보 제공

- 도란도란 학교폭력 예방 누리집http://www.edunet.net/nedu/doran/doranMainForm.do?menu_id=140
  - 학교폭력 정의 및 유형, 대처하기, 도움기관, 상담실, 정보마당 운영
- 교육부 블로그 http://if-blog.tistory.com
  - 학교 폭력 발생 시 대응 방법 http://if-blog.tistory.com/3852
  - 학교 폭력 피해 징후 알아보기 http://if-blog.tistory.com/3853
  - 학교 폭력 피해학생 치료비 청구 안내 http://if-blog.tistory.com/1666
- 학교안전공제중앙회 콜센터 1688-4900

3. 법률 상담 및 소송 관련 정보 제공

- 찾기 쉬운 생활법령 정보(법제처) http://oneclick.law.go.kr
  - 학교 폭력 관련 http://oneclick.law.go.kr/CSP/CsmMain.laf?csmSeq=635
- 대법원 전자소송 사이트 http://ecfs.scourt.go.kr
- 이보람 변호사(저자) 블로그 http://thecounsel.tistory.com
  - 이메일 상담 http://thecounsel.tistory.com/3

학교 폭력 관련 통계

1. 학교 폭력의 양상[*]

1) 한국청소년정책연구원의 2016년 아동·청소년 인권 실태 조사에 따르면 학교 폭력 중 '따돌림'을 경험한 비율은 남학생 4.3퍼센트, 여학생 5.1퍼센트로 나타났으며, 초등학교에서 가장 많이 발생하는 것으로 조사되었다.

[*] 선후배·친구들로부터 폭력 경험 여부: 따돌림(2016년)

응답자 유형		한 번도 없음	일 년에 1~2회 정도	한 달에 1~2회 정도	1주일에 1~2회 정도	1주일에 3회 이상
전체	전체	95.3	2.9	0.8	0.4	0.6
성별	남자	95.7	2.6	0.7	0.4	0.6
	여자	94.9	3.3	1.0	0.4	0.5
학교 유형	초등학교	92.3	4.9	1.4	0.6	0.7
	중학교	95.4	2.8	0.8	0.4	0.6
	고등학교	97.5	1.5	0.4	0.2	0.3

[*] 1항의 통계는 한국청소년정책연구원의 2016년 아동·청소년 인권 실태 조사 결과로 국가통계포털(http://kosis.kr)에서 재인용하였다.

응답자 유형		한 번도 없음	일 년에 1~2회 정도	한 달에 1~2회 정도	1주일에 1~2회 정도	1주일에 3회 이상
지역 규모	대도시	94.9	3.1	0.9	0.4	0.6
	중소도시	95.8	2.6	0.8	0.3	0.5
	읍면 지역	94.6	3.3	0.7	0.5	0.8
가족 유형	양부모 가정	95.6	2.8	0.8	0.4	0.5
	한부모 가정	93.8	3.5	1.1	0.5	1.1
	조손 가정	90.4	4.3	4.6	0.0	0.7
	기타	92.8	4.8	0.7	1.2	0.4
학업 성적	상	95.6	2.8	0.9	0.2	0.5
	중	95.4	2.9	0.8	0.4	0.5
	하	94.9	2.9	0.9	0.5	0.8
경제 수준	상	95.2	3.2	0.9	0.4	0.4
	중	96.2	2.2	0.7	0.3	0.6
	하	93.5	3.8	1.1	0.8	0.7

2) 학교 폭력 경험 중 심한 욕설이나 모욕을 당한 경우가 많은 것으로 나타났는데, 남학생의 16.2퍼센트, 여학생의 10.3퍼센트가 이 같은 경험을 했으며, 초등학생의 경우 14.2퍼센트가 심한 욕설이나 모욕을 당했다고 응답했다. 양부모 가정의 학생은 13.2퍼센트가 이 같은 경험을 한 반면 기타(양부모, 한부모, 조손 가정이 아닌 경우) 가정의 학생은 18.9퍼센트가 이 같은 경험을 한 것으로 나타났다.

* 선후배 · 친구들로부터 폭력 경험 여부: 심한 욕설이나 모욕(2016년)

응답자 유형		한 번도 없음	일 년에 1~2회 정도	한 달에 1~2회 정도	1주일에 1~2회 정도	1주일에 3회 이상
전체	전체	86.6	8.2	2.5	1.3	1.4
성별	남자	83.8	9.7	2.7	1.7	2.1
	여자	89.7	6.6	2.2	0.8	0.7
학교 유형	초등학교	85.8	9.4	2.7	1.2	0.9
	중학교	86.7	8.2	2.7	1.0	1.4
	고등학교	87.1	7.3	2.1	1.6	1.9
지역 규모	대도시	86.7	8.3	2.4	1.1	1.4
	중소도시	87.1	7.7	2.8	1.4	1.1
	읍면 지역	84.3	9.6	1.6	1.4	3.1
가족 유형	양부모 가정	86.8	8.0	2.4	1.2	1.5
	한부모 가정	84.9	8.6	3.9	2.0	0.6
	조손 가정	90.8	7.7	0.8	0.0	0.7
	기타	81.1	12.3	1.7	2.6	2.3
학업 성적	상	87.3	8.3	2.3	1.0	1.2
	중	87.8	7.3	2.3	1.2	1.4
	하	83.8	9.3	3.1	1.9	1.9
경제 수준	상	87.4	7.7	2.3	1.3	1.2
	중	87.5	7.9	2.0	0.9	1.6
	하	80.6	10.8	4.8	2.2	1.7

3) 폭행이나 구타 경험은 남학생이 7.8퍼센트로 여학생(3.1퍼센트)보다 높은 비율을 보였다. 또한 초등학생의 13퍼센트가 이 같은 경험을 했다고 응답했으며, 양부모 가정(5.4퍼센트)보다 기타 가정(11.3퍼센트)의 학생이 피해에

더 많이 노출되어 있는 것으로 조사되었다.

* 선후배·친구들로부터 폭력 경험 여부: 폭행이나 구타(2016년)

응답자 유형		한 번도 없음	일 년에 1~2회 정도	한 달에 1~2회 정도	1주일에 1~2회 정도	1주일에 3회 이상
전체	전체	94.4	3.3	0.9	0.7	0.6
성별	남자	92.2	4.7	1.2	1.0	1.0
	여자	96.9	1.8	0.6	0.5	0.2
학교 유형	초등학교	87.0	8.3	2.1	1.4	1.2
	중학교	97.1	1.5	0.5	0.5	0.5
	고등학교	97.7	1.1	0.3	0.5	0.3
지역 규모	대도시	93.8	3.6	1.2	0.8	0.6
	중소도시	95.0	3.0	0.7	0.7	0.6
	읍면 지역	94.5	3.3	0.7	0.7	0.8
가족 유형	양부모 가정	94.6	3.2	0.9	0.7	0.6
	한부모 가정	94.8	3.4	0.8	0.6	0.5
	조손 가정	93.1	4.8	0.7	0.7	0.7
	기타	88.7	8.0	1.4	1.2	0.8
학업 성적	상	93.9	3.8	1.1	0.7	0.5
	중	94.0	3.4	0.9	0.9	0.7
	하	95.8	2.4	0.6	0.5	0.7
경제 수준	상	94.0	3.8	0.7	0.9	0.6
	중	94.9	2.8	1.1	0.5	0.6
	하	94.8	2.9	0.9	0.7	0.7

4) 돈이나 물건을 빼앗긴 경험은 남학생(2.8퍼센트)이 여학생(1.1퍼센트)로

나타났다. 또한 양부모 가정(1.9퍼센트)에 비해 기타 가정(6.7퍼센트)의 학생들이 피해를 당하는 비율이 높았으며, 경제적 수준이 높은 가정(1.6퍼센트)보다 낮은 가정(3.4퍼센트)의 자녀들이 더욱 높은 비율로 피해를 당한다는 점은 주목할 만하다.

* 선후배·친구들로부터 폭력 경험 여부: 돈이나 물건을 빼앗김(2016년)

응답자 유형		한 번도 없음	일 년에 1~2회 정도	한 달에 1~2회 정도	1주일에 1~2회 정도	1주일에 3회 이상
전체	전체	98.0	1.2	0.4	0.1	0.2
성별	남자	97.2	1.6	0.6	0.2	0.3
	여자	98.9	0.7	0.2	0.1	0.1
학교 유형	초등학교	97.9	1.3	0.4	0.3	0.1
	중학교	97.6	1.5	0.6	0.1	0.1
	고등학교	98.5	0.8	0.2	0.1	0.3
지역 규모	대도시	97.8	1.2	0.5	0.2	0.3
	중소도시	98.3	1.2	0.3	0.1	0.1
	읍면 지역	97.8	1.4	0.3	0.3	0.2
가족 유형	양부모 가정	98.1	1.1	0.4	0.1	0.2
	한부모 가정	98.0	0.8	0.4	0.2	0.6
	조손 가정	97.3	2.0	0.0	0.0	0.7
	기타	93.3	6.7	0.0	0.0	0.0
학업 성적	상	98.3	1.0	0.4	0.2	0.1
	중	98.4	1.0	0.3	0.1	0.1
	하	97.2	1.7	0.6	0.1	0.4
경제 수준	상	98.4	1.0	0.3	0.1	0.2
	중	98.0	1.2	0.5	0.1	0.1
	하	96.6	1.9	0.9	0.3	0.4

5) 요즘에는 성희롱, 성추행에 관한 문의가 많은 편인데, 남학생의 3.5퍼센트 여학생의 2.2퍼센트가 피해 경험이 있는 것으로 조사되었다. 또한 경제적 수준이 '상'인 학생(2.6%)보다 '하'인 학생(4.8%)들이 더 많은 피해 경험이 있었다.

* 선후배, 친구들로부터 폭력 경험 여부: 성적인 희롱(놀림)이나 추행(2016년)

응답자 유형		한 번도 없음	일 년에 1~2회 정도	한 달에 1~2회 정도	1주일에 1~2회 정도	1주일에 3회 이상
전체	전체	97.1	1.4	0.6	0.4	0.5
성별	남자	96.5	1.5	0.8	0.6	0.6
	여자	97.8	1.3	0.4	0.2	0.3
학교 유형	초등학교	98.2	0.9	0.4	0.4	0.1
	중학교	96.7	1.5	0.7	0.6	0.5
	고등학교	96.8	1.7	0.6	0.3	0.6
지역 규모	대도시	96.9	1.7	0.4	0.6	0.4
	중소도시	97.5	1.1	0.7	0.3	0.4
	읍면 지역	96.8	1.7	0.5	0.2	0.8
가족 유형	양부모 가정	97.2	1.4	0.6	0.4	0.5
	한부모 가정	96.9	2.0	0.7	0.3	0.2
	조손 가정	99.3	0.0	0.0	0.0	0.7
	기타	96.3	2.5	0.5	0.7	0.0
학업 성적	상	97.3	1.1	0.6	0.4	0.6
	중	97.2	1.4	0.6	0.4	0.3
	하	96.9	1.9	0.4	0.3	0.5
경제 수준	상	97.4	1.2	0.5	0.4	0.4
	중	97.4	1.3	0.6	0.3	0.4
	하	95.2	2.7	0.8	0.6	0.7

한편, 학교 폭력 사건이 발생하면 회의 소집 및 심의를 하도록 되어 있기 때문에, 학교폭력대책자치위원회의 심의 건수는 학교 폭력의 발생을 쉽게 파악할 수 있는 지표이다. 이에 관한 보도 자료를 참고하면, 학교폭력대책 자치위원회 심의 건수는 매해 증가하고 있는 것으로 나타났다. 2014년 1만 9,521건이었던 학교폭력대책자치위원회 심의 건수는 2015년 1만 9,968건을 거쳐 2016년에는 2만 3,673건으로 늘었다(《KBS뉴스》 2017년 7월 10일 자, 〈학교폭력 감소세지만 학폭위 심의건수는 증가〉 참조).

2. 2017년 1차 학교 폭력 실태 조사 주요 결과*

교육부의 2017년 제1차 학교 폭력 실태 조사 결과 학교급별 피해응답률은 초등학교 2.1퍼센트(2만 6,400명), 중학교 0.5퍼센트(6,300명), 고등학교 0.3 퍼센트(4,500명)로 나타났다.

* 학교급별 피해응답률

구분	2014년 1차	2015년 1차	2016년 1차	2017년 1차
초(%)	2.4	2.0	2.1	2.1
중(%)	1.3	0.7	0.5	0.5
고(%)	0.6	0.4	0.3	0.3

위 실태 조사 결과에 따르면 피해 유형별 비율은 언어폭력(34.1퍼센트), 집

---

* 본 내용 및 도표는 〈2017년 1차 학교 폭력 실태 조사 분석 결과 발표〉(교육부 보도 자료)에서 발췌하였다.

단따돌림(16.6퍼센트), 스토킹(12.3퍼센트), 신체폭행(11.7퍼센트) 순으로 나타났다.

＊ 학교 폭력 피해 유형별 비율

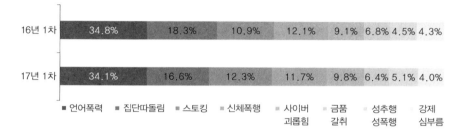

또한 위 조사에 따르면, 학교 폭력 피해는 교실 안(28.9퍼센트), 복도(14.1퍼센트), 운동장(9.6퍼센트) 등 학생들이 주로 생활하는 학교 안(67.1퍼센트)에서 발생하였으며, 발생 시간은 쉬는 시간(32.8퍼센트), 점심시간(17.2퍼센트), 하교 이후(15.7퍼센트), 수업 시간(8.0퍼센트) 등의 순으로 나타났다. 이를 참고할 때, 쉬는 시간에 교실 안이나 복도에서의 학교 폭력 예방에 관한 교육이나 대처 방안이 좀 더 심도 있게 모색되어야 할 것으로 보인다.

＊ 학교 폭력 피해 장소